한국 정부와 언론이 말하지 않는
위안부 문제의
진실

Fabricated draftee problem by Tsutomu Nishioka.
Copyright ⓒ Tsutomu Nishioka 2012
Korean translation copyright ⓒ Mediawatch(Mediasilk) Publishers, Inc., 2021
All rights reserved.
Orignal Japanese edition SOSHISHA LTD.
Korean edition is published by arrangement with through Tsutomu Nishioka.

이 책의 한국어판 저작권은 저자와의 독점 계약으로 미디어워치(미디어실크)에 있습니다.
저작권법에 의해 한국 내에서 보호를 받는 저작물이므로 무단전재와 무단복제를 금합니다.

이 책의 원서(『알기 쉬운 위안부 문제 よくわかる慰安婦問題』)는 저자가 일본 독자를 대상으로 하여 일본인의 관점과 입장에서 쓴 것입니다. 번역 과정에서 원서의 느낌을 그대로 살리기 위해서 가급적 원 표현을 그대로 사용했으나, 한국 독자의 이질감 등을 고려하여 저자와의 협의 하에 직접인용 부분을 제외하고는 '일한日韓'으로 표기된 것은 '한일韓日'로, 또 '다케시마'(독도의 일본식 명칭)로 단독 표기된 것은 '다케시마-독도'로 병기하였음을 밝힙니다. 한편, 이 책의 주석은 모두 역자와 편집자가 공동으로 작성한 것입니다.

미디어워치 세계 자유·보수의 소리 총서 ❷

한국 정부와 언론이 말하지 않는
위안부 문제의 진실

가난의 굴레에 희생자인가
강제로 연행된 성노예인가

니시오카 쓰토무 西岡力 지음
이우연 옮김

목차

한국어판 서문 6
머리말 9

제1부 위안부 문제란 무엇인가?

제1장_ 종군위안부 소송의 주역 17

'노예사냥'이라는 날조 증언 / 옛 종군위안부의 일본 규탄 / 원래 일본인이 한국에서 제소한 재판 / 「분게이슌주文藝春秋」에서 진상규명의 도화선에 불을 붙이다

제2장_ '강제연행'은 있었는가? 39

유족회 간부와 아사히 기자의 연계 / 날조된 '일본군의 범죄' 이미지 / 아사히신문의 악질적이고 중대한 날조 / 소학교 학생까지 위안부로? / 재판을 부추긴 일본인 / 전쟁피해의 개인보상은 한국의 내정문제 / 왜 일본정부는 움직이지 않는 것인가 / 1992년 필자 논문에 포함한 네 개의 제언

제3장_ 위안부 문제의 거짓말 75

제주도의 "위안부 사냥"이라는 엉터리 / 관동군關東軍에 의한 위안부 '2만 명 징모徵募' 있었던 것은 군수공장으로 갈 '남자 사냥'뿐 / "이 문제에는 어둠이 있다" – 조선인 알선업자의 존재 / 도쿄에서 집 다섯 채를 살 수 있을 정도의 저금 / 의도적으로 사실을 왜곡하는 증언들 / 옛 위안부 열아홉 명의 증언을 검증 / 한국에 퍼져버린 거짓말

제4장_ 일본 외교의 실태 119

외무성 고위직이 발명한 '광의廣義의 강제' / 후세에 화근을 남기는 고노 담화 / '아시아여성기금'에서 지불이 기정 노선으로 / '반일' 일본인과 매스컴의 관계 / '아침까지 생방송 테레비!'에서 대논쟁 / TV도 외면한 요시다 세이지 증언 / 요시미 요시아키 교수의 '위안부=성노예'설 / 고노 담화에 대한 관심의 고조 – 논쟁은 국회의 장場으로 / 교과서 문제와 동일한 구조의 내정간섭

제2부 누가 위안부 문제를 만들어냈는가

제5장_ 세계에 퍼지는 '성노예'의 이미지 169

자학적·문화파괴적인 신좌익 / 전 아사히신문 기자 마쓰이 야요리松井やより 씨의 행동 / 위안부 문제를 유엔에 가져간 일본인 변호사 / 쿠마라스와미 보고서의 어처구니 없는 내용 / 변변치 않은 힉스G. Hicks의 『종군위안부』 / 북조선 프로파간다를 그대로 삼켰다 / 미국 의회에까지 파급된 '성노예'라는 거짓말

제6장_일본 비난이 시작되다!   197

이상할 정도의 반(反)아베 캠페인 / 미국 보수파에게 '위안부=성노예'설이 침투 / 좌파 그룹도 미국 의원에게 영향을 미치려 / 극히 졸렬한 일본의 외교 / 미국 매스컴의 아베 때리기·일본 때리기 / 일본에 대한 비난 결의를 방지하기 위해 / 2007년 4월 수상 방미의 성과는 / 계속 거짓말을 폭로하고 진실을 주장한다

제3부   한국에서 다시 타오른 위안부 '반일'의 진상

제7장_사기가 적발된 유족회 회장   237

배후조종자 여인의 체포 / 냉정한 한국 경찰의 경고 / 반일이 장사로

제8장_한국 헌재 결정에서 부활한 요시다 증언   249

위안부 문제로 배상을 요구하지 않는 것은 헌법 위반 / 노무현 정권이 위안부 문제는 미해결로 결정 / 좌파 단체가 노무현 결정을 이용하여 위헌제소 / 헌법재판소의 이상한 한일협정 해석 / 강제동원을 인정한 결정 / 위헌결정을 이끈 일본인 변호사의 대죄(大罪) / 도츠카의 성노예설 의견서

제9장_이명박의 반일 퍼포먼스와 배후에서 준동하는 북조선의 공작   277

위안부 문제를 이유로 한 이명박의 다케시마=독도 방문 / 북조선의 정치공작과 '정신대' / 한일을 갈라놓는 저들의 의도

종장_한일의 자유민주주의 세력이 해야 할 일   291

한국어판 후기를 대신하여   301

주요 참고 문헌   315

부록   318

[부록1] 위안부 문제에 대한 우리나라(일본)의 노력
[부록2] 주요 위안부들(김학순, 문옥주, 이용수) 증언의 변천

역자후기   332

[역자보론1] 서울중앙지방법원의 2021년 1월 8일 위안부 판결은 엉터리다
[역자보론2] 하버드 로스쿨 램자이어 교수가 옳았다

한국어판 서문

1992년, 아사히신문의 날조보도로 인해 위안부 문제가 돌연히 급부상했다.

그때 내 주위에 있는 전전戰前의 일본에 대해서 알고 있는 일본의 어르신들은 "한국인은 거짓말쟁이"라고 하면서 분노했다.

"한국인은 왜 이런 거짓말을 하는가? 군수공장에서 일했던 정신대는 위안부와는 다르다. 위안부 중에는 일본인도 많았다. 가난한 가정의 딸이 부모의 빚을 갚기 위해 위안부로 팔려 군인을 상대했을 뿐이다."

진상을 알기 위해 당시 서울로 취재를 갔다. 거기에서 만난 여러 한국의 어르신들도 역시 입을 모아 일본의 어르신들과 같은 말을 했다.

"무슨 이런 바보 같은 말을 하고 있나. 일본군이 조선인 여성을 위안부로 삼기 위해 강제연행을 하는 일 따위는 없었다. 당시 조선은 가난했다. 가난 때문에 딸을 알선업자에게 팔지 않을 수 없는 부모가 많았다. 가난한 농촌에 일본인은 들어가지도 않았다. 조선인 알선업자가 딸을 부모로부터 산 것이다. 일본 군대의 연행 따위는 필요가 없었다."

이것이 내게 있어서 위안부 문제를 생각하는 원점原點이었다.

그래서 나는 일관되게 '위안부'는 역사상 존재했지만, 아직 해결해야 할 과제가 남아있다는 의미에서의 '위안부 문제'는 일본 아사히신문이 날조 캠페인을 시작하기 전에는 존재하지도 않았다고 주장해왔다. 그리고 최근에는 '위안부 문제'란 결국 한국과 국제사회에 퍼진 사실무근의 비방·중상을 어떻게 해소할 것인가 하는 문제라고 주장하게 되었다.

이러한 내 주장은 한국에서는 일본통치시대(이는 일본에서 쓰는 용어이며 한국에서의 용어는 '일제시대', '일제강점기'이지만 이 책은 일단 일본인의 입장과 관점에서 쓰였다는 점을 전하기 위해서 그대로 쓰기로 한다)를 모르는 세대에게는 받아들여지지 않았다. 차분하게 이야기하는 것조차 불가능했다.

일본에서 대학의 강의 중에 위안부 문제를 다루다가 한국인 유학생으로부터 격렬한 항의를 받기도 했다. 어떤 여학생은 눈물을 흘리며 "제가 선생님만큼 지식은 없지만, 선생님의 이야기는 한국인으로서 용서할 수가 없습니다"라고 계속 큰소리를 내면서 강의를 방해하기도 했다.

수년 전, 20년 이상 근무하고 있었던 대학의 이사회 구성 조직의 최고위급 인사들로부터 내 위안부 문제 연구에 대해서 거듭하여 괴롭힘이라고도 할 수 있는 질문과 의견을 받게 되었고, 결국 그 대학을 사직해야만 했던 일도 있었다.

나는 빈곤 때문에 위안부 생활을 해야 했던 할머니들을 재판의 원고로 끌어낸 일본인 변호사는 진정한 의미에서 그녀들의 인권은 전혀 생각하고 있지 않다고 주장해왔는데, 그 변호사 중 한 사람에 의해 명예훼손으로 소송을 당했고, 최고재판소(일본의 대법원)까지 가서 싸웠으며 결국 승소했다.

또 아사히신문의 날조보도가 위안부 문제를 부상시킨 원인이라는 내 지론에 대해, 기사를 쓴 기자로부터도 명예훼손으로 제소되어 현재 최고재판소에서 싸우고 있다.

위안부 문제를 논하는 일은 일본에서도 큰 터부인 것이다. 그러나 나는 한국을 연구하는 학자로서, 또 한국을 사랑하는 한 사람의 일본인으로서, 이 문제로부터 도망갈 수가 없다.

이 책은 내가 지난 30년간, 위안부 문제의 거짓말과 어떻게 싸워왔는지를 기록한 것이다. 일본에서 이 문제에 대해서 발언을 하는 것이 수십 배 곤란한 상황일 것인 한국에서도, 지난 수년 동안, 용기 있는 많은 분들이 거짓말과의 싸움을 본격화했다. 이 서투른 내 기록이 그 분들의 싸움에 조금이라도 기여한다면 그보다 더 기쁜 일은 없을 것이다.

원래 이 책은 전문지식이 없는 보통의 일본 국민이 읽어주는 것을 목표로 하여 구어체로 쓰였다. 따라서 한국어로 번역하는 작업은 통상의 번역보다도 곤란했을 것이다.

"위안부에 대한 강제연행은 없었다"고 주장하는, 한국 매스컴에서는 "극우 학자"라고 불리는 사람의 책을 번역·출판하는 일에 대해서 분명 역풍이 거셀 것이다. 번역자인 이우연 박사와 출판을 맡아주신 미디어워치의 황의원 대표이사에게 마음으로부터의 감사를 올린다.

2021년 2월 11일, 일본국의 건국기념일에 도쿄에서
니시오카 쓰토무西岡力

머리말

이 책은 크게 3부로 나누어져 있다.

제1부에서는 1992년부터 시작된 위안부 문제를 둘러싼 논쟁의 역사를 다뤘다. 여기에서는 일본 내에서 명백한 사실조차 왜곡하여 일본을 폄하하려고 하는 반일세력(이라고 감히 말하고 싶다)과의 논쟁에 대하여 썼다.

이 논쟁은 주로 1992년경부터 그 다음 1993년까지, 나를 포함한 일부 전문가 사이에서 격렬하게 지속되어 '위안부 강제연행은 증명된 바가 없다'는 것으로 거의 결론이 났다. 그러나 이 전문가 레벨에서의 논쟁은 산케이産經신문조차 크게 취급하지 않았고, 역으로 위안부 강제연행이라는 선동은 사라지기는커녕 국내외로 확산됐다. 그래서 1993년 8월, 미야자와宮澤 정권은 아사히신문 등의 의도적 날조보도와 한국 정부로부터의 외교적 압력에 패배하여 마치 강제연행을 인정하는 것처럼 읽힐 수 있는 '고노 담화河野談話'를 내고 말았다.

그 후 한일의 반일세력은 '위안부 강제연행은 증명된 바가 없다'는 논쟁결과를 의도적으로 은폐하면서, 고노 담화를 이용하여 반일선전을 계속했고, 결국 1996년에는 한일 양국의 중학교 역사교과서에 '위안부 강제연행'이라는 내용이 덧붙여지고 말았다.

이 시점에서 '새로운 역사교과서를 만드는 모임新しい歷史敎科書をつくる會'(약칭 '만드는 모임')으로 대표되는 양식 있는 학자들이 나서고, 산케이신문도 논쟁에 가담하면서, TV와 신문, 잡지 등에서 다시 격렬한 논쟁이 일어났다. 나도 1992년 단계에서의 논쟁의 성과를 널리 알리는 형태로, 강제연행은 없었다는 입장에서 논쟁의 진영을 펼쳤다. 정계에서도 나카가와 쇼이치中川昭一, 아베 신조安倍晋三 등 당시의 양식 있는 젊은 자민당 의원들이 '일본의 앞날과 역사교육을 생각하는 젊은 의원의 모임日本の前途と歴史教育を考える議員の会'(약칭 '역사교육을 생각하는 모임')을 결성하여 진지하게 이 문제와 씨름하기 시작했다. 이 단계에서 일본의 좌파 학자들은 연행에서의 강제만이 문제가 아니라고 하면서 위안소 생활에서의 강제성 등을 강조하기 시작했는데, 설득력이 부족하여 결국 2000년대에 들어 일본의 중학교 역사교과서에서 '위안부 강제연행'에 대한 기술은 삭제됐다.

제1부에서는 이러한 논쟁의 경위를 내가 관계한 부분을 중심으로 정리했다.

일본 국내에서의 논쟁은 우리들의 승리로 끝났지만, 2006년 9월에 "일본 정부가 1920년대부터 제2차 세계대전까지 아시아와 태평양 제도諸島를 식민지지배한 기간에 세계에는 '위안부'라고 알려진, 젊은 여성을 성노예로 삼았다"는 내용이 담긴 충격적인 결의가 미국 의회 하원의 국제관계위원회에서 채택되었다. 그리고 2007년에 들어와 미국에서 마이크 혼다 의원 등에 의해 새로운 결의가 제출되었는데, 이로 인해 발생한 문제에 대해서도 서술했다.

제2부에서는 왜 이러한 일이 일어났는지 논의했다. 일본 국내의 반일

세력만이 아니라, 이번에는 일본 국외에서도 반일세력의 네트워크가 추가로 만들어졌던 것이다. 결국 국내의 반일세력이 국외의 반일세력과 손을 잡고 일본 포위망을 구축했던 것이다. 그래서 마침내 그 마수가 미국의 의회에까지 뻗어나갔던 것이다.

일본 국내의 논쟁에서는 우리 쪽이 이겼지만, 논쟁에서 진 국내의 반일세력이 외부와 손을 잡고 역추진을 준비하려 했던 것이 전체적인 구도다.

제3부에서는 일본 국내외의 반일 네트워크가 국제사회에 퍼트린 '위안부=성노예'라는 거짓말이 한국으로 다시 돌아와서, 2011년 말부터 2012년 여름에 걸친 이명박 대통령의 반일퍼포먼스와 주한 일본대사관 앞의 위안부상에까지 이르게 된 경위를 자세히 논했다. 거기에는 일본의 명예를 손상시키는 일에 대해 이상한 집념을 불태우는 반일일본인과 북조선 독재정권과 깊은 관련을 가진 한국의 직업적 운동가의 암약이 있었다.

그리고, 제3부의 마지막에서 우리가 해야 할 일을 제언했다. 우선 체계적인 반론이 필요하다. 국내에서 행해진 논쟁의 성과를 국제사회에 정확히 전하는 것이다. 구체적으로는, "권력에 의한 조직적인 위안부 강제연행은 없었다는 것이다. 일본국은 고노 담화를 포함하여 지금까지 그러한 강제연행은 인정한 바가 없다. 다른 한편으로는, 일본국은 미야자와 수상에서부터 아베 수상에 이르기까지 일관되게, 각 민족의 자결과 존엄을 인정하지 않았던 과거 제국주의 시대에 많은 여성들이 전쟁터戰

地에서 일본 군인을 상대로 하는 매춘업에 종사하지 않을 수 밖에 없었던 고통을 겪었던 것에 대해 유감의 뜻과 마음으로부터의 동정, 미안하다는 마음을 표시한 바 있고, 여기에는 변화는 없다"고 하는 입장을, 일본 정부가 공식적으로 명확히 말하는 것이다.

동시에 중국 공산당과 김정일의 독재체제, 즉 자유민주주의에 반하는 정치세력이 지금 자신들이 저지르고 있는 무시무시한 인권침해라는 문제를 방치한 채, 과거의 일을 끄집어내어 일본을 고립시키려는 큰 틀이 있다는 사실을 폭로해야 한다.

그리고 가치관 외교의 국제네트워크를 만들어 역공을 가해야 한다. 반일세력의 네트워크에 대해서는, 가치관을 함께 하는 자유민주주의 세력의 네트워크를 만들어 일본정상화, 그리고 동아시아에서의 진정한 의미의 평화와 안전과 자유를 위해 싸워가야 할 것이다. 그것이 이 책을 통해서 내가 말하고 싶은 결론이다.

지금 이 순간에도 탈북여성들이 푼돈에 중국의 농촌에서 인신매매가 되고 '성노예'가 되고 있다. 그중에는 도망갈 수 없게 쇠사슬로 묶여진 여성들도 있다. 이것은 북조선과 중국, 양 독재정권이 공범으로서 행하고 있는 용서할 수 없는 인권침해다. 누가 진짜 적인가, 거짓을 여기저기 퍼트리는 세력의 배후에 누가 있는가, 그것을 마음에 새기면서 이 책을 썼다.

일본인의 입장에서 본다면 한국·조선인의 행동양식과 사고방식이란 정확히 '이문화異文化' 그 자체다. 하지만 이에 대해서는 일본과 한국, 양국이 자문화우월주의(인종주의)의 함정에 빠지지 않도록 세심한 주의가 필요하다. 상대방의 이른바 민족성이나 문화를 뒤떨어진 것으로 나무라서는 서로에게 해결의 출구가 사라져버린다. 한국측 주장의 불합리함에 대해서는 그 개별 문제에 한정하여 사실에 기초하여 예의를 다해 철저하게 반론해야 할 것이고, 나는 30년간 그것을 실천해왔다.

마지막으로 내가 30년 전, 외무성 전문조사관으로 서울의 일본대사관에 근무하고 있을 때, 20개 이상의 한국의 대학을 방문하여 학생들과 토론하면서 이야기한 내용의 골자를 소개하고자한다.

"일본에 대한 비판은 고맙게 듣겠다. 사실에 기초한 비판은 일본을 보다 좋은 나라로 만들기 위해 큰 참고가 된다. 그러나 '일본민족 성악설'의 바탕에 서있는 비난은 그쳐주길 바란다. '일본민족은 다른 민족, 국민에 비하여 나쁘다, 태어날 때부터 나쁘다'라는 전제 위에 여러분이 서겠다면, 그것은 우리들 일본인에게 세계인류를 위해 집단자살을 하라고 하는 것과 마찬가지다. 그런 것은 절대 받아들일 수 없다."

나의 이러한 논의에 대해 당시 한국의 학생들은 맞는 말이라고 하면서 기꺼이 수용해 주었다.

이 책을 완결하는 것이 가능했던 것은 소시샤草思社의 고故 카요시마사오加瀨昌男 사장, 후지타 히로시藤田博 편집장의 권유와 조력의 덕분이다. 또 대폭 증보한 문고판 출판에 즈음하여 후지타 편집장에게 신세를 졌다. 감사드린다.

제1부

위안부 문제는 무엇이었나

1장

종군위안부 소송의 주역

'노예사냥'이라는 날조증언

내가 위안부 문제와 관계하게 된 것은 1991년부터다. 이 책 일본어 문고판 출판의 시점(2012년)으로부터 20여 년 전의 일이다.

나 자신, 최근은 일본인에 대한 납치 문제를 중심으로 하는 북조선 문제에 몰두하고 있지만, 본래의 전공은 한일관계이며, 대학원의 석사논문 주제도 '전후 한국지식인의 일본인식'이라는 것이었다. 1950년대부터 70년대까지 한국이 어떠한 것을 테마로 해서 어떤 논리로 일본을 비판해 왔는가 하는 문제를 상당히 열심히 조사했다. 그 후 1982년부터 85년까지 외무성의 전문조사원으로 서울의 일본대사관에서 근무했다.

그때 외무성으로부터 주어진 조사 주제도 석사논문의 연장선에 있는 '한국인의 일본관'이었다. 그런데 그때 한일 및 일중 역사문제로서는 최초인 '제1차 교과서 문제第一次敎科書問題'가 터졌다.

실은 이것도 그 후에 일어난 위안부 문제 등과 같은 문맥이었다. 즉 일본의 반일세력, 언론이 중학교 교과서의 검정에서 문부성이 '침략'을 '진출'로 바꿔 썼다고 하는 내용의 오보를 크게 보도했고, 그 오보에 의해 미야자와 기이치宮沢喜一 관방장관이 일본 정부를 대표하여 한국과 중국에 사죄했던 것이다. 이에 의해 일본의 역사교과서 검정기준에 "근린의 아시아 제 국가들과의 관계에서 근현대 역사적 사상事象의 취급에서 국제적 이해와 국제협력의 견지로부터 필요한 배려가 이루어지도록 할 것"이라는 항목이 추가되었다.

나는 역사학자가 아니지만 지역연구자로서 이러한 것을 쭉 관찰해왔다. 이로써 알게 된 것은 한일관계가 어떤 일로 어그러지게 되었는가 혹은 어떻게 인식의 차이가 생기고 그것은 누가 불을 붙인 것인가 하는 것이다. 그래서 1992년에 나온 내 최초의 책 제목은 『일한관계의 심연日韓關係の深淵』(아키쇼보亞紀書房)이었다.

이 책은 위안부 문제와 교과서 문제 등을 다룬 책인데, 나는 그때부터 계속 이러한 문제들을 관찰하고 더욱이 위안부 문제를 둘러싸고 반일세력과 계속 논쟁해 왔다고 자부하고 있는데, 여기에선 그 경위를 우선 써두고 싶다.

1983년에 위안부에 관한 한일의 인식을 크게 왜곡한 요시다 세이지吉田淸治의 저서 『나의 전쟁범죄 조선인 강제연행私の戰爭犯罪 朝鮮人 强制連行』(산이치쇼보三一書房)이 출판되었다. 요시다는 이 책의 '서언'에서 이렇게 썼다.

> 나는 1942년부터 패전까지의 약 3년간에 걸쳐 '야마구치山口현 노무보국회'의 동원부장으로서 조선인 징용업무에 종사했다. 나는 조선인에 대해서 '노예사냥'을, '신도臣道실천', '멸사보국滅私報國'의 일본정신에 의한 '애국심'을 갖고 했던 것이다. (중략) 전쟁 이후 태어난 일본 청소년·소녀들에게 우리들 일본인이 조선인을 '노예'로 삼았던 역사적인 사실의 일단一端을 써서 남기고, 일본인이 '문명인'이 되기 위한 반성의 자료로 남게 되기를 바라는 것이다.

2007년에 들어와 미국 의회 하원에서 "전쟁 중에 일본이 조선인을 비롯한 아시아 여성을 성노예sex slave로 강제동원을 했다"는 내용의 결의안이 제출되어 내외로 물의를 빚었다. 사실무근인 결의안의 원류源流는 실은 이 요시다의 '노예사냥을 했다'는 날조증언이었다.

이 책의 큰 주제 중에 하나는 이 요시다의 거짓 증언이 어떻게 미국 의회의 결의와 서울의 일본대사관 앞 위안부 동상에까지 연결되어 있는가를 명확히 하는 것이다. 그 관점에서 우선 요시다의 '고백' 일부를 인용해 둔다. 조금 길어서 읽기가 성가시겠지만 참아주기 바란다.

나는 바로 부락 내의 여자 몰이를 명했다. 골목을 따라 돌담을 둘러친 민가는 문이 닫혀있어서 목검을 가진 대원과 총을 가진 군인이 문을 열고 뛰어 들어가 여자를 찾기 시작했다.

내가 돌담 위에 기어올라 바라보니 앞쪽의 커다란 민가에서 여자가 2, 30명 모여 있었다. 젊은 처녀가 나이든 여자와 함께 마루와 툇마루에 일렬로 나란히 앉아 말꼬리로 짜는 원통형의 조선 모자를 만들고 있었다. 내가 신호하자 대원들과 군인들이 뛰어갔고, 그 민가에 일제히 들이닥쳤다.

여자들이 비명을 지르고 대원과 군인의 고함 소리가 들리기 시작하자 아주 조용하던 근처의 민가에서 남자들이 뛰어나와 골목을 달리고, 십 수 명의 남자들이 그 민가의 돌담 속에 모여 허둥댔다. 대원들과 군인들은 2인 1조가 되어 울부짖는 여자를 양측에서 둘러싸고 팔을 잡고 잇따라 골목으로 질질 끌고 왔다. 젊은 처녀만 8명을 잡았다. 남자들이 큰소리를 내지르고, 조선어로 떠들썩해졌다.

양쪽에 돌담이 잇따른 좁은 골목에서 징용대徵用隊는 금세 백 명 이상의 부락민으로 앞뒤가 막혀버렸다. 군중 속에는 어부처럼 반라의 늠름한 남자들이 2, 30명이 있어서 일본인을 무서워하는 모습도 없이 징용대를 향하여 이를 드러내고 고함을 치기 시작했다.

다니숌 군조가 군인에게 "착검"하고 호령했다. 군인들이 총검을 들이대도 부락민의 아우성 소리는 그치지 않았다. 다니 군조는 군인에게 전진을 명했다. 군인 뒤에서 대원들이 "아이고"하고 우는 소리를 내는 8명의 처녀를 끌고 계속 나아갔다. 힘이 쎈 남자가 5, 6명, 부락민 앞으로 나와서 골목을 가로막고, 양손을 흔들며 필사적으로 아우성쳤다. 군인 선두에서 수염이 많은 얼굴을 한 상등병이 격노하여 총검을 준비하고 고함 소리를 높이며 돌진해 갔다. 부락민은 비명을 지르며 후퇴하고, 남자들은 돌담의 가운데로 도망쳤다.

도로의 트럭에 가까이 가자 처녀들이 꺅꺅 비명을 지르며 날뛰었다. 체격이 좋은 처녀들은 햇빛에 그을린 얼굴을 한껏 찡그리고 새하얀 이 사이로 끙끙 소리를 내며 대원들과 뒤얽혔다. 처녀가 손을 뿌리치자 대원이 동시에 뒤에서 그녀를 붙들려고 했고, 처녀가 굴러 풀숲으로 떨어졌다. 하얀 조선 복장의 가슴이 터지고 옷자락이 벌어지고 옷자락이 걷혀서 처녀가 다리를 크게 발버둥을 쳐서 대원들이 애를 먹었다. 군인들이 웃는 소리를 내며 재미있어하고 그 주위에 서서 구경했다. 대원들이 처녀들을 붙잡고 손을 비틀어 올려 트럭으로 끌고 가고, 트럭의 장막 속으로 밀어 넣자 징용대는 바로 출발했다.

해안을 따라서 간선도로를 5, 6킬로 동진하자 다니 군조가 트럭을 바위산 그늘 숲속으로 들어가게 하고나서 말했다.

"위안부 징용경비徵用警備는 군인들이 부수입을 기대하고 있습니다. 여기에서 30분 잠깐 쉬어서 놀게 해주겠습니다."

다니 군조의 잠깐 쉬라는 호령은 군인들을 기쁘게 했다. 처녀들을 실은 트럭에서 대원들이 내리자 군인들이 일제히 휘장속으로 올라탔다. 처녀들이 비명을 지르자 대원들은 웃고 있었다. 이 처녀들은 징용되자 곧바로 군인들을 위한 위안부가 되어버렸다.(같은 책, 107~110쪽)

이 고백이 사실이라면 위안부는 '성노예' 그 자체다

요시다는 같은 책에서 위안부 사냥은 일본군으로부터의 **"조선인 여자정신대를 동원하라**朝鮮人女子挺身隊を動員せよ"는 명령에 기초하여 행해졌다면서 명령서의 내용을 포함하여 그에 대해 자세히 쓰고 있다. 그 부분을 인용하여 둔다.

1943년 5월 15일, 야마구치 현 경찰부警察部 노정과勞政科로 서부군사령부 부속 중위가 도착해서 야마구치 현 노무보국회 회장(현지사縣知事 겸임) 앞으로 된 노무동원명령서를 교부했다. 노정과장은 노무보국회의 사무국장을 겸무하고 있고, 노무보국회 하 시모네세키下關 지부 동원부장勞務部長인 나를 배석시켰다. 군 명령의 수령에 배석 한다는 것은 그 동원명령의 실행을 명령받는다는 것이었다.

중위의 설명에 따르면, 이번 동원명령은 서부군 군관구軍管區 각 현의 노무보국회에 조선반도 남부 각 도를 할당하고 동원 총수는 2천명이었다. 야마구치 노무보국회로의 동원명령은 다음의 내용이었다.

1. 황군위문皇軍慰問, 조선인 여자정신대 2백 명
1. 연령 18세 이상 30세 미만(기혼자도 가능, 단 임산부를 제외한다)
1. 신체 강건한 자(의사의 신체검사, 특히 성병의 검진을 행할 것)
1. 기간 1년(지원에 의해 갱신할 수 있음)
1. 급여 매월 30엔
   준비금으로서 선급금 20엔
1. 근무지 중국 중부 방면
1. 동원지구 조선 전라남도 제주도
1. 파견일시 1943년 5월 30일 정오
1. 집합장소 서부군 제74부대

여자 근로보국대가 여자정신대로 개칭하고, 여학교 학생이나 지역의 처녀회(여자청년단)의 군수공장 근무봉사는 여자정신대라고 불리고 있었는데, 황군위문의 여자정신대란 '종군위안부'인 것이었다.

(중략)

　서부군 사령관의 조선인 위안부 200명 동원명령서는 야마구치 현지사인 야마구치 현 노무보국회장 명의의 징용업무 명령서가 되어 노정과장으로부터 내 손에 건네졌다.(같은 책 100~102쪽)

　요시다는 책을 낼 때, 같은 해 83년의 12월에 한국까지 가서 사죄를 거듭하고 사죄비$_{謝罪碑}$까지 세웠다. 그러나 그 이상의 발전은 없었고 이 문제는 일단 거기서 끝난 것처럼 보였다.

　요시다의 책이 나온 직후에 그 책을 읽은 나도 "요시다 씨가 책에 쓰고 있는 광경과 한국에서 어르신들이 말해준 식민지 시대의 모습은 상당히 다르다. 그러므로 쉽게 믿어지지가 않는다"고 하면서 반신반의했다.

경향신문 1992년 8월 12일자
'정신대 만행' 증언하러 서울 온
요시다씨 "혼자 천명이상 처녀사냥"

　다른 한편, 일본의 조선사 학자들, 아사히신문으로 대표되는 자학파 미디어들, 운동가들은 요시다의 고백을 검증도 하지 않고 무조건 믿었으며, 1980년대 중반 이래 역사서, 사전 등의 기술에서 위안부 강제연행설이 퍼져나갔고, 그 결과 식민지시대를 모르는 세대 속에서 위안부 강제연행설에 침식당하는 이들이 많아졌다. 이 흐름을 타고 1989년경부터 당시의 사회당 의원이 국회에서 위안부 문제를 거론하기 시작했다.

한국에서도 일본에서 퍼진 위안부 강제연행설이 80년대 말부터 조금씩 여성운동이나 좌파 미디어 등에서 다뤄지게 되었다. '한국정신대문제대책협의회韓国挺身隊問題対策協議会'라는 단체가 활동을 시작한 것도 그때쯤이었다.

그것들은 대부분 요시다의 책과 센다 가코千田夏光의 저서 『종군위안부従軍慰安婦』(정편正篇, 속편續篇) 등을 인용하는 형태로 시작되었다.

뒤에서 보는 것처럼, 한국에서는 실은 완전히 다른 존재인 '정신대'와 '위안부'가 혼동되어 받아들여졌고 '정신대=위안부'라는 선동이 언제부터인지 널리 정착되어 갔다. 거기에 요시다도 일본군의 명령으로 '정신대'의 이름으로 위안부 사냥을 했다고 썼기 때문에 선동을 믿는 사람이 점차 늘어나 버렸다.

옛 종군위안부의 일본 규탄

요시다가 책을 내고나서 약 8년 후인 1991년 8월 11일, 아사히신문(오사카 본사판)은 '옛 조선인 종군위안부, 전후 반세기 무거운 입을 열다元朝鮮人従軍慰安婦 戰後半世紀重い口開く'라는 큰 제목을 붙여 다음과 같이 시작되는 기사를 실었다.

일중전쟁과 제2차대전 때 '여자정신대'의 이름으로 전쟁터에 연행돼 일본 군인을 대상으로 매춘을 강요당한 '조선인 종군위안부' 중 한 사람이 서울 시내에 생존하는 것이 알려져 '한국정신대문제대책협의회'(윤정옥 공동대표, 16개 단체 약 30만 명)가 청취를 시작했다. 동 협의회는 10일, 여성의 이야기를 녹음한 테이프를 아사히신문 기자에게 공개했다. 테이프 속에서 여성은 생각하면 지금도 소름이 끼친다고 말했다. 체험을 그저 숨기고만 있던 그녀들의 무거운 입이, 전후 반세기 가깝게 지나 겨우 열리기 시작했다.

이 기사에서는 익명이었지만, 그녀는 본명이 '김학순金學順'으로 8월 14일에 기자회견을 하고 일본규탄을 계속했다. 그리고 그 해 말에는 일본을 방문하여 일본 정부를 상대로 전후보상을 요구하는 재판을 시작하고 전국에서 강연회를 열었다.

아사히신문(오사카본사판)
1991년 8월 11일자
'옛 조선인 종군위안부, 전후 반세기 무거운 입을 열다' 元朝鮮人從軍慰安婦 戰後半世紀重い口開く'

아사히신문은 김학순의 문제를 크게 취급하여 위안부에 관한 기사를 많이 냈다. 그 결과, 한국에 대해서 미해결의 '종군위안부 문제'가 존재하고 일본 정부로서 무언가 책임을 져야 할 것이 있다는 커다란 여론의 흐름이 만들어졌다. 세상은 일본의 용서할 수 없는 국가범죄라는 확신의 방향으로 계속 향해가고 있었다.

아사히신문은 이후 92년 1월 1일자 1면 톱으로 주오中央대학 교수인 요시미 요시아키吉見義明라는 역사학자가 방위청의 연구소에서 일본군이 위안부의 연행에 관여하였다는 증거자료('육지밀대일기陸支密大日記')를 발견했다는 기사를 냈다. 그래서 일본 정부는 그와 동시에 당시의 관방장관 가토 고이치加藤紘一가 담화를 내고 사과했던 것이다. 그러나 이것은 아사히의 의도적인 왜곡보도였다.

뒤에 알려진 것인데, 요시미 교수는 이전부터 그 자료의 존재를 알고 있었다고 한다. 하지만 김학순 씨가 재판을 일으켜 위안부 문제가 고조되고, 며칠 후에 미야자와 수상이 방한할 타이밍에 아사히신문에서 그 자료를 내놓은 것이다.

신문에는 '토와모노とはもの'라는 업계용어가 있다. 어떤 사건 따위를 보도할 때, '~란'이라는 형태로 붙이는 용어해설이다. 요시미 교수가 발견한 자료를 보도한 기사에도 그 기사의 하단에 '종군위안부'에 대해 다음과 같은 해설이 붙어있었다. 전문을 인용한다.

1930년대 중국에서 일본군 병사에 의한 강간 사건이 많이 발생했기 때문에 반일감정과 성병을 막기 위해 위안소를 설치했다. 전직 군인이나 군의관 등의 증언에 의하면, 개설 당초부터 약 80%가 조선인 여성이었다고 한다. 태평양전쟁이 벌어지고서 <u>주로 조선인 여성을 정신대라는 이름으로 강제연행을 했다</u>. 그 인원은 8만이라고도 하고 20만이라고도 한다.(밑줄은 필자)

밑줄 부분에 있는 **"정신대라는 이름으로 강제연행**挺身隊の名で強制連行**"** 이라는 말의 존재에 중대한 의미가 있다. 그것을 확인해 둔다.

당시 일본은 국가총동원법에 기초하여 근로동원을 하고 있었고 '정신대'도 그 일환이며 이는 여성을 군수공장 등에 근로동원하는 조직이다. 위안부와는 전혀 관계가 없다. 내 주위에도 태평양 전쟁 당시 '정신대원'으로서 근로동원되었다고 하는 여성들이 많이 있었고, 그녀들은 위안부와 자신들이 동원된 정신대는 전혀 관계가 없다고 강하게 항의하였다.

제도적으로 말하면 여자에 대한 근로동원은 1941년의 국민근로보국협력령에 의해 14~25세의 미혼 여자가 14~40세의 남자와 함께 '국민근로보국대'로 편성돼 이뤄졌다. 잇따라 1943년부터는 기혼의 부인도 '여자정신대'로 동원되었지만, 법적 제도는 아니었다. 1944년, 여자정신근로령(칙령 519호)으로 12세 이상, 40세 미만의 미혼 여자의 동원이 법적 강제력이 있는 제도가 되어 본격화했다(『사전 쇼와 전전기의 일본事典昭和戰前期の日本』, 모모세 타카시百瀨孝 저, 요시카와고분칸吉川弘文館 외, 1990년)

이러한 역사적 사실을 아사히신문은 몰랐던 것일까?

그렇지 않다. 실은 식민지조선에서는 정신대에 의한 강제동원 속에 근로자로의 동원만 아니라 위안부로의 동원도 포함되어 있다는 당시의 좌파, 자학파自虐波 학자의 '통설'이 있었다.

"43년부터는 '여자정신대'라는 이름으로 약 20만의 조선인여성이 노무동원되어 그 속에서 젊고 미혼인 5만~7만 명이 위안부가 되었다."(『조선을 아는 사전朝鮮を知る事典』, 헤이본샤平凡社, 1986년 판, 이 기술은 같은 책으로 2006년 7월 5일에 발행된 '신증보판 제4쇄'에도 그대로 남아있다.)

"44년 8월에는 '여자정신근로령'이 공포되고, 수십만 명의 12세부터 40세까지의 조선 여성에 대한 근로동원이 이뤄지고, 그 속에서 미혼인 여성 수만 명이 일본군의 위안부가 되었다."(다케다 유키오武田幸男 편編, 『조선사朝鮮史』, 야마카와슈판샤山川出版社, 1985년)

이러한 기술들은 모두 요시다 세이지의 증언을 근거로 한 것이다. 요시다는 앞에서 본 것과 같이 1983년에 출판한 저서에서 1942년에 군의 명령을 받아 제주도에서 '황군위문 여자정신대'로 삼기 위해 여성사냥을 했다고 썼다.

결국 아사히신문은 "주로 조선인 여성을 정신대라는 이름으로 강제연행을 했다"고 씀으로써 요시다 증언과 같은 권력에 의한 강제연행이 있었다고 보도했던 것이다. 이는 아베 수상이나 노다 수상이 부정하고 있는, "공권력에 의한 강제연행이 있었다"는 주장이었다.

제1장_종군위안부 소송의 주역　29

아사히신문은 1997년경부터는, 위안부가 위안소에 들어간 뒤부터의 생활이 고통스러웠던 것 등도 '강제성'이라면서 논점을 바꾸었는데 이때 게재한 '용어해설기사'에는 '제도로서의 강제연행'이라고 썼다.

이때쯤부터 '위안부 사냥의 산 증인'인 요시다와 옛 위안부 김학순 씨 등이 일본의 TV, 신문에 거듭 등장하여 일본 규탄을 계속했다.

아사히신문 92년 1월 23일 석간의 논설위원 칼럼 '종군위안부從軍慰安婦'는 요시다의 "국가권력이 경찰을 활용하여 식민지의 여성을 절대 도망할 수 없는 상태로 유괴하여 전쟁터로 운반하고, 1년, 2년을 감금하고, 집단강간하고, 그리고 일본군이 퇴각할 때는 전쟁터에 방치했다. 내가 강제연행한 조선인 중에서 남성의 절반, 여성의 전부가 죽었다고 생각한다"는 발언을 괄호에 넣어 인용한 뒤, 다음과 같이 요시다와의 의견교환 내용을 썼다.

> 매스컴에서 요시다 씨의 이름이 나오면 폐를 끼치는 것은 아닌가, 그것이 걱정이 되어 묻자 요시다 씨는 각오가 되어있는지 밝은 소리로 "아니, 아니, 이제 상관하지 않습니다"라고 했다.

이 논설위원 칼럼을 읽다보면 요시다는 결국에 아사히신문이 추천을 했던 인물임을 알 수 있다.

자신이 군의 명령으로 위안부 사냥을 했다고 하는 "양심적 증언자" 요시다 세이지, 그리고 요시미 요시아키 교수가 발견한 군의 내부자료,

여기에다가 피해를 당했다는 측으로서 실명을 걸고 나선 옛 위안부 할머니. 이렇게 셋이 모였다. 이 셋으로 이루어진 세트가 이 책의 처음에서 인용한 '노예사냥'과 같은, 군인에 의한 위안부 강제연행을 증명하는 증거로서 당시에는 인식되었다. 아니, 아사히신문을 비롯한 일부 미디어와 운동가는 이를 이용하여 의도적으로 일본의 명예를 손상시켰다.

당시의 분위기는 '군에 의한 조선인 위안부 강제연행이 있었지만 일본 정부는 그것을 인정하지 않는다, 사죄도 하지 않는다', '일본 정부는 너무나도 비인도적이고 잔인하다'는 것으로 흘러갔었다.

지금도 잘 기억하고 있는데, 유명한 게이오기주쿠慶應義塾대학의 오코노기마사오小此木政夫 교수도 산케이신문 92년 1월 25일의 '정론正論'란에서 "전해지는 내용은 너무나도 비참하여 눈을 가리고 싶어질 정도다"라고 하여 이 위안부 문제로 사실관계의 규명이 아닌 '정치적 합의에 의한 해결'을 제안하고 있었을 정도다.

그러한 가운데 1월 13일, 가토 관방장관이 "종군위안부로서 필설로 다할 수 없는 쓰라린 고통을 경험한 여러분들에 대해 충심으로 사과와 반성의 마음을 말씀드리고 싶다"고 하는 관방장관 담화를 냈다. 이것이 위안부 문제에 관한 일본 정부 최초의 담화다. 미야자와宮澤 수상은 같은 달 17일, 한국에 가서 노태우 대통령에게 "충심으로 사과하고 반성하고 싶다"고 여덟 번에 걸쳐 사죄했다.

원래 일본인이 한국에서 제소한 재판

그때쯤 월간 「호세키寶石」 1992년 2월 호에 우스키 케이코白杵敬子 씨라는 저널리스트가 쓴 '또 하나의 태평양전쟁 ... 조선인 위안부가 고백한다. 우리들의 육체를 가지고 논 일본군의 엽색과 파렴치もう一つの太平洋戦争　朝鮮人慰安婦が告白する　私たちの肉体を弄んだ日本軍の猟色と破廉恥'라는 제목을 붙인, 위안부들에 대한 인터뷰 기사가 실렸다. 김학순 씨와 두 사람의 가명의 위안부가 인터뷰에 응했었다.

나는 그것을 신속히 입수하여 도대체 이 사람들은 무엇을 말하는 것일까, 요시다 세이지와 같이 정말로 군대에 의해 강제연행이 되었다고 말하고 있는 것일까, 그것이 증명된 것일까, 하고 의문을 품으며 읽어보았다.

그러나 김학순 씨는 분명 이 인터뷰에서 자신은 40엔에 기생으로 팔렸다고 말하고 있는 것이 아닌가. 소를 제기한 다른 익명의 두 사람도 일본군에 의해 연행되었다고는 말하지 않았기에 나는 '이게 뭐지?'라고 생각했다.

종전終戰 이전에는 일본도 조선도 빈곤이라는 사회문제가 엄연히 존재했고 그 때문에 여성이 매춘업에 종사할 수밖에 없는 현실이 있었다. 그것은 다들 아는 바로서 뉴스도 무엇도 아니다. 따라서 위안부가 실명을 걸고 나선 것이 뉴스가 되기 위해서는 권력에 의한 강제가 있었다고 해야 뉴스가 될 수 있었을 것이다.

가토 관방장관 담화와 미야자와 수상의 사죄, 그 후 일본 매스컴의 감정적 보도를 보면서 나는 '이상하다, 이상하다, 이것은 거대한 사기극인지도 모른다. 권력에 의한 위안부 강제연행은 아직 증명된 바가 없다'는 강한 의문을 계속 품고 있었다.

이렇게 말하는 것은 김학순 씨가 일으킨 일본 정부를 상대로 하여 보상을 요구하며 일으킨 재판이 실은 일본인이 한국에 가서 '원고原告 모집'이라는 전단을 뿌려서 일으킨 재판이라는 사실을 알고 있었기 때문이다.

위안부들이 실명을 내걸고 나선 재판의 원형이 되는 이 최초의 재판이 1990년에 있었던 것인데, 그 재판을 일으킨 것은 실은 한국인도 아닌 일본인이라고 하는 정보가 나에게 들어와 있었다. 그 일로 인해 나는 여기에는 상당히 큰 거짓말이 있는 것이 아닌가 하고 생각하게 되었던 것이다.

이때 마침 월간 「분게이슌주文藝春秋」가 92년 2월 10일에 발매하는 3월호에서 "'사죄'하면 할수록 나빠지는 일한관계『謝罪』するほど悪くなる日韓関係'라는 제목으로 겐다이코리아연구소現代コリア研究所 사토 오카츠에佐藤勝巳 소장과 다쿠쇼쿠拓殖대학 다나카 아키라田中明 교수의 대담을 게재했다. 두 사람은 나의 스승에 해당하는, 전후 일본에서의 한국·북조선 연구의 창시자에 해당하는 전문가로서 한국에도 친구와 지인이 많았다.

대담에서 두 사람은 "솔직히 말해 지금의 일한관계는 이상하다", "보상은 일한협정으로 전부 끝났다", "한국에 청구권백서라는 백서가 있고 거기에는 한국 정부가 피해를 입은 개인의 보상을 포함하여 일본으로부터 받은 돈을 어디에 사용했는가도 다 씌어져 있다" 등의 이야기를 하면서, 한국의 사죄요구와 이에 응한 일본의 반복된 사죄에 의해 일본인들 사이에서 반한, 혐한 감정이 퍼지고 있다는 문제를 지적했다. 거기에서 "위안부 재판은 본래 일본인이 일으킨 것"이라고 하는 문제도 다루어졌다.

일본에서 30년 내지 40년 동안 한국에 대한 연구를 하고 있는 사람들이 "지금 사죄하는 것은 좋지 않다", "사죄할수록 일한관계는 오히려 나빠진다"고 실명으로 확실히 말했기 때문에 충격은 컸다. 한국 측으로부터는 망언이라고 해서 격렬하게 비판받게 되었다.

「분게이슌주 文藝春秋」에서 진상규명의 도화선에 불을 붙이다

대담이 한일양국에서 파문을 일으키는 중에 월간 「분게이슌주 文藝春秋」 편집부로부터 위안부 문제에 대해서 철저하게 조사하여 써보지 않겠는가 하는 제안이 있었다.

그때, 솔직히 말하면 받아들일지 말지를 망설였다. 앞에서 말해온 바와 같이 그 시점에 나는 물론 위안부 문제를 둘러싼 한일 매스컴보도와 정부의 대응에 의문이 계속 일어났다. 그리고 그것이 대단한 사기극으로 보였기 때문에 사실관계를 하나하나 조사하여 도대체 무슨 일이 일어나고 있는 것인지를 세상에 제기하는 일을 누군가가 해야 할 것이라고 느끼고는 있었다.

하지만 그 일은 드러내놓고 분명히 이야기하기가 꺼려지는 섹스

문제에 관한 일이었고, 게다가 식민지통치를 한 측인 일본인으로부터 피해를 입었다고 하는 할머니들을 비판하는 일이기도 했다. 그러한 원고를 쓰는 작업은 가능하면 나 자신 이외에 다른 사람이 해주었으면 하고 생각했다.

망설인 끝에 이 문제로 자칫 세상에 거짓말이 만연해지게 되어서 그 결과로 나 자신의 연구대상이기도 하고, 존경하는 선생, 선배, 친구, 지인이 많은 한국이 결과적으로 일본의 관계가 복원되지 못하는 것을 그냥 못 본 채 하는 것은 옳지 않다고 생각하여 받아들이기로 했다.

사실에 기초하지 않는 논의나 사죄만큼 우스운 일은 없으며 또 그것은 유해하다는 신념이 내게 있었다. 한편, 조사의 결과로 만약 사기극이라고 생각하는 내 쪽이 틀려서 전쟁 중에 일본이 권력을 사용하여 죄없는 조선인 여성을 희생시킨 것이 명백해진다면 그때는 선두에 서서 사죄할 계획이었다.

당시 「분게이슌주」의 편집장은 "니시오카 씨와 내가 세간에서 극악한, 정말 사람도 아닌 이라고 불릴 각오를 하고 진실을 추구합시다"라고 말했다. 그러면서 "편집부가 당신을 전면적으로 백업할 태세를 만들어주겠습니다", "우수한 편집자를 한 사람 착 붙여줄 것이며 취재기자는 몇 사람을 데려가도 좋습니다", "자료도 얼마든지 구입해도 좋습니다", "예산은 있기 때문에 어디에라도 취재하러 가십시오"라는 식의 태세를 보여주었다. 이에 나는 최후에는 도심의 호텔에 약 1주간 갇혀 철야 연속으로 원고를 썼다.

나 한 사람만이 조사를 떠맡은 것이 아니라 함께 조사하는 프로젝트팀이 출발했던 것이다.

조사의 기본은 위안부란 일단 빈곤 때문에 몸을 팔지 않을 수 없었던 여성들의 비극 중 하나였다는 점, 군 등의 공권력을 사용한 강제연행에 의한 '성노예'적 존재는 아니었다는 점을 명확히 하는 것이었다.

우선 나는 요시미 요시아키 교수가 발견했다는 '군의 관여'를 나타내는 문서부터 정독하여 보았다. 그러자 중대한 사실을 확인할 수 있었다. 군이 위안부 모집에 관여는 하고 있었지만 그 관여란 바로 민간의 업자가 군대의 이름을 사칭하여 나쁜 일을 하는 것을 멈추게 하는 관여였다.

강제연행의 증명이 되지 않는 것에 그치는 것이 아니라 군이 민간업자에 의한 위법한 모집을 멈추게 하려고 했던 것으로 관여는 관여지만 선의의 관여인 것이다.

아사히신문이 보도한 관련 군 문서를 그대로 인용한다. 육군성과 중국에 파견되어 있던 부대 사이에서 주고받은 문서집 '육지밀대일기陸支密大日記'로 철해져 있던 것이다.

군위안소 종업부從業婦 **모집에 관한 건**件
부관으로부터 화북방면군北支方面軍 **및 화중파견군**中支派遣軍 **참모장 앞**
통첩안通牒案

지나사변 지역에서의 위안소설치 때문에 내지에서 종업부 등을 모집하는데 즈음하여, 특별히 군부의 이해 등 명의를 이용하여 군의 위신을 손상시키고 동시에 일반시민의 오해를 초래할 우려가 있다는 것, 혹은 종군기자, 위문자 등을 사이에 세워 통제없이 모집하여 사회문제를 야기할 우려가 있다는 것, 혹은 모집에 임하는 자의 인선이 적절성을 결여하고 모집의 방법이 유괴와 유사하여 경찰당국에 의해 검거, 취조를 받는 일이 있는 등 주의를 요하는 일이 적지 않기에, 그에 대해서는 장래 이들의 모집 등에 있어서는 파견군이 통제하여 이에 임명하는 인물의 선정을 주도적절周到適切하게 하고, 그 실시에 있어서는 관계 지방의 헌병 및 경찰당국과의 제휴를 긴밀히 하여, 군의 위신 보호·유지 및 사회문제상 실수가 없게 배려하도록 통첩한다. (육지밀陸支密 745호 소화13년(1938년) 3월 4일)

이 문서로는 군에 의한 강제연행은 증명되지가 않는다. 아사히신문은 이 문서와 함께 다른 두 문서에 대해서도 그것이 군의 관여를 나타낸다고 보도했었는데, 그것들도 전쟁터에서 일본군이 강간사건을 일으키면 적의 정치선전에 이용되므로 군기를 다잡고 동시에 위안소를 설치할 것을 제기하고 있는 문서 등이다.

아사히신문 1992년 1월 11일자 '위안소 군 관여를 나타내는 자료慰安所軍の関与を示す資料'

합리적으로 생각해본다면 전쟁터에서의 민심 이간離間에 대해 걱정하는 군이 하물며 일부에서는 항일독립운동이 계속되고 있던 식민지조선에서 위안부 강제연행을 벌이고, 조선에서 민심 이간을 유발할 리가 없다. 결국 요시미 교수의 문서는 권력에 의한 강제연행을 증명하는 것이 아니라 오히려 그것이 없었다는 사실을 시사하는 것이었다.

그러나 당시 분위기는 아사히신문 등이 보도하는 모습과 가토 관방장관이 그에 맞추는 모습 등에 의해서 마치 권력에 의한 강제연행이 명확히 있었다는 듯 집단착오, 사기극이 전개되고 있었다.

2장

‘강제연행’은 있었는가?

유족회 간부와 아사히 기자의 연계

나는 실명을 내걸고 나선 옛 위안부들이 어떠한 증언을 하고 있는 것인지, 그녀들의 증언에 의해서 과연 권력에 의한 강제연행이 확인되는 것인지 그것부터 조사했다.

그녀들이 재판을 제기했기 때문에 우선 소장을 입수해 읽어보았다. 거기에는 앞서 월간 「호세키」에서 읽은 것과 동일하게 다음과 같은 내용이 쓰여 있었다.

집이 가난하였기 때문에 김학순도 보통학교를 그만두고 아이 보기와 심부름 등을 하고 있었다. 김태원金泰元이라는 사람의 양녀가 되어 14세부터 기생학교에 3년간 다녔는데, 1939년, 17살(한국 나이) 봄, "거기에 가면 돈벌이를 할 수 있다"고 하는 설득에 따라 김학순의 동료로 1살 연상인 여성(에미코라고 했다)과 함께 양아버지를 따라 중국으로 건너갔다.(김학순씨가 1991년 12월 6일, 도쿄지방재판소에 제출한 소장, 히라바야시 히사에平林久枝 편집, 『강제연행과 종군위안부强制連行と従軍慰安婦』, 일본도서센터日本圖書センター, 1992년 출간본에서 전문 수록)

분명히 집이 가난하여 기생이 되었다고 쓰고 있다. 이것은 일본에서 말하는 인신매매와 동일한 케이스가 아닌가 하고 「분게이슌주」 편집장 등과 함께 이야기했다. 이것이 어떻게 강제연행이라는 것인가?

조사를 계속해가자 또다시 아사히신문의 악질성이 드러났다. "이 재판을 일으키고 있는 한국 피해자단체 간부의 딸과 아사히신문의 기자가 결혼하였다"는 정보를 입수한 것이다.

한국에 '태평양전쟁희생자유족회太平洋戰爭犧牲者遺族会'라는 단체가 있다. 그 상임이사인 양순임梁順任이라는 여성의 딸과 아사히신문의 기자인 우에무라 다카시植村隆가 결혼하였다고 한다. 게다가 아사히신문에서 이 위안부 문제를 주로 쓰고 있는 것이 그 우에무라 기자라는 것이다.

이 정보가 사실이라면 우에무라 기자는 장모 등의 재판을 유리하게 하려는 목적으로 날조기사를 썼던 것이 되는게 아닌가?

어쨌든 부딪힐 것은 전부 부딪혀보자는 마음으로 나는 아사히 기자의 장모가 되는 인물을 만나러 한국까지 가기로 했다.

「분게이슌주」의 편집부에서는 한국에서의 취재 과정 중에 유족과 관계운동가 등으로부터 폭행당하는 일도 있을 수 있는 것 아닌가 걱정하고 보디가드 역할로 기자를 한 명 데리고 갈 것을 권했다. 하지만 한국어를 모르는 사람이 동행하게 되면 결국 이쪽이 통역을 해줘야하는 등 부담이 늘어날 뿐이라고 생각하여 그것을 거절하고 혼자 서울로 향했다.

아는 사람인 일본인 특파원에게 유족회의 전화 연락처를 묻고 그녀와는 유족회 사무실에서 만나기로 했다.

후일 알게된 것인데, 이 면회는 까딱하면 못 하게 될지도 몰랐다. 왜냐하면 내가 이 조사에 임하고 있었던 것과 동시에 문제의 소송을 벌이고 있던 일본의 변호사 다카기 겐이치高木健一 씨가 재판의 조정을 위해 이 사무소에 오기로 되어 있었기 때문이다.

나는 잡지 「겐다이코리아現代コリア」 등을 통해 다카기 겐이치 변호사의 그때까지의 활동을 비판하고 있었으므로 그는 내 이름을 알고 있을 터였다. 만약 그가 먼저 와있다면 그 아사히 기자의 장모인 여성은 나를 경계하여 인터뷰에 쉽게 응하지 않았을 것이다. 그러나 다행스럽게 내 쪽이 며칠 빨리 서울에 도착할 수 있었다.

나는 과일 한 상자를 간단한 선물로 준비하여 유족회의 사무실을 방문하고 대학교수 명함을 내밀었다.

"한국에 대한 연구를 하고 있습니다."

이렇게 말하고 "위안부 문제에 관심이 있으니 가르쳐주시기 바랍니다"라고 말하자 저쪽도 이런저런 말을 해주었다.

나는 그녀로부터 재판에 이르기까지의 경위를 들었다. 이에 대해서는 뒤에서 상세하게 서술하고자 한다.

그래서 "이미 1965년의 협정에 기초하여 일본 정부가 한국 정부에 무상 3억 달러, 유상 2억 달러를 지불하고, 한국 정부가 그 중에서 유족에 대해 1인당 30만 원을 지불한 일인데, 이제 와서 왜 일본 정부에 또 보상하라고 요구하는 것입니까?"하고 묻자,

"1965년의 협정은 강자인 일본이 약자인 한국에 강요한 일인데 그런

것은 천 번을 맺어도 우리는 인정하지 않는다"며 예사롭지 않은 말을 했다.

그래서 내가,

"따님이 있죠? 아사히신문의 기자와 결혼했다고 들었습니다"하고 묻자, "그렇다"고 말했다.

나는 "우에무라 씨라고 하죠?"하고 다시 확인하자, 역시 "그렇다"고 답했다. 여기에서 우에무라 기자의 장모 이야기가 파악되었다.

날조된 '일본군의 범죄' 이미지

다음으로 위안부였음을 최초로 실명을 내걸고 밝힌 김학순 씨를 취재하려고 생각했지만 김 씨는 그때 입원을 해서 만날 수가 없었다. 그 대신 한국에 일본의 TV 방송국 등이 김학순 씨를 취재하러 갔을 때 현지의 준비와 통역 등을 하였던 재일한국인 여성을 만날 수 있었다.

그녀는 통역 등을 거듭하는 과정에서 김학순 씨와 친해지고 그 결과 군에 의한 강제연행이 아니라 빈곤 때문에 기생으로 팔렸다고 하는 김 씨의 신상을 알게 되었다.

그녀도 TV 방송국 등이 취재했었던 극악무도한 일본의 범죄라는 관점과는 다른 사실에 직면하여 "무언가가 이상하다"고 생각하기 시작했던 것이다. 그런 생각이 있었기 때문에 같은 문제의식을 갖고 일본으로부터 조사를 하러 온 내게 비밀 이야기라고도 할 수 있는 김학순 씨의 본심에서 나온 말을 들려주었을 것이다.

그녀는 김학순 씨의 진정한 신상을 알고 난 후에 기자들이 없는 일대일의 자리에서 조용히 김학순 씨와 이야기를 나누었다고 한다.

"할머니, 기생으로 팔렸던 것이군요?"
"그래."
"결국, 할머니, 왜 이름을 내걸고 나온 것이예요?"
"아니, 나는 쓸쓸했어. 아무도 찾아오지 않았어. 그래서 어느 때 텔레비전을 보고 있는데 전시 중에 징용으로 일했던 사람들이 재판을 한다는 장면이 나왔단 말이야. 그래서 나도 관계가 있을까 싶어 전화했어."

1991년 8월, 김학순 씨가 옛 위안부로서 처음으로 이름을 걸고 나왔는데 그때 아사히신문은 앞에서 본대로 "처음으로 옛 위안부가 실명을 걸고 나섰다"고 크게 보도했다(오사카판 8월 11일, 도쿄판 8월 12일). 이것은 한국의 신문보다도 빠른 세계적 특종이었다. 이 기사를 쓴 것이 유족회 간부를 장모로 삼은 우에무라 다카시 기자였다. 이름을 내걸고 나온 사람의 관계자가 장모였는데 장모가 사위에게 편의를 도모했다고 밖에는 달리 생각할 수가 없었다. 이 기사는 앞에서 인용한대로 다음과 같은 문장으로 시작하는 충격적 기사였다.

일중전쟁과 제2차 대전 때 '여자정신대'의 이름으로 전쟁터에

연행돼 일본 군인을 대상으로 매춘을 강요당한 '조선인 종군위안부' 중 한 사람이 서울 시내에 생존하는 것이 알려져 '한국정신대문제대책협의회'가 청취를 시작했다.

이 기사에서는 김학순 씨가 가난 때문에 기생으로 팔렸다고 하는 문제의 본질에 관한 중대한 사실관계가 쓰여 있지 않았다.

밑줄 부분의 기술만으로 이 기사를 읽으면 김학순 씨는 "'여자정신대'의 이름으로 전쟁터에 연행돼 일본 군인을 대상으로 매춘을 강요당한 '조선인 종군위안부' 중 한 사람"이 되고, 사실은 기생으로 인신매매됐다고는 독자들은 전혀 생각하지 못했을 것이다.[1]

"'여자정신대'의 이름으로 전쟁터에 연행돼「女子挺身隊」の名で戦場に連行され"라는 부분이 앞에서 요시미 요시아키 교수의 군 관계 자료 관련 기사에 붙어 있던 아사히신문의 해설기사와 동일한 표현이라는

---

1) '종군위안부從軍慰安婦'라는 말은 태평양전쟁 당시에는 사용되지 않았다. 이 용어가 널리 퍼진 것은 센다 가코가 1973년에 『종군위안부從軍慰安婦』라는 책을 내면서부터였다. 종군간호사, 종군기자, 종군승려 등은 '군속軍屬'으로 군이 급여를 지급하는 신분이었지만, '종군위안부'는 군속이 아니라 민간인인 위안소 업자와 계약을 맺은 또 다른 민간인에 불과했다. 따라서 '종군위안부'라는 용어는 일본군과 위안부의 관계에 대해 오해를 불러일으킬 수 있다. 이러한 이유로 일부 학자들은 이 말을 공문서나 학술용어로 사용하는 것에 대해 반대해 왔다. 일본 정부도 과거 한때 "이른바 종군위안부"라는 용어는 썼지만, 현재는 사용하지 않고 "위안부"라는 용어를 쓰고 있다. 가토 가쓰노부加藤勝信 일본 관방장관은 2021년 2월 8일 일본 중의원 예산위원회에서 "1993년경에는 많은 사람들이 '종군위안부'라는 용어를 사용했다는 사정이 있어 정부로서는 과거 '이른바'라는 말을 붙여서 표현을 한 바 있습니다. 고노 담화도 '이른바 종군위안부'라고 썼지만 최근 정부에서는 일반적으로 '위안부'란 용어를 사용하고 있으며, '종군위안부'라는 용어는 사용하지 않고 있습니다"라고 답변했다.

것에 주목하고 싶다. 우에무라 기자는 김학순 씨를 요시다 세이지 증언에서와 같은 강제연행의 피해자로 일본에 소개한 것이다.

아사히신문은 같은 해 12월 25일자로 우에무라 기자가 김학순 씨로부터 상세한 이야기를 들었다고 하면서 '일본 정부를 상대로 제소한 전 종군위안부 김학순 씨 되돌아 갈 수 없는 청춘 한의 반생日本政府を提訴した元慰安婦・金学順さん かえらぬ青春 恨の半生'이라는 제목을 붙인 큰 기사를 게재했다. 여기에서도 우에무라 기자는 증언 테이프를 재현한 것이라고 하면서 "'거기에 가면 돈도 받을 수 있다.' 이러한 이야기를 지구地區의 일을 하고 있는 사람에게 들었습니다. 일은 실제로는 좋지 않았습니다. 가까운 친구와 두 사람, 꼬임에 빠졌습니다. 17살(한국 나이) 봄(1939년)이었습니다"라고 하는 김 씨의 말을 전하고 있다. 그러나 여기에서도 기생 문제, 인신매매 문제는 쓰여 있지 않았다.

그렇다면 김학순 씨는 실명을 걸고 나선 당초부터 기생으로 몸이 팔렸다고 하는 사실을 감추고 있었던 것일까? 만약 그렇다면 우에무라 기자의 기사는 오보라고는 할 수 있어도 악질적인 날조라고까지는 말할 수 없을 것이다. 하지만 실제 사실은 간단히 판명되었다.

조사 결과, 우에무라 기자가 "처음으로 옛 위안부가 실명을 걸고 나섰다"고 하는 8월의 특종 기사를 아사히에 쓰고 나서 며칠이 지난 뒤인 8월 14일, 김학순 씨는 한국의 신문기자들 앞에서 기자회견을 했었다. 관련 기사를 한국 신문들에서 찾아보면, 한국의 신문 중에서 가장 좌파계인 한겨레신문에서의 김학순 씨 기사도 나온다.

"생활이 힘들어진 어머니에 의해 14살 때 평양 기생권번으로 팔려갔다. 3년간의 권번 생활을 마친 김 씨가 첫 취직인 줄 알고 권번의 양아버지를 따라간 곳이 북중국 철벽진의 일본군 3백여명이 있는 소부대 앞이었다"(한겨레신문 1991년 8월 15일)

그녀는 재판의 소장과 동일한 내용의 사실을 당초부터 다 말하고 있었던 것이다. 그녀는 수미일관首尾一貫했고, 최초로 나섰을 때부터, 재판 소장에서도, 또 월간 「호세키」에 게재된 저널리스트에 의한 인터뷰에서도, 전부 자신이 기생으로 팔렸다고 답했었다.

아사히신문의 악질적이고 중대한 날조

우에무라 기자의 12월 25일 기사는 "변호사들에 의한 옛 위안부로부터의 청취 조사에 동행하여 김 씨로부터 자세한 이야기를 들었다. 한韓의 반생을 말하는 그 증언 테이프를 재현한다"고 하는 기사설명을 붙이고 있는 기사다.

그런데 우에무라 기자는 최초의 8월 기사뿐만 아니라, 이 12월 기사에서도 김학순 씨의 이력 중, 상황의 본질에 관계되는 기생으로 팔렸다고 하는 사실을 의도적으로 잘라내 버렸다. 우에무라 기

한겨레신문 1991년 8월 15일자
'종군위안부 참상 알리겠다'

자는 당시 아사히신문 오사카본사 사회부 소속으로 어학연수차 한국에 왔고 그때 양 이사의 딸과 친해져서 결혼했다고 한다. 즉, 한국어를 읽을 수 있고, 말할 수 있다는 것이다. 설마 김학순 씨가 아사히신문에만 자신의 신상을 이야기하지 않는 일은 없었을 것이다.

소장에도 쓰여져 있는 것이기 때문에, 우에무라 기자가 동행한 다카기 겐이치 변호사 등의 청취에서도 그 사실은 언급되었을 것이다. 이를 미루어 보아도 김학순 씨가 기생으로 팔렸었다는 사실을 우에무라 기자가 몰랐다는 일은 있을 수 없다. 알고 있으면서도 불리한 이야기이기 때문에 의도적으로 쓰지 않았다고 말할 수밖에 없다. 즉 그런 사실을 기사로 쓰면 권력에 의한 강제연행이라는 아사히신문 등이 보도에서 전제를 하고 있던 허구가 무너져버리는 것을 두려워하고 있었다고 의심받아도 반론의 여지가 없을 것이다.

아사히신문은 아베 수상 등을 공격하면서 '좁은 의미의 강제'라든가 '넓은 의미 강제'라든지 하는, 아무리 논의를 해도 이해하기 그런 어려운 문제는 제쳐두고 기왕에 사과할 것이라면 제대로 사과하는 게 좋다는 식의 주장을 해왔다. 하지만 실은 그들도 당초에는 김 씨의 경우가 '좁은 의미의 강제 = 권력에 의한 강제연행'이 아니었기 때문에 기생으로 팔렸다는 사실은 기사가 되지 않는다고 생각했던 것이다. 그래서 본인이 직접 "모친에 의해 40엔에 기생으로 팔렸다"고 말했음에도 불구하고 그 사실은 의도적으로 기사에서 뺀 것이다.

수년 전, 일본에서는 낫토納豆를 먹으면 살이 빠진다는 정보 날조로 해당 프로그램이 없어지고, TV 방송국 하나가 민방련民放聯(일본의 민간 라디오, 텔레비전 방송 사업자에 의한 방송 윤리 수준 향상 및 업계 공통 문제 처리를 목적으로 설립된 단체)에서 퇴출된 사건이 일어났는데, 이 기생 문제는 그것보다도 더욱 악질의 사실왜곡이었다고 생각한다.

아사히의 한 기자가 산호珊瑚에다가 낙서를 하고, 그 낙서를 우연히 발견했다는 식 보도를 하라고 지시한 사장이 책임을 지고 사직했던 적이 있는데, 우에무라 기자의 날조는 자신의 특종을 위해서 거짓말을 쓴 것이고 의도적인 거짓말을 쓴 것이기 때문에, 악질성의 정도가 두 배라고 생각한다. 그의 의도적인 날조로 인해 한일관계가, 그리고 최근에는 일미日米관계까지도 얼마나 악화되었는가? 그 책임은 중대하다.

나는 이 우에무라 기자의 악질적 날조보도 문제에 대해서 92년 이래 거듭하여 잡지와 단행본에 썼고, 또 TV의 토론 프로그램이나 강연회 등에서도 실명을 걸고 비판을 해왔다. 그러나 아사히신문은 오늘에 이르기까지도 일절 반론, 정정, 사죄, 사내처분 등을 하지 않고 있다. 그러기는커녕, 뒷날 우에무라 기자를 하필이면 서울 특파원으로 파견하고, 한국 문제에 대한 기사를 쓰게 했던 것이다. 이 적반하장은 정말 용서할 수 없다.[2)]

또 한 사람, 용서할 수 없는 사람이 다카기 변호사다. 그가 작성한

---

2) 이 책의 저자인 니시오카 쓰토무는 "날조보도"라는 표현 등으로 인해 우에무라 다카시 기자로부터 명예훼손 소송을 당했지만, 1심, 2심에서도 모두 승소하였으며. 2021년 3월 11일, 최고재판소에서 승소가 확정되었다

소장에도 쓰여 있는 사실이기 때문에 김학순 씨가 빈곤 때문에 모친에 의해 40엔에 팔린 슬픈 경력을 갖고 있다는 것을 다카기 변호사는 확실히 알고 있었을 것이다. 이를 안 시점에 변호사로서 김 씨에게 "당신은 재판에는 적합하지 않다. 경력이 공개되는 것에 의해 또 수모를 당하게 된다"고 정확히 설명해줬어야 했다.

처음으로 실명을 걸고 나선 옛 위안부로서 그녀는 다카기 변호사 등의 반일운동에 이용되고, 우에무라 기자와 아사히신문에 이용되고, 그 결과로 나와 같은 전문가로부터 경력을 지적받게 되고, 그냥 한 번 쓰고 버려지는 처지가 되어버렸다. 실은 내가 「분게이슌주」에 우에무라 기자가 감춘 그녀의 경력에 대해 쓴 후, 이 책에서도 뒤에 자세하게 다루는 한국의 연구자들에 의한 청취조사에서 그녀는 당초 소장에는 쓰여 있지 않았던 새로운 이야기를 하기 시작했다. 이에 그 문제를 또 지적받게 되는 악순환에 그녀는 빠지게 됐다. 다카기 변호사가 그녀의 인권 문제에 대해 고민을 조금이라도 해보았다고 도저히 생각할 수가 없다.[3]

---

[3] 이 책의 저자인 니시오카 쓰토무는 "사실을 왜곡해서라도 일본을 비난하는 게 좋다는 자세를 갖고 있다"는 표현 등으로 인해 다카기 겐이치 변호사로부터도 명예훼손 소송을 당했지만, 1심과 2심에서 모두 승소하였고, 2015년 1월 14일, 최고재판소에서 승소가 확정되었다.

소학교 학생까지 위안부로?

　92년 2월의 내 조사 시점으로 다시 돌아가 보자.
　한국에서는 미야자와 수상 방한 3일전에 해당하는 92년 1월 14일자로 소학교 학생까지도 정신대가 되었다는 기사가 나오고, 소학교(한국의 초등학교. 과거에는 국민학교라고 했다.) 학생까지도 성노예로 삼았던 것이냐면서 한국 신문 사설이 분노의 목소리를 높여 일본에 대한 악감정이 비등하고 있었다.
　정말로 12살 위안부의 존재가 확인되었던 것일까? 나는 "소학교 학생까지도 정신대가 되었다"고 하는 기사를 최초로 쓴 기자를 찾아내 만났다. 연합통신의 김용수金溶洙 기자였다. 그는 실은 이 문제를 쭉 취재해 왔었던 기자였다.
　앞에서 얘기했듯이 한국에서 당시는 '정신대'라고 하면 이를 위안부라고 오해하고 있었다. 김 기자는 오해가 있을 수 있다는 것을 알고 있으면서도 12세의 소학교 학생을 정신대로 데려갔다고 썼었다. 위안부와 정신대가 어떻게 다른지에 대한 설명은 전혀 하지 않았다. 기사 자체에는 위안부가 되었다고 쓰지는 않았지만, 이 기사로 인해 조금 뒤에 보는 동아일보의 사설과 같이 "12살의 소학교 학생까지 동원, 전쟁터에서 성적 노리개로 유린했다"는 것이 한국에서 기정사실화되었고 미야자와 수상 방한 직전, 많은 한국인이 격분하게 되었던 것이다.

여기에서 말하는 정신대란 위안부와는 전혀 관계가 없는 근로정신대로, 파견처는 위안소 등이 아니라 토야마富山 현의 군수공장이었다.[4] 내가 조사해 보니 다음과 같았다.

식민지조선의 경성(현 서울) 방산국민학교의 교사였던 일본인 여성, 이케다 마사에池田正江 씨가 1944년, 6학년의 담임학급에서 6명의 여학생 을 정신대 대원으로 토야마 현의 군수공장으로 보냈던 것이다. 그리고 다음 해 8월, 종전이 되어 이케다 씨가 일본으로 귀국한 12월까지 5명이 돌아왔는데, 돌아오지 않았던 학생이 1명 있었다. 자신이 담임을 하고 있던 반의 아이가 돌아오지 않았다. 그 선생은 퇴직 후 그 학생을 찾았다. 1991년, 과거의 제자가 발견되었고 무사히 돌아왔다는 것을 알게 되었다. 학교에 보고하지 않고 고향으로 가버렸다는 것이다. 그래서 안도했다는 것이다.

김 기자는 이 경위를 기사로 쓰려고 계속 취재하고 있었다. 옛 위안부가 실명을 걸고 나서서 재판이 벌어지고, 요시미 요시아키 교수가 발견한 문서가 일본에서 크게 보도되었던 것을 보고, 처음부터 취재를

---

[4] 한국에서는 1990년대까지도 '정신대'와 '위안부'를 혼동했음이 보통이었다. 그러나 둘은 전혀 다르다. 태평양전쟁 당시 일본 지역에서는 1944년 8월에 여자정신근로령이 공포되어 12-40세의 여성들이 군수공장 등지에서 정신대(여자근로정신대를 줄인 말이다)로 근로봉사를 했다. 그러나 조선 지역에서는 종전終戰까지 여자정신근로령이 발동되지 않았다. 1944년 8월 이후 관알선을 통해 소수의 자원자를 동원한 사례만 있다. 따라서 민간에서 정신대를 빙자하여 취업사기를 벌였을 가능성은 있지만, 일본 정부가 정신대를 내걸고 위안부를 강제동원했다는 주장은 비현실적이다. 뒤에서 소개하는 유엔 인권위원회의 쿠마라스와미 보고서에도 '1942년에 조선인 순사가 마을에 찾아와 여자정신대를 모집했다'는 서술이 있지만, 연대 자체가 이미 틀려 보고서의 신뢰성을 떨어뜨리는 요인이 되었다.

하고 있었던 기자로서 수일 후로 예정된 미야자와 방한 전에 '소학교 학생까지 정신대로'라고 하는 기사를 썼던 것이다.

앞에 얘기한 바와 같이, 그 기사는 학생이 동원된 곳은 토야마의 공장이며 위안소가 아니었다고 하는 해설을 덧붙이지 않았다. 오해받을 수 있다는 것을 알고 있으면서도 오해받을 만한 기사를 썼던 것이다.

나는 기자에게 물었다.

"왜 이런 기사를 썼습니까? 실제로 12살 여자아이가 위안부가 되었던 것은 아니지 않습니까? 한국에서는 당신의 기사가 계기가 되어 '12살 여자아이가 전쟁터에서 성 노리개가 되었다', '섹스슬레이브(성노예)가 되었다'고 일제히 썼습니다. 이것은 당신의 기사 자체만으로 말하면 오보가 아닐지 모르지만, 잘못 이해될 것을 알고 있으면서 그런 기사를 쓴다는 것은 문제가 있는 일이 아닙니까?"

기자는 이렇게 답했다

"이 6명의 아동이 위안부가 된 것이 아니라는 사실은 나도 알고 있었습니다. 하지만, 우선 근로정신대로 동원되고 그 후 위안부가 되었다는 경우도 있다고 한국 내에서 이야기가 돌고 있었습니다. 그렇기 때문에, 이 6명 이외에 소학교 학생으로 위안부가 되었던 사람이 있을지도 모른다고 생각해서 굳이 '근로정신대이며 위안부는 아니다'라는 것은 강조하지 않고 기사를 썼습니다."

구차한 변명이었지만 그의 변명으로써 소학교 학생 위안부의

존재는 증명되지 않는다는 사실은 확인할 수 있었다.5)

그러나 김 기자도, 그의 기사를 계기로 일제히 12세의 소학교 학생이 위안부가 되었다고 쓴 다수의 신문도, TV도, 지금에 이르기까지 소학교 학생이 동원되었던 곳은 군수공장이고 위안부가 되지는 않았다는 사실을 정확히 전하지 않고 있다. 그 때문에 일본에 대한 악감정이 높아질 만큼 높아져버린 것이다. 대표적으로 동아일보 92년 1월 15일자 사설의 주요부분을 인용해 둔다.

12세짜리 정신대원

참으로 하늘과 사람이 함께 분노할 일제의 만행이 었다. 인면수심 이라던가, 아무리 군국주의정부가 전쟁을 수행하기 위해서였다고 하

---

5) 주한일본대사관앞 위안부 동상을 "소녀상"이라고 부르듯이, 일본이 어린 소녀들을 위안부가 삼았다는 허황된 속설이 한국에서는 국민적 상식으로 자리 잡고 있다. 그러나 초등학생 정도의 어린 소녀는 위안부가 될 수는 없었다는 것이 학계의 일반적인 의견이다. 위안부는 당시 성년인 17세 이상만이 될 수 있었다. 실제로 위안부를 모집하는 신문 광고에서도 나이를 정해놓고 있었음이 확인되는데, 경성일보京城日報 (1944년 7월 26일자)는 17세 이상 ~ 23세 이하, 매일신보每日新報 (1944년 10월 27일자)는 18세 이상~30세 이하로서 분명 당시 성년의 나이를 명시하고 있었다. 위안부는 기본적으로 해외의 위안소로 나가게 되어있는데, 이 과정에서 여러 공적기관들에 의해 연령, 신상 등에 대한 검증이 이뤄졌고 이는 국내에 머무른 다른 공장제하 매춘부의 경우보다 철저했다. 더구나 일본 병사들의 입장에서도 아직 성적 활동을 할 수 없는 어린이에게 "성적 위안"을 받는다는 것이 과연 상식적일 수 있겠는지 생각해보아야 한다. 참고로, 위안부 연구에서 자주 이용되는 자료인 '일본군 전쟁 포로 심문 보고서 제 49호 : 조선인 위안부들Japanese Prisoner of War Interrogation Report No. 49: Korean Comfort Women'은 당시 포로로 잡힌 위안부들의 나이가 "대략 25세about twenty-five years old"라고 밝히고 있다.

지만 이렇게까지 비인도적 잔혹행위를 자행할 수 있었던가싶다.

그동안 우리는 일본군의 종군위안부로 끌려가 처절하게 유린당한 '정신대원'들의 아픔과 슬픔을 막연하게만 헤아려왔다. 그러나 12세짜리 국교생(초등학생)까지 동원, 전쟁터의 성적 노리개로 짓밟았다는 보도에 다시 끓어오르는 분노를 억누르기 어렵다.(중략)

해방전 서울 방산국교(당시 경성부 제2부 공립소학교) 6학년 4반(여학생반)에 재학중이던 6명의 소녀들이 정신대로 끌려간 사실은 참으로 충격적이다. 이 가운데 5명은 당시 나이가 12세에 불과했다. 이제까지 15세 소녀가 정신대로 동원됐음은 알려졌다. 그러나 12세의 철부지까지 끌려갔음은 처음으로 밝혀진 것이다.

당시 이 학교에 근무하며 이들을 정신대로 보낸 일본인 담임교사 이케다(68, 여) 씨는 이들을 근로정신대'로 보냈다고 말하고 있다. 이케다의 말대로 일제는 이 철부지들과 그 부모들 에게 '황국신민'으로 근로정신대에 가 보국해야 한다고 설득했을 것이다.

그러나 그것은 새빨간 거짓부리였다. 근로정신대라는 이름 으로 동원한 후 이들을 종군위안부로 빼돌린 사실이 여러 사람의 증언으로 입증되고 있기 때문이다. 이케다가 죄책감으로 한국쪽 하늘을 쳐다보지도 못한 채 독신으로 살아왔다고 말하는 것을 보아도 이케다는 근로정신대의 정체가 무엇이었는지를 잘 알고 있었을 것이다. (중략)

이렇게 아무것도 모른채 부모의 품을 떠나 정신대로 끌려간 소녀들이 부지기수였다. 울부짖는 여자들을 후려갈기고 젖먹이를 팔에서 잡아떼며 애엄마를 끌고간 경우도 있었다. 마치 노예사냥과 같았다. 이렇게 동원된 종군위안부가 8만~20만명으로 추산된다.
(중략)

우리는 우리의 치부이기도 한 정신대문제를 되새기고 싶지 않다. 일본이 일제의 이 같은 잔혹행위를 참으로 부끄럽게 여기고 인도주의에 따라 이 문제를 청산하도록 맹성을 촉구하는 것이다.

새롭게 다시 읽어도 한숨이 나온다. 12세의 소학교 학생, 젖먹이의 엄마까지도 강제연행을 하여 위안부로 삼고, "전장에서 성적 노리개로 짓밟았다"는 이미지는 이때 한국인 다수에게 확산되고, 그후 교육현장과 TV드라마 등이 반복하여 그것을 전파했기 때문에, 거의 같은 형태로 지금까지 남아있다. 특히 식민지시대를 알지 못하는 세대의 위안부 인식은 지금까지도 이 사설 내용과 그다지 다르지 않은 것은 아닐까.

동아일보 1992년 1월 14일자
'정신대挺身隊 국교생國校生까지 끌고갔다'

재판을 부추긴 일본인

조사하면 조사할수록 권력에 의한 강제연행은 증명된 바가 없다는 것을 알게 되었다. 그렇다면 왜 재판이 일어났을까 하는 의문이 생기는데, 여기에는 또 하나의 속임수가 있었다.

오오이타大分 현에 아오야나기 아츠코青柳敦子라는 여성이 있었다. 나는 이때의 조사에서 오오이타에 있는 그녀의 자택까지 방문하여 자세한 이야기를 들었다. 그녀는 한 의사의 부인으로서, 다소 이상한 재일한국인인 송두회宋斗會씨라는 차별반대운동가에게 사숙私淑하고 있었다. 아오야나기 씨는 송 씨와 함께 일본 정부를 상대로 사죄와 보상을 요구하는 재판을 시작한 장본인이다. 그 후 나는 도쿄에서 아오야나기 씨를 뒤에서 움직인 송 씨와도 만나 이야기를 들었다. 그 청취조사를 통해 내가 명확히 할 수 있었던 것이 다음과 같은 사실이다.

이러한 종류의 재판의 처음은 실은 사할린 재주在住 한국인 문제이다. 이것도 송두회 씨가 시작한 것이다. 그러나 송 씨는 생각이 한 쪽으로 매우 치우친 사람으로 "사할린 한국인과 자신을 비롯하여 재일조선인은 지금도 일본국적을 갖고 있다"는 등 일본 입장에서는 당치않은 논리를 주장하고 있었다. 게다가 변호사도 쓰지 않았기 때문에 서류가 체제를 갖추지 못했고, 재판소가 좀체 접수하여 주지 않았다. 바로 여기서 다카기 겐이치高木健一라는 변호사가 나서게 되었다.

다카기 변호사 등은 1975년부터 95년에 걸쳐 송 씨를 배제하고서는 서류를 정돈하여 "종전 후 사할린에 남겨진 한국인이 한국으로 귀국할 수 없었던 것은 바로 일본 정부의 책임이기 때문에 사죄하고 보상하라"고 일본국을 제소했다.

이 소송은 근거가 없는 것이다. 본래 패전국 일본은 사할린 한국인의 전후 처우에 대해서 전혀 관여하지 않았다. 사할린을 군사점령한 소련이 북조선을 지지하는 입장에서 한국인의 한국으로의 귀국을 인정하지 않았던 것이 비극의 원인이었다. 재판은 말이 안 되는 것이었지만, 사실을 왜곡해서라도 일본을 비난하면 된다는 자세가 다카기 변호사 등의 특징이었다.

그런데 재판이 제기될 즈음부터 1980년대에 걸쳐 소련은 한국인의 일본으로의 일시 출국을 인정하기 시작하고, 일본으로 한국의 가족을 불러 재회하는 일이 본격적으로 시작되었다. 일본 정부는 인도적 관점에서 예산을 대고 사할린 한국인의 비극은 해결로 향하고 있었다. 그때의 사실관계는 아라이 사와코新井佐和子의 『사할린의 한국인은 왜 돌아오지 않는가サハリンの韓國人はなぜ歸れなかったのか』(소시신쇼草思新書, 1997년)에 상세하다. 어쨌든 다카기 변호사 등에게 사할린 관련 재판을 빼앗긴 송두회 씨 등은 이번에는 한국으로부터 원고를 모으려 했던 것이다.

당시 「아사히저널朝日ジャーナル」이라는 좌익 잡지가 있었는데, 송 씨와 아오야나기 그룹은 1989년 5월 19일호에 "일본국은 조선과 조선인에게 공식적으로 사죄하라"고 하는 광고를 냈다. 이 광고는 12월까지 격주로 합계 15회가 게재되었다.

아오야나기 씨가 그 광고를 한국어로 번역하여 한국을 방문한 것은 89년 11월 19일부터 22일까지였다. 징용피해자와 옛 위안부 등 일본 정부를 상대로 사죄와 배상을 요구하는 재판의 원고가 되어줄 사람을 찾는 것이 방한의 목적이었다. 아오야나기 씨는 뜻했던 자료를 보도기관에 비치하는 것 등은 성공했지만 피해자를 만나는 것조차 불가능하여 귀국했다.

그때 나도 아는 일본의 어느 신문사 지국에도 그녀가 나타나 재판의 원고를 모집하는 활동을 하고 있다고 말했다고 한다. 그 사실을 들었었기 때문에 나는 그녀의 활동을 알고 있었다. 일본인이 일부러 한국까지 나가서 일본 정부를 제소하려고 한국어로 된 자료를 나눠준 일이다. 조사하면 조사할수록 이야기는 수상쩍어질 뿐이었다. 아오야나기 씨가 오오이타로 돌아가고 나서 몇 주 뒤 한국으로부터 국제전화가 걸려왔다. 우에무라 다카시植村隆 기자의 장모가 간부로 일하고 있던 '태평양전쟁희생자유족회'로부터 재판의 원고가 되고 싶다는 연락이었다.

다음 해 90년 3월, 아오야나기 씨는 다시 방한했다. 유족회에서는 일본대사관 바로 가까이에 있는 한국일보 빌딩 대강당에 대략 천 명의 회원이 모여 아오야나기 씨를 맞았다. 거기에서 '대일 공식사죄배상청구재판 설명회'가 열렸다. 본인에 따르면 아오야나기 씨는 그때 대략 다음과 같은 인사를 했다고 한다.

"나는 세 명의 아이를 가진, 극히 평범한 주부지만, 송두회 씨 등을 만나고 나서 일본은 이대로는 안 된다고 생각하고 재판 준비를 진행해왔습니다. 인간이라면 일본이 지금까지 해온 것, 36년간의 식민지시대도 포함하여,

특히 전후 자신의 책임을 모조리 방기해온 것은 도저히 용서받을 수 없는 일입니다."

"우리들이 할 수 있는 하나의 방법으로서 지금 재판을 준비하고 있습니다. 일본국의 공식사과와 배상을 요구하는 재판입니다. 재판의 방법과 내용에 대해 간단히 설명하겠습니다. 요구하는 배상금액에 따라 재판에 필요한 경비가 다릅니다만, 원고 한 사람당 최저 10만 엔은 필요한 것 같습니다. 기타 방일해 증언하여 주실 때 경비까지 생각한다면, 처음에는 10명을 원고로 하여 재판을 시작하는 것이 좋다고 생각합니다. 그러나 이 10명의 배후에도 많은 원고가 있다는 것을 분명히 하기 위해서 가능한 한 많은 위임장을 얻기를 바라고 있습니다. 재판에 필요한 경비는 지금 일본에서 400만 엔을 준비하고 있습니다. 많은 위임장을 배경으로 우선 10명을 원고로 해서 재판을 시작할 예정입니다."

일본인이 한국까지 와서 자국 정부를 격렬하게 비난하고선, 비용은 이쪽에서 부담하여 일본 정부로부터 공식사죄와 배상을 얻을 재판을 하자고 권한 것이기 때문에, 모인 관계자들은 기뻐했을 것이다. 거기에서 설명회 장소였던 한국일보 빌딩의 바로 가까이에 있는 일본대사관에 찾아가서 지금부터 모두 데모를 하자는 이야기가 나왔고 그렇게 바로 결정되어 이른바 전후보상을 요구하는 일본대사관을 대상으로 한 첫 번째의 데모가 그날 바로 이루어졌다.

전후보상 등을 요구하는 옛 위안부들의 데모가 지금도 매주 수요일, 일본대사관 앞에서 행해지고 있지만, 전후보상을 요구하는 최초의 데모가 실은 아오야나기 씨가 한국에까지 나가서 한 이 데모였던 것이다.

유족회는 설명회를 계기로 활발한 활동을 개시했다. 2개월 후인 90년 5월에는 일본대사관 앞에서 2주간의 연좌데모를 하고, 6월부터 7월에 걸쳐 부산의 일본총영사관 앞에서부터 서울의 일본대사관까지 희생자의 사진을 목에 걸고 도보행진을 했다. 그리고 10월 29일, 아오야나기 씨 등이 서류준비의 대부분을 처리하는 형태로 도쿄지방재판소에 23명의 한국인 유족들이 일본 정부를 상대로 소송을 제기했다.

여기에서 소송의 원고가 되었던 것은 전쟁 중에 징병과 징용으로 동원되어 전쟁터 등에서 사망한 한국인 전쟁피해자의 유족이었으며 옛 위안부는 포함되지 않았다.

그런데 송두회 씨와 아오야나기 그룹은 이때도 변호사를 쓰지 않았고 그래서 재판을 제대로 할 수가 없었다.

91년 8월, 처음으로 옛 위안부가 실명을 걸고 나설 때는 유족회는 아오야나기 등과 떨어져 다카기 겐이치 변호사와 저널리스트 우스키 케이코臼杵敬子 그룹과 함께 새로운 소송의 준비를 하고 있었다. 이 그룹이 92년 12월, 김학순 씨 등을 선두로 세워 새로운 재판을 일본에서 제기했는데, 그 경위는 앞에서 본 바와 같다.

본래 일본과 한국의 보상문제는 1965년의 조약과 협정으로 끝난 것이고, 유족회도 아오야나기 등이 부추기기 전까지는 일본대사관을 대상으로 한 데모 등을 하지 않았던 것이다.

그런데 일본에서 재판이 가능하다는 소식이 전해졌기 때문에 한국인들은 일본으로부터 아직 보상을 받을 수 있을지도 모른다고 생각했고, 또 비용도 일본 쪽에서 부담한다고 했기 때문에, 그렇다면 해보자고 해서 운동이 활발해지고 있었다.

전쟁피해의 개인보상은 한국의 내정문제

본래 유족회는 왜 생겼는가. 거기에는 다음과 같은 경위가 있다.

한일기본조약에 의해 일본은 무상 3억 달러, 유상 2억 달러의 이른바 '청구권자금'을 한국에 지불했다. 1965년 당시 일본의 외환준비고는 겨우 18억 달러였기 때문에 일본에 있어서도 5억 달러는 쉽게 지불할 수 있는 금액이 아니었고, 1966년부터 75년까지 10년 분할로 지불했다. 당시 한국이 손에 쥐고 있는 외환은 1억 3000만 달러였고, 무역적자가 손에 쥔 외환을 크게 상회하는 2억 9000만 달러인 시대에 5억 달러는 한국의 경제에 있어서 대단히 큰 의미를 가진 금액이었다.

박정희 정권은 이 자금 사용의 기본방향을 다음 4가지로 정리했다. "(1) 모름지기 모든 국민이 이익을 평등하게 받을 수 있어야 하고, (2) 국민소득이 증가되는 용도에 쓰여져야 하며, (3) 시설자재, 원자재 또는 기계류를 불문하고 한국의 주도적인 의사에서 결정되어야 하며, (4) 후손에 넘겨주어서 두고두고 기념될 수 있는 대단위사업大單位事業에 투자되어야 한다."(『청구권자금백서』, 한국경제기획원)

생산재에 투자하면 국민 전원을 위하여 사용하게 되는 것이라는 사고방식으로부터 이것을 국가건설에 사용하는 방침이 내세워지고, 이 자금으로 한국 정부는 댐을 만들고 제철소를 만들고 도로를 건설했다.

한국 정부의 계산에 의하면, 이 일본으로부터의 자금이 1966년부터 75년까지의 한국의 경제성장에 기여한 비율은 연평균 19.3%에 달했다. 전후 전 세계에서 많은 개발도상국이 선진국으로부터 경제원조 등의 형태로 거액의 자금을 도입했지만, 한국의 박정희 정권만큼 효율적으로 자금을 경제성장에 활용한 예는 많지 않다.

다른 한편, 개인보상은 뒤에 이루어졌다. 1971년 5월부터 72년 3월까지 대일민간청구의 신고를 접수하였다. 이 시기에 유족회가 발족했다. 74년에 '대일민간청구권보상에 관한 법률'이 제정되고, 75년부터 "군인, 군속 또는 노동자로서 소집되어 1945년 8월 15일 이전에 사망한 자"를 대상으로 그 직계유족 9,745명에게 당시 돈으로 1인당 30만원을 지급했다.

그러나 이에 대하여 30만원은 적으며 더 받고 싶다는 등의 내용으로 한국 정부와 교섭을 하기 위해 1972년에 생긴 것이 유족회인 것이다. 유족이 한국 정부를 상대로 일본으로부터 받은 것 중에 자신들에게 더 돌려달라고 요구하는 것은 당연한 일일 것이다. 하지만 그것은 어디까지나 한국의 내정문제로 일본이 관여할 일이 아니다.

또한, 앞에서 살펴본 것과 같이 한국 정부는 군인, 군속, 노무자로서 동원된 자 중에서 사망자에 한하여 보상을 실시했기 때문에 부상자는 전혀 보상을 받을 수 없었다.

이에 대해서도 동정의 여지는 충분하다. 그러나 일부의 운동가들이 주장하는 것 같이 한국의 유족에 대한 보상을 일본의 유족과 동일한 수준으로 한다면 어떻게 되겠는가.

한국 정부는 일본으로부터의 자금의 일부를 독립운동가와 그 유족에 대한 지원사업에 사용하였다. 한국이 독립국가인 이상, 식민지지배를 받았던 시대에 지배국 일본의 전쟁에 대해 협력을 요구받았던 피해자 유족에 대한 보상과 나라의 독립을 위해 싸우다가 죽은 민족 영웅의 유족에 대한 보상과의 균형을 생각하지 않을 수 없다. 또 독립 후 북조선의 침략으로부터 나라를 지키기 위해 명예롭게 전사한 한국군 유족에 대한 보상과의 균형도 취하지 않으면 안 되었다.

비교대상이 되는 것은 일본의 군인연금 수준이 아니라, 한국 국내 다른 유족과의 균형이었던 것이다. 반복하지만, 한국이 일본으로부터 수취한 과거청산을 위한 자금으로부터 일본군의 전쟁에 동원된 한국인에 대한 개인보상을 누구에게 어느 정도 실시하는가는 어디까지나 한국의 내정문제다.

한국의 유족들도 또 한 차례 일본으로부터 돈을 받을 수 있다고는 아무도 생각하지 않았다. 일본도 당시 외화준비고의 1/3에 가까운 금액을 제공했다. 그 자금을 박정희 정권이 대단히 효율적으로 사용한 결과로 한국의 경제성장에 크게 기여한 것이다.

그런데 국교정상화로부터 20년 이상이 지난 시기에, 한국 정부가 개인보상을 실시하고부터도 14년이 지난 시기에, 돌연히 일본인이 와서 유인물을 나눠주고 "400만 엔을 준비했기 때문에 일본 정부로부터 개인배상을 받는 재판을 합시다"라고 제안하여 일본에서 재판을 제기하려고 설명회가 개최되고 데모가 일어난 것이다.

왜 일본 정부는 움직이지 않는 것인가

또 한 번 이야기는 92년 2월의 「분게이슌주」 논문을 위한 준비로 돌아간다. 나는 한국에서 오오이타를 거쳐 이번에는 외무성 동북아시아과를 취재했다. 그들은 좀체 취재에 응하지 않았지만 원고 마감을 바로 앞에 두고 배경설명에 필요하다고 설득하자 가까스로 당사자(수석사무관)가 나왔다. 거기에서 나는 미야자와 수상이 한국에서 사과한 근거가 무엇이냐고 물었다.

"미야자와 씨는 권력에 의한 강제연행·노예사냥이 있었다는 것을 인정하고 사죄했던 것입니까? 혹은 당시 일본에도 요시와라吉原라는 유곽이 있었고, 거기에는 가난 때문에 몸을 팔게 된 일본 여성이 많이 있었습니다. 그러한 사람들과 마찬가지로 가난 때문에 몸을 팔게 된 사람들의 비극에 대해 '유감이었다'고 사죄한 것입니까? 이 2개 중에 어느 쪽입니까? 만약 후자라고 한다면 일본인으로서 요시하라에서 일하고 있던 사람들에게는 일본 정부는 왜 사죄하지 않는 것입니까?"

그러자 "그것은 지금부터 조사할 것입니다. 그렇지만 당시 끌려갔던 사람들이 지독한 일을 당한 것은 사실입니다"라고 하는 놀랄만한 답변이 돌아왔다.

거기에서 나는 "군의 명령으로 위안부 사냥을 했다는 요시다 세이지吉田淸治의 증언을 어떻게 보고 있습니까?"하고 질문해보았다. 그에 대해서는 "그것도 아직 단정할 수 없습니다. 단지 가해자가 거짓말을 덧붙여 고백을 한다는 일은 생각하기 어렵고…"라고 하는 답이 돌아왔다.

외무성도 권력에 의한 강제연행이 있었다는 근거는 갖고 있지 않았다.

조사하면 조사할수록 더욱더 강제연행은 증명된 바가 없다는 것을 알게 되었다. 하지만 일본 사회 전체는 강제연행이 있었다는 것을 전제로 움직이고 있었다. 나는 강한 고독감을 느꼈다.

그 후 수일간 나는 거의 철야로 호텔에 틀어박혀 취재하고 조사한 것을 논문으로 정리했는데, 그때 계속 나의 뇌리를 떠나지 않았던 것은,

'어째서 단지 민간인에 불과한 내가, 그것도 민간 출판사의 돈까지 써서 필사적으로 한국까지 찾아간다든지, 만날 수 있는 사람은 다 만나서 증언 자료를 모아서 일본의 명예가 걸려있는 문제를 밝히기 위해 몰두하지 않으면 안 되는가. 이는 당연히 정부야말로 필사적으로 했어야 하는 일이 아닌가?'라는 것이었다.

정말로 권력에 의한 강제가 있었던 것인가? 있었다고 한다면 그것은 당시 국제법의 통념으로도 해서는 안 되는 짓이었고 사죄하지 않으면 안 된다.

일본통치시대, 내선일체를 주창하고 황국신민이 되고 일본인이 되라고 말했으면서, 한편에서는 일본의 군대가 위안부를 강제연행하고 있었다면, 당시의 가치관으로도 조선인을 배반한 것이 되고 무엇보다 용서할 수 없는

국가범죄이다. 그렇다면 역시 무언가의 보상과 사죄는 필요하다고 하는 것이 나의 입장이었다.

물론 지금도 이 생각에는 변함이 없다. 그러나 그런 사실이 있었던 것인지 없었던 것인지 하는 것을 조사조차 하지 않고선 일본 정부가 사죄부터 하고 있었다는 사실은 충격적이었다.

1992년 필자 논문에 포함한 네 개의 제언

일본의 명예를 지키는 공무원이 아무도 없었다. 무력침략으로부터 나라의 주권을 지키는 부서인 방위청(현 방위성)과 자위대는 있어도 간접침략, 즉 거짓으로 일본의 명예가 손상되고 있는 때, 그것에 대해서 조사하고 효과적으로 반론하여 일본의 명예를 지키는 일을 하는 관공서와 공무원이 없었다.

외무성이 담당인가 하고 생각했지만, 앞에 쓴 것과 같이 위안부 문제로 거짓된 일본에 대한 비난이 이처럼 밀려오고 있는 때, 외무성은 사실관계는 지금부터 조사한다고 말하면서 총리대신에게 한국에서 사죄를 하게 해버렸다. 이것은 정말로 이상한 일이었다.

마감이 빠듯하여서 직전에도 몇 회나 고쳐 쓰고, 철야의 연속으로 인해 녹초가 되면서 완성한 논문이 92년 3월 10일 발매의 월간 「분게이슌주」 4월호에 "위안부 문제'란 무엇이었는가「慰安婦問題」とは何だったのか"라는 제목으로 게재되었다.

「분게이슌주」 1992년 4월호 "위안부 문제'란 무엇이었는가"「慰安婦問題」とは何だったのか"

 일본 사회 전체는 어느덧 권력에 의한 강제연행이 있었던 것처럼 믿어버리게 됐고, 그로부터 피해자에게 어떻게 보상해야할 것인가를 논의하고 있는 가운데, 그래도 돌 하나를 던지는 것 정도는 가능했을 것이다.

 내 논문이 마중물의 하나가 되어 위안부에 대한 강제연행이 있었던 것인가 그렇지 않은가 하는 큰 논쟁이 시작되었던 것인데, 그것을 추적하여 가기 전에 또 하나 내가 그때 강조한 점에 대해 말해두고 싶다.

 그것은 1965년의 한일국교를 맺으면서 만들어진 조약·협정과 그 후 양국 관계자가 노력하여 구축해온 한일 외교관계의 기본적 틀을 무너트려서는 안 된다는 것이다.

국가 간 과거의 청산은 이미 끝났음에도 불구하고 일본 정부가 위안부에 대한 보상, 배상을 해야 한다는 논의가 한·일의 매스컴만 아니라 한국의 정부로부터도 나오고 있었다. 그리고 그러한 주장은 그이래 계속 사라지지 않았고 노무현 대통령이 2005년 3월, "과거의 진실을 규명하고 마음으로부터 사죄하고 배상할 것이 있으면 배상(해야 한다)"고 연설을 했다. 또 미국 의회가 일본 정부에 위안부 문제로 공식사죄를 해야 한다는 결의를 했으며, 2011년에는 한국 정부(헌법재판소)에서 위안부에 대한 국가배상을 일본에 요구하지 않는 것은 위헌이라는 결정이 나왔고, 서울의 일본대사관 앞에 위안부 동상이 세워지는 데에 이르고 있었다.

1992년 당시, 나는 내 논문에서 다음과 같은 제언을 했다. 지금도 이 제언은 한일우호를 위해 불가결한 것이라고 생각하고 있다.

1. 한일의 보상 문제는 1965년의 조약·협정에 의해 해결이 끝났다. 한일 양국도 이 한일외교의 근저를 무너트려서는 안 된다.

2. 한일양국은 65년의 조약·협정으로 국가 간의 보상과 민간에 대한 보상이 어떠한 틀로 해결되고, 그 결과 인도된 청구권자금이 어떻게 사용되었는가를 널리 알리려는 노력을 하라. 양국 매스컴도 그것을 정확히 전하라.

3. 일본 정부는 사사건건 단지 사죄만을 거듭할 것이 아니라 식민지배의 전체상을 일본의 입장에서 정확히 바로 파악하는 작업을 해야

한다.

4. 한국 정부는 옛 위안부 등에 대한 인도적 지원에 대해서 주체적으로 대책을 세워야 한다. 일본은 한국 정부의 대책에 대해 인도적 차원에서 협력해야 한다.

두 번째 제언에 관하여서는 당시 나도 무엇인가 공헌하고 싶다고 생각했고, 그래서 그해 1992년 8월에 위안부 문제 등을 다룬 나의 최초의 단행본 『일한관계의 심연日韓關係の深淵』 권말 자료로 28쪽에 걸쳐 한국 정부가 1976년에 발행한 『청구권자금백서』의 주요부분을 일본어로 번역해 게재했다.

일부 관계자들 가운데서 나의 논문은 화제를 불러 일으켰다.

식민지시대를 직접 경험한 어르신들로부터도 "권력에 의한 연행은 없었다, 빈곤을 이유로 하는 인신매매였다"고 하는 이야기들이 나왔는데, 이런 이야기들은 매스컴에는 거의 다뤄지지 않았고 그 때문에 일본인 중에서 어떤 사람들 가운데에는 급속한 한국혐오의 감정이 확산되어 갔다.

그때쯤 「겐다이코리아」의 편집부에 "한국인을 패주고 싶다, 재일 한국인을 일본에서 추방해야한다, 한국과 단교하고 싶다"고 하는 등의 전화와 편지가 다수 쏟아졌다. "정신대와 위안부를 함께 묶는다니 그게 무슨 짓이냐"하고 어르신들은 대단히 화가 나있었다. 위안부를 권력에 의한 연행이라고 하는 것에 대해서 손을 떨며 분노하는 어르신들이 많이 있었다. 예를 들면 나는 다음과 같은 이야기를 들었다.

"당시는 일본도 가난했다. 한국의 식민지시대에 대해서 모두가 좋았다는 식으로는 말하지 않겠다. 차별도 있었다. 한국 사람들에게 미안한 것도 있었다. 하지만 위안부와 정신대는 전혀 관계가 없다. 위안부 강제연행 같은 것은 없었다."

일부 잡지 등에서 소노 아야코^{曾野綾子} 씨와 가미사카 후유코^{上坂冬子} 씨 등이 "강제연행은 증명된 바가 없다, 당시에는 공창제도가 있었고 빈곤에 의한 인신매매가 일본에서도 조선에서도 드물지 않았다" 등의 의견을 표명하게 되었다.6) 7)

하지만 그러한 의견을 게재한 것은 극히 일부의 월간지, 주간지뿐으로 TV와 신문은 결코 다루지 않았다. 실명으로 나선 위안부들을 비판하는 것에 관계되는 발언은 일종의 터부였던 것이다.

그러나 터부를 깨는 형태로 나를 포함한 소수가 논쟁을 계속했다. 그

---

6) "일본군 위안부의 80% 이상이 조선인이었다"는 속설이 있다. 하지만, 지금도 그렇듯이, 당시에도 민족, 국적을 불문하고 가난한 여성들이 매춘에 모여들었다. 하타 이쿠히코 교수 등의 연구에 따르면, 일본군 위안부는 일본인이 40%, 현지인이 30%, 조선인이 20%, 중국인이 10%였다. 오히려 일본인이 조선인의 2배가량이었다는 결론이다. 고노 담화에서도 일본군 위안부 중에서 한반도(조선인)의 비중이 컸다고 하면서도 "일본(일본인)을 별도로 한다면"이라고 단서를 달았다.

7) 위안부 문제에 있어서 "조선인 위안부 20만 명 설"도 대표적으로 과장 왜곡된 속설이다. 『반일 종족주의』로 잘 알려진 이영훈 전 서울대 교수는 당시 16-21세의 조선인 여성은 125만 명으로 추정되는데, 그 1/6이나 되는 20만 명을 일본군 위안부로 삼는데도 그것을 조선인들이 멀뚱히 바라보고만 있었다는 것은 전혀 말이 안 된다고 하였다. 이 전 교수는 '위안시설의 지역별 분포', '일본 군인들에게 지급된 콘돔 숫자', '병사 대 위안부 비율(통상 150:1)' 등을 근거로 하여 조선인 위안부 숫자를 3,000~5,000명 규모로 보는 것이 합리적임을 역설하고 있다.

시점에서 과제로서 크게 남아있던 것은 요시다 세이지 증언이었다.

요시다는 자신이 '노예사냥'과 같은 강제연행을 했다고 말하고 있었다. 그러나 조사하면 조사할수록 요시다 증언은 너무나 돌출적이었고, 그것 이외에 유사한 사례가 나오지 않았다. 하지만 외무성의 담당관도 "설마 가해자가 거짓을 말하겠는가"라고 하면서, 단정은 피하면서도 마치 요시다 증언을 믿는 듯 하는 말투를 하고 있었다. 권력에 의한 강제연행이 증명되지 않은 시점에서 수상이 공식적으로 사죄한 배경의 하나로 분명 요시다 증언의 영향이 있었던 것 같았다.

3장

위안부 문제의 거짓말

제주도의 "위안부 사냥"이라는 엉터리

필자의 논문이 잡지에 게재된 직후, 현대사 연구자인 하타 이쿠히코秦郁彦 다쿠쇼쿠拓殖대학 교수(당시)로부터 전화를 받았다. "위안부 문제의 진상에 관심을 갖고 있다", "제주도에 가서 요시다 증언이 맞는지 틀리는지를 검증할 것이다", "다카기 겐이치 변호사와 요시다 본인에게도 전화 등으로 이야기를 들은 바 있다"는 것이었다. 덧붙여서 다카기 변호사는 하타 교수가 니시오카의 논문을 통해 기생 출신으로 밝혀진 김학순 씨와 관련해 "이보다 조금 더 설득력이 있는 위안부는 없는 것인가" 하고 추궁하자 "실은 저도 그렇게 생각해서 한국으로 찾으러 왔습니다. 다른 추가의 경우는 좋은 것뿐입니다"라고 답했다고 한다(하타 이쿠히코秦郁彦, 『위안부와 전쟁터의 성慰安婦と戰場の性』, 신쵸사新潮社, 1999년).

본래 다카기 변호사는, 원고 김학순 씨를 담당하고 있는 변호사의 입장에서, 그녀가 니시오카가 말하는 것처럼 빈곤의 희생자가 아니라 일본국에 의한 강제연행의 희생자라고 하타 교수에게 반론을 했어야 할 것이다. 그런데 그렇게 하지 않고 새로운 재판의 원고를 찾는다는 이야기를 했다. 이래서는 김학순 씨는 운동의 소모품이었다고 말해도 어쩔 수 없을 것이다. 인권을 입에 담으면서 그들은 당사자의 인권을 진심으로 생각하지 않았다. 당사자를 반일운동의 도구로 취급하고 있다는 것을 여기에서도 잘 알 수 있다.

하타 교수의 제주도 조사로 이야기를 돌리자.

이 책의 첫머리에서 일부를 인용했지만, 요시다는 저서 『나의 전쟁범죄 조선인 강제연행私の戰爭犯罪 朝鮮人 强制連行』(산이치쇼보三一書房, 1983년)에서 약 50쪽을 할애하여 제주도에서의 위안부 사냥을 자세하게 묘사하고 있고, 구체적으로 일시와 지명까지 거론했다. 하타 교수는 92년 3월 하순에 제주도를 방문하여 이러한 요시다 증언이 현지에서 뒷받침되는지 어떤지 검증하는 작업을 했다. 당초는 요시다 본인이 동행하거나, 혹은 당시 요시다와 함께 위안부 사냥에 나섰던 동료를 소개해달라고 의뢰했지만 거절당했다고 한다.

여기에서 요시다가 말하는 '제주도에서의 위안부 사냥'에 대해 시계열로 정리해두자.

- 1943년 5월 15일, 야마구치山口현 노무보국회 시모노세키下關지부 동원부장이었던 요시다는 서부군西部軍사령부(후쿠오카福岡)로부터 '황군위문 조선인 여자정신대원 200명' 동원명령을 받는다.
- 5월 18일, 요시다는 부하 9명을 데리고 제주도에 상륙
- 5월 19일, 현지 육군부대 소속의 무장한 군인 10명을 추가한 20명의 징용대徵用隊는 마을의 민간, 작은 시내의 빨래터에서 여자 사냥을 한 후, 성산포의 조개단추 공장에서도 폭력적인 위안부 사냥을 한다.
- 5월 20일, 섬 서해안의 옹포瓮浦 어촌의 말린정어리 공장에서 위안부 사냥.
- 5월 21일, 신좌新左면 침악針岳 기슭의 어촌에 있는 소세지 공장 '

'신좌면 목축조합 보국공장'에서 위안부 사냥
- 5월 24일, 서귀포 인근의 바다에서 해녀를 대상으로 위안부 사냥
합계 205명을 강제연행

하타 교수는 제주도에서 요시다가 책 등에서 명기한 위안부 사냥 현장을 조사하는 작업을 진행하던 중, 결정적인 증언을 발견한다. 그것은 현지 신문인 제주신문濟州新聞(1989년 8월 14일자)에 게재된 허영선許榮善 기자에 의한 기사다.

위안부 사냥을 상세하게 증언한 요시다의 저서 『나의 전쟁범죄』는 일본에서 1983년에 출판되었는데 그것이 1989년에 한국에서도 번역, 출판되었다. 이에 제주신문의 허 기자가 현지에서 책 내용이 사실인지 취재를 하였는데 "도민들은 터무니없는 일로 일축하고(있다)", "뒷받침 증언이 없어 파문을 던져주고 있다"고 썼다는 것이다.

귀국 직후, 하타 교수가 흥분한 목소리로 전화를 주셨다. 제주신문의 기사 전문을 인용한다.

[제목] 일제 제주서 위안부 205명 징발했었다
일본인 수기 '나는 조선사람을 이렇게…' 파문
주민들 "날조"…일日 몰염치·상술에 분개
저자는 당시 야마구치현 노무보국회 동원부장
"성산포 단추공장·옹포·법환리 등에서 강제징용" 주장

[본문] 해방 44주년을 맞아 일제시대 제주도 여성을 위안부로 2백 5명을 징용해갔다는 기록이 나와 큰 충격을 주고 있으나, 뒷받침 증언이 없어 파문을 던져주고 있다.

42년부터 패전할 때까지 약 3년동안 야마구치현 노무보국회(山口縣勞務報國會)의 동원부장으로서 조선사람들을 징용하는 일에 종사했던 요시다 세이지 씨의 전쟁범죄 기록 『나는 조선사람을 이렇게 잡아갔다』가 그것으로, 청계연구소 현대사 연구실에 의해 83년판을 번역 발간한 것.

여기에는 '광주에서의 남자 강제연행'과 '제주도에서의 위안부 사냥'에 대해서 자신이 직접 가담 색출해 끌고 갔던 당시를 기술하고 있다.

기록에 의하면 △황군위문 조선인 여자정신대 200명 △연령 18세 이상 30세 미만 △신체 건강한 자 △기간 1년 △급여 월 30엔 △준비금으로 전도금 20엔 △근무지 중지(中支) 방면 △동원지역 조선 전라남도 제주도 △파견일시 1943년 5월 30일 정오 △집합 장소 서부군 제74부대라는 동원 방향까지 상세히 기술했다.

"우리들이 작은 마을의 처녀들을 모두 잡아 싣고 차의 속력을 높여 그곳을 떠났다.

높은 바위산 사이로 뚫린 길을 돌아가자 비양도가 보였다.

넓은 바다에는 돛단배들이 점점 떠 있었고 수평선은 가물가물하게 보였다. 우리가 들어간 건물들은 사무실과 공장을 겸하고 있었는데,

너덧 명의 남자들이 사무를 보고 있었다. 나이가 들고 뚱뚱한 남자가 우리를 맞이하면서 조합장이라고 인사했다. 나는 곧바로 조합장에게 구두로 통고했다. 이 공장에서 스무 살쯤 되는 여자들을 징용한다. 곧바로 공장 안을 돌아보고 여자들을 연행할 것이다. 너희들도 협력해라"('제주도에서의 위안부 사냥' 일부)

외설스럽고 배타적인 표현까지 그대로 사용한 것이다.

그런데 조선사람들을 징용한 것에 관한 공식기록이나 관계문서는 패전 직후 내무차관의 통첩에 따라 전국 도·부·현 지사의 긴급명령서가 각 경철서장들에게 발송되어 완전 폐기처분되었다.

그러나 이 책의 기록에 의한 성산포 단추공장에서 15~16명을 강제징발했던 기록들이나 법환리 등 마을 도처에서 행해졌던 이 위안부 사냥 이야기는 이에 대한 증언자들이 거의 없다. 그들은 터무니없는 일로 일축하고 있어 과연 이 기록의 신빙성에 대한 의문을 더욱 던져준다.

성산리 주민 전옥단 씨(85세)는 "그런 일은 없다. 250여 가호밖에 안된 마을에서 열다섯 명이나 징용해갔다면 얼마나 큰 사건인데... 당시 그런 일은 없었다"고 잘라 말했다.

향토사학자 김봉옥씨는 "일본인들의 잔혹성과 몰양심적인 일면을 그대로 드러낸 것이다. 차마 부끄러워서 입에 담지도 못할 말을 그대로 쓴 것으로 책이란 이름을 붙이지도 못하겠다. 83년 원본이 나왔을 때 몇 해 동안 추적한 결과 사실무근인 부분도 있었다. 오히려 그들의 악독한 면을 드러낸 도덕성이 결여된 책으로 얄팍한 상술적인 면도

가미되었을 것으로 본다"고 분개했다.

이 기사를 쓴 허 기자는 여성이다. 하타 교수가 현지를 방문했을 때 그녀는 제민일보濟民日報로 옮겨 문화부장으로 근무하고 있었다. 허 기자는 하타 교수와 면담하며 "(일본인은) 무슨 목적으로 이러한 지어낸 이야기를 쓴 것인가"라면서 오히려 반문을 했다. 그래서 하타 교수는 어떻게 답해야 좋을지 몰라서 당황했다고 한다.

제주신문 1989년 8월 14일자. '일제 제주서 위안부 205명 징발했었다, 일본인 수기 '나는 조선 사람을 이렇게…' 파문, 주민들 "날조"…일日 몰염치·상술에 분개' [하타 이쿠히코 『위안부와 전쟁터의 성』 233쪽에서 재인용]

하타 교수는 성산포의 조개단추조합의 임원을 하고 있었다는 몇몇 노인들과 면담했는데, 그 누구로부터도 요시다 증언을 뒷받침하는 이야기를 듣지 못했다.

이에 더해서 하타 교수는 요시다가 위안부 사냥의 명령이 '서부군' → '야마구치현 지사' → '시모노세키 경찰서장' → '노무보국회 시모노세키 동원부장'이라는 계통으로 내려왔다고 했지만 정작 관계자는 "그러한 명령계통은 있을 수 없다"고 지적했다는 사실을 전하기도 하는 등 의문을 제기했다.

그 후 이타쿠라 요시아키板倉由明 씨(「쇼쿤!諸君!」 92년 7월호), 우에스기 치토시上杉千年 씨(같은 잡지, 92년 8월호) 등의 정력적인 조사에 의해 요시다가 공개하고 있는 다른 이력과 다른 증언도 날조투성이라는 것이 밝혀졌다(자세하게는 위의 『위안부와 전쟁터의 성』 제7장 참조).

요시다는 1993년 5월에 요시미 요시아키吉見義明 교수 등에게 "일기를 공개하면 가족에게 협박 등을 할 것이기 때문에 불가능하다", "회상에서는 날짜와 장소를 바꾼 경우도 있다"고 이야기하였다. 결국 본인이 사실을 그대로 쓴 것이 아니라고 인정한 것이다(요시미 요시아키 외, 『'종군위안부'를 둘러싼 30개의 거짓과 진실 「従軍慰安婦」をめぐる３０のウソと眞實』, 오오츠키쇼텐大月書店, 1997년).

그런데 요시다 증언의 신빙성을 검토할 경우에 가장 중요한 비판이라고 이야기할 수 있는 제주신문 허영선 기자의 기사 내용이 정작 한국에서 중앙의 신문들에는 전혀 전해지지 않았다. 한국에서는 12살의 소학교 학생이 위안부가 되었었다는 이미지가 점차 정착되고, 실제 드라마도 만들어져 평화로운 마을에 헌병이 와서 울부짖는 처녀와 부인들을 연행했다, 10대 전반의 아이들까지도 데려갔다. 갓난아이를 안은 엄마를 데려 갔다. ...... 이러한 이미지를 드라마에서 봤고, 또한 드라마 밖에 보지 않은, 식민지시대를 체험하지 못한 한국인은 그러한 사실이 있었다고 생각하게 됐다. 요시다 세이지라는 남자 때문에 젊은 한국인들 사이에서 거짓말이 착착 확산되었고 이를 멈추게 할 수가 없었다.

논쟁에서는 이겼지만, 그 성과, 즉 요시다 세이지의 증언은 믿을 수 없다고 하는 사실은 어떻게 홍보할 것인가? 그 수단이 전혀 없어 분하다고 생각할 뿐이었다.

관동군關東軍에 의한 위안부 '2만 명 징모徵募'

하타 교수의 조사로부터 5년째인 1997년경, 뒤에 자세하게 쓰겠지만, TV와 신문에서 공개적으로 논쟁이 일어나게 되었고, 그 결과 요시다의 거짓말은 일본에서 널리 알려지게 되었으며 아사히조차도 요시다 증언을 신뢰하지 않게 되면서 그는 드디어 정식무대에서 자취를 감추었다.

요시다 이외에 또 하나, 강제연행을 했다고 하는 측의 증언이 있었다. 1941년, 육군이 대소련 전쟁에 대비하여 병력을 대규모로 동원하여 실시한 '관동군특수연습關東軍特殊演習(관특연)'에 당면하여 조선총독부에 8,000명의 위안부 파견을 의뢰했다고 하는 하라 젠시로原善四郎 관동군 참모의 증언이다. 이 증언은 르포작가 센다 가코千田夏光가 1973년에 낸 책 『종군위안부從軍慰安婦』(후타바샤双葉社, 뒤에 산이치쇼보三一書房에서 재발간)에서 그가 하라 씨를 만나서 직접 들었다며 다음과 같이 쓰고 있다.

'관특연'이라는 이름의 '대소전쟁 준비작전'은 그 발동 직전에 가로막혀서, 육군은 마지못해 단념하게 되었지만, 여기에서 문제가 되었던 것은 그 동원 가운데 '위안부의 동원'도 포함되어 있었다는 것이다.

관동군의 후방담당 참모인 하라 젠시로 소좌(뒤에 중좌)라는 인물이 있었는데, 작전부대의 욕구와 소지금, 여성의 육체적 능력을 계산한 끝에 "필요 위안부 수는 2만 명"이라는 산출을 해내고, 비행기로 조선에서 조달에 나섰다는 것이다. 여기에서 결국 1941년에는 이미 조선반도가 위안부의 예초장(刈草場)이 되었던 것을 알 수 있다. 실제로는 1만 명밖에 모집되지 않았다고 하지만, 예초장이 되었다는 사실은 움직일 수 없다.

그러면 그 조선에서는 구체적으로 어떻게 위안부가 모여졌는가? 하라 젠시로는 오사카 시의 남쪽에서 은둔생활을 하고 있었다. 신흥주택 속에 조용하게 지은 집이었다. 얼굴을 마주하니 온후한 노신사였다.

"당시 육군은 새로운 부대가 편성·동원을 명령받으면 필요 위안부를 조선반도에서 모으게 되어 있었던 것입니다."

나는 거기서부터 더듬어 찾아가기로 했다.

"위안부 말입니다. 우연히 관특연 때 병참담당을 하고 있었습니다. 그래서 통칭으로 후방참모로 불리는 참모입니다. 관동군사령부 참모 제3과에 속해 있었습니다. 하지만 당시 일은 잘 기억하지 못하겠습니다. 지금 이런저런 말들을 하지만."

"하지만 관특연을 위해, 특히 조선에서 위안부를 모았습니다. 그것은 틀림없을 것입니다. 조선에서 구체적으로 어떠한 방법으로 여성을 모았던 것입니까?"

"확실히 기억하고 있지는 않지만, 조선총독부 총무국에 가서 의뢰했던 것 같습니다. 그 이후의 일은 모릅니다. 군으로서라기보다, 나는 그 이상은 관여하지 않았던 것입니다."

"결국 필요한 숫자만 말하고, 뒤는 조선총독부의 책임으로 모아준다는 것입니까?"

"아, 그렇습니다."

"그러면 조선총독부, 군으로부터 의뢰받은 그 조선총독부는 어떻게든 모았을 것입니다. 당시의 상황 아래서 군의 명령, 아니 명령이 아니라 의뢰와도 같은 것인데, 절대적인 것이었다고 듣고 있었습니다. 거부할 수도 무시할 수도 없는 강제력을 갖고 있었다고 듣고 있었습니다."

"그때의 일은 나부터도 아무 말도 하지 않습니다. 하지만 조선총독부에서는 각 도에 의뢰하고, 각 도는 각 군에로, 각 군은 각 면으로 흘러가는 것 아닙니까? 아신다고 생각합니다만, 면이라는 것은 일본의 촌에 해당합니다."

"그러면 여자를 모으는 최종책임자는 면장, 즉 촌장이었던 것입니까? 면장은 조선인이었겠죠?"

"자세한 것은 모릅니다."

"화제를 돌려, 70만 명의 군대에 2만 명의 위안부가 필요하다고 산출한 근거라든가 기준은 무엇이었습니까? 군대의 성욕 정도와 소지금과 여성의 육체능력으로 계산했다고 듣고 있습니다만."

"육군대학에서는 그런 것은 가르쳐주지 않고, 후방담당 참모업무로서 교육받은 것은 탄약과 식량 따위의 보급뿐이었습니다. 그러니까 어떻게 해서 산출했는지 말하기도 어렵습니다만, 확실히 기억하고 있지는 않는데, 그때까지의 전쟁에서 배운 것, 즉 지나사변(일중전쟁)의 경험으로부터 산출한 것 아닌가 생각합니다. 그렇지만 일부에서 2만 명이라고 하지만, 실제로 모인 것은 8천 명 정도였습니다."(후략)(산이치쇼보 판, 103~104쪽)

이렇게 주고받는 말속에서 잘못 읽으면, 관동군이 조선총독부를 이용하여 위안부를 조달했던 것은 틀림없는 일인 것처럼 착각하게 된다. 그러나 조사를 해보면, 이 기술은 의문이 들게 하는 점이 많다. 센다가 하라 참모를 만나지 않고 이 문답을 쓴 것이 아닐까 하는 의심이 든다.

역사교과서 연구가인 우에스기 치토시^{上杉千年} 씨의 논문 '센다 가코 저 '종군위안부'를 깨다 - "환상"의 관특연, 종군위안부 2만 명 징모 요청^{千田夏光著『從軍慰安婦』を切る―まぼろしの關特演從軍慰安婦二万人帳簿要請}'(「겟칸효론^{月刊評論}」1992년 9월 28일호)과 현대사 연구자인 가토 마사오^{加藤正夫} 씨의 조사에 의해서, 이 하라 참모 증언도 이하와 같이 믿을만한 것이 아니라는 것이 판명되었다.

가토 씨는 「분게이슌주」에 게재된 나의 논문을 읽고선, 92년 봄 경, 당시 내가 편집장을 하고 있었던 「겐다이코리아」 편집부로 찾아왔다. 전전戰前에 태어난 가토 씨는 말보따리를 풀어놓았고, 군에 의한 위안부 강제연행 따위는 없었다고 이야기를 시작했다. 그로부터 몇 차례인가 만나 이야기하던 중에 하라 참모 증언의 의문점을 조사하는 데 힘을 쏟게 되었다.

몇 차례를 고쳐써주어서 역작이라고 할 논문을 「겐다이코리아」 93년 2·3월호에 게재할 수 있었다(가토 마사오加藤正夫, '센다 가코 저 '종군위안부'의 중대한 오류千田夏光著『從軍慰安婦』の重大な誤り').

거기에서 지적된 하라 증언의 의문점은 대략 다음과 같다.

- 관특연의 예산담당자인 육군성 군무국 군사과의 카토가와 코타로加登川幸太郎 소좌와 관동군 참모 이마오카 유타카今岡豊 중좌(병참주임) 등은 입을 모아 가토 씨에게 위안부 동원계획 따위는 들은 적도 없다고 이야기했다.
- 관특연은 응소자의 전송조차 중단시켰을 정도로 비밀리에 준비되었다. 따라서 대대적인 위안부 동원 등을 했을 리가 없다. 육군은 2개월의 작전으로 생각하고 있었고, 당시의 만주에는 조선인 매춘업자도 다수 영업을 하고 있었다.
- 인용 부분에서 하라 씨는 센다 씨에게 1941년 8월의 '관특연' 때의

자신의 경력을 '관동군 사령부 제3과 소속의 병참담당 참모'라고 말했던 것으로 되어 있는데, 그것은 사실과 다르다. 그때는 제1과 소속이었다. 가토 씨가 방위연구소 도서관의 사료에서 조사한 하라 씨의 군 경력은 1939년 8월 1일~41년 10월 5일, 관동군 사령부 제1과 참모과, 41년 10월 6일~42년 1월 11일, 참모본부 병참총감부 3과, 43년 8월 2일~종전, 관동군 사령부 제4과(대만對滿 정책·내면內面 지도) 참모이고, 관동군 사령부 제3과에는 한 번도 소속된 적이 없다. 참모과가 자신의 군력을 잘못 이야기하는 것은 생각하기 어렵다.

- 하라 참모는 92년의 단계에서 이미 사망했다. 가토 씨는 92년에 두 차례에 걸쳐 센다에게 '위안부 동원계획'에 대해 전화로 캐물었다. 그러자 센다는 "'위안부 2만 명 동원계획'에 대해서는 나의 논저(1973년 간행)보다 앞인 1965년에 무사시武藏 대학 교수 시마다 토시히코島田俊彦 씨의 책 『관동군關東軍』(주코신쇼中公新書)에도 있다. 이 책의 176쪽에 '위안부 2만 명 동원계획'이 쓰여 있고, 그것이 내 설說의 근거다"라고 이야기했다. 즉 센다 가코는 하라 참모를 직접 인터뷰하지 않았다는 것을 사실상 인정한 것이다.

- 『관동군』에는 "하라 젠시로 참모가 군인의 욕구의 정도, 소지한 돈, 여성의 능력을 면밀히 계산하여 비행기로 조선에 가서 약 1만(예정은 2만)의 조선 여성을 긁어모아 북만주의 광야에 보내 시설을 특설하여 '영업'하게 했다는 일막一幕도 있었다"고 쓰여 있었다. 센다 가코는 이 기술을 기초로 하라 참모와의 대화를 창작한 것은 아닐까.

- 그러면 『관동군』의 기술의 근거는 무엇인가. 시마다 토시히코 교수는 이미 고인이고 근거를 표시하지 않았다.

- 따라서 센다 가코가 저서에 쓴 '위안부 2만 명 동원계획'은 근거 박약이라고 하지 않을 수 없다(또 하타 이쿠히코 교수는 앞서 언급한 저서 『위안부와 전쟁터의 성』에서 하라 참모의 조수였다는 무라카미 사다오^{村上貞夫} 조장^{曹長}의 1975년 수기와 전 헌병들과의 대화를 기초로 관특연을 계기로 만주에서도 군전용의 위안소가 개설되었지만, 조선으로부터 업주가 데려와 조선인 위안부가 오게 되었던 것이고, 권력에 의한 강제연행은 아니었다고 서술하고 있다).

있었던 것은 군수공장으로 갈 "남자 사냥"뿐

내가 「분게이슌주」 92년 4월호에 위안부 강제연행은 증명된 바가 없음을 지적하는 논문을 쓴 뒤, 지금까지 얘기한 것처럼, 하타 이쿠히코 교수와 가토 마사오 씨 등에 의해 요시다 세이지와 하라 젠시로 참모, 두 사람이 했던 '증언'의 검증이 진행되었다. 나도 내가 편집장으로 있던 「겐다이코리아」 등에서 이 검증작업에 적극적으로 참가하고 있었는데, 역시 이를 통해서도 권력에 의한 강제연행은 확인되지 않았다.

실은 논문이 나온 뒤, 한국의 태평양전쟁피해자 단체의 간부들 4, 5명과 이들을 지원하는 일본인이 나를 만나고 싶다고 연락해 온 일이 있었다. 재판인가 뭔가의 관계로 마침 일본에 와 있다고 했다.

혹시 두들겨 맞는 것이 아닌가 생각도 했지만 일단 도쿄 도내의 찻집에서 만나기로 했다. 92년 2월의 시점에서 피해자 단체는 3개로 분열돼 있었다. 앞에서 본 것처럼, 아오야나기가 재판을 하고부터 원고가 되기를 바란다고 호소할 때는 태평양전쟁유족회라고 하는 하나의 조직이었다.

유족회는 재판의 진행 방식 등으로 인해 아오야나기 씨 등과는 갈라져서 다카기 변호사와 함께 했다. 우에무라 기자의 장모, 양순임 씨가 이쪽의 상임이사였다. 옛 위안부 김학순 씨가 참가한 것도 이쪽이었다. 아오야나기 씨 등과 재판을 계속하는 측에 남았던 그룹이 있었다는 것은 앞에서 언급했다.

이 두 개와는 별개로, 또 하나, 태평양전쟁 당시 노동자로 일본 기업에서 일할 때, 회사 측으로부터 폭행을 당하여 후유증이 있다고 하는 김경석 씨가 리더가 되어 일본 기업을 상대로 재판을 하고 있던 피해자 단체가 있었다.

나를 방문한 것은 그 김경석 씨 등에 의한 세 번째 그룹으로, 이야기를 들으니 그 직전에 태평양전쟁희생자유족회가 또 분열하여 그때까지의 회장과 회계담당자들이 쫓겨나고 우에무라 기자의 장모인 양순임 씨가 새 대표로 취임한 것 같았다. 쫓겨난 전임 회장 등이 김경석 씨의 밑으로 들어와서 새로운 운동을 진행하고 있다고 했다.

이야기를 들으니 일본 언론들은 유족회의 분열을 전혀 보도하지 않고 옛 위안부와 양순임 씨만 취재하고 있었는데, 이 그룹은 니시오카 쓰토무가 논문 속에서 정확히 세 개 그룹의 존재를 명기하고 있었기에 고마웠다는 등의 감사 인사를 들었다.

김 씨는 "여기에 쓴 내용은 대부분 맞습니다"라고 이야기하면서 지참하고 있던 「분게이슌주」를 펼치고선 "기념사인을 해주십시오"라고 내게 부탁했다. 김 씨는 진지한 얼굴로 다음과 같은 이야기를 했다.

"요시다 세이지라는 남자가 위안부 사냥을 했다고 말하고 있는데, 그 남자는 거짓말쟁이입니다. 위안부 강제연행은 없었습니다."

"왜 그렇게 단정할 수 있습니까?"

"나도, 내 형도 일본 내의 군수공장에 징용되어 일했던 피해자이기 때문에 당시의 상황은 잘 알고 있습니다. 당시에 노동자로 데려가기 위한 '남자사냥'은 있었지만, 요시다가 말하는 '여자사냥'은 없었습니다. 여기에 쓰여 있듯이 실명을 걸고 나선 옛 위안부 김학순이라는 여성은 강제연행된 것이 아니라 가난해서 기생으로 팔린 것입니다. 예전에 한국에서 그녀에게 '너 같은 인간은 나오지 마'라고 말하기도 했습니다."

"왜 그랬습니까?"

"일본 정부에는 내각조사실이라는 정보기관이 있다고 알고 있습니다. 위안부 문제에 거기가 관계하고 있는 것은 아닌가 의심하고 있습니다. 기생 출신의 김학순을 전면에 내세워 일본에서 재판을 하고, 요시다라는 남자에게 있지도 않은 거짓말을 하게 한 것은 내각조사실의 공작이 아닌가 하는 의심이 듭니다. 즉 확실히 거짓말이라는 것을 알 수 있는 이야기를 대대적으로 하고 난 후에, 당신과 같은 사람에게 논문을 쓰게 해서 거짓말을 폭로케 하고, 징용노동자에 대한 보상을 포함해 모든 문제를 없었던 것으로 해버리려는 공작이 아니냐는 것입니다. 우리는 전쟁 중 징용이라는 일본국 정부의 공적 명령으로 동원되어 다치기까지도 했던 것이지만, 아직 전혀 보상을 받지 못하고 있습니다. 거짓말을 하고 있는 것이 아닙니다. 그러나 이대로는 근거가 없는 위안부 문제와 하나로 묶여서 보상을 받을 수 없게 되어버릴지도 모릅니다. 거짓말을 퍼트리는 요시다와 김학순과 같은 존재는 마이너스입니다."

이야기를 들으면서, 내각조사실이 정보공작을 하면서까지 일본의 명예와 국익을 지키는 기관이라면 나와 다른 사람들이 필사적으로 위안부 문제에 대해 조사를 하지 않아도 될 것이 아닌가 생각도 들고 이상한 기분이 들었던 것을 기억하고 있다.

"이 문제에는 어두운 면이 있다" - 조선인 알선업자의 존재

비슷한 시기, 한국인으로부터 강제연행이 없었다는 이야기를 계속해서 들었다.

내가 서울에서 만난 어느 한국인 기자는 "나 자신은 이 문제에 대해 더 이상은 쓰지 않는다"라고 말했다.

"그게 무슨 말인가?"하고 묻자 "옛 위안부 여성들을 어지간히 취재했다. 그런데 그녀들은 위안소에 들어가고 나서부터의 비참한 생활에 대해서는 곧잘 이야기했다. 그러나 위안소로 들어가는 과정에 대한 것으로 이야기가 흐르면 말이 막혀 우물거리는 일이 많았다. 그래서 계속해 캐묻다가 아무래도 알선업자가 거기에 얽혀있는 것 같다는 사실을 알게 되었다"라고 하는 것이었다.

내가 "알선업자라는 것은 일본인인가?"하고 묻자 "당신은 일제시대, 조선의 농촌에까지 일본인이 들어갔다고 생각하는가?"하고 반문했다. 결국, 취재를 거듭함에 따라 그는 위안부란 조선인 알선업자에 의해 전차금前借金으로 팔려간 사람이라는 사실을 점차 알게 되었다고 했다.

그리고 그는 말했다.

"당초 취재를 시작할 때는 일본이라는 나라가 정말로 지독한 일을 벌였다고 생각했지만, 취재를 계속하는 중에 어느 나라에서도 전쟁이 벌어지면 있었을 것이라는 식으로 지금은 생각하고 있다"고 했다. 나직이 "이 문제에는 어두운 면이 있다"고 말했다. 8)

이쪽으로서는 진실을 알고 있다면 기사를 쓰는 것을 그만둘 것이 아니라 그간의 오해를 풀어주는 기사를 써주면 좋겠다고 생각했지만, 일본에 대한 악감정이 정점에 달해 있었던 당시의 한국사회 속에서 그것은 무리한 주문이다 싶어서 생각을 바꾸고, 그 뒤로는 아무것도 말하지 않았다.

---

8) 위안부 모집은 대부분 조선인 중개업자仲介業者에 의해 이뤄졌다는 것은 한국 근현대사의 불편한 진실중 하나다. 하타 이쿠히코 교수의 『위안부와 전쟁터의 성』에도 인용된 '조선 총독부 통계 연보朝鮮総督府統計十年報' 자료에 따르면, 1931년에 조선인 중개업자는 2,320명, 일본인 중개업자는 279명이며, 1937년에 조선인 중개업자는 3,097명, 일본인 중개업자는 203명이다. 1941년에는 조선인 중개업자는 3,744명, 일본인 중개업자는 211명으로 증가했다. 중개업자의 90~95%가 조선인이었던 것이다.

"어두운 면이 있다"는 말이 대단히 인상적으로 마음에 무겁게 울렸다. 아니, 뱃속에 달라붙어 계속 떨어지지 않는 기분이었다. 여담이지만, 그 말이 잊히지 않았고, 그래서 위안부 문제 등을 다룬 내 세 번째 책 평론집의 타이틀을 『어둠에 도전한다!闇に挑む!』로 붙였다.

역시 그즈음, 제주도 출신의 좌익 지식인인 재일조선인 고준석高峻石 씨가 자신의 친구인 사토 오카츠미佐藤勝巳 씨에게 "요시다의 증언과 같은, 일본군에 의한 위안부 사냥 따위는 없었다. 나 자신의 마을에서도 위안부가 나왔다. 나 자신의 친척에 해당하는 미망인이 마을의 처녀를 몇 사람인가 중국에 데리고 가서 위안소를 열어 큰돈을 벌어 화제가 되고, 마을에서 다른 처녀들도 그 위안소에 돈 벌러 갔다. 당시의 제주도에서도 가난으로 몸을 파는 처녀가 드물지 않았는데, 군이 일부러 위안부 사냥을 할 필요가 어디에 있겠는가? 만약 그런 일이 있었다면 소문은 곧 널리 퍼졌겠지만, 들은 일이 없다"고 말하였다.

또 70년대 한국의 야당 신민당에서 정책책임자 등을 역임한 전 국회의원 K씨도 일본에 올 때마다 나에게 말했다.

"일본은 위안부 사냥 따위는 하지 않았다. 일본인은 왜 이런 것도 모르는가. 2·26사건만 하더라도 반란 장교들은 일본 도호쿠東北 지방에서 군인의 여동생들이 가난 때문에 인신매매되어야 했던 현실을 알고 분개하여 일어났다. 당시 조선 농촌은 그보다 더 가난했다."9)

이명영李命英 선생님이라는 이미 사망한 북조선 문제 전문의 원로학자가 계셨다. 성균관대학의 교수였던 분인데, 『네 명의 김일성四人の金日成』

(일본에서 출간된 책) 등 다수의 저작이 있었던 분이다. 나의 스승이기도 한데, 이 선생님도 위안부 강제연행 따위는 없었다고 말하면서 그것보다는 이런 일이 있었다고 다음과 같은 이야기를 해주셨다.

소련군이 점령군으로서 들어올 때, 이 선생님은 경성제대 의학부에 있었다. 집안이 의사 집안이었는데 북조선 지역의 동해안에서 의사를 하고 있었고, 거기에는 일본인도 제법 살고 있었다. 이 선생님의 아버님과 일본인 학교의 교장과는 명사로서 사이가 좋아 교장이 때때로 집에 와서 바둑을 둔다든가 하는 사이였다. 그런데 소련이 들어와서 일본인만 모아 학교 교실에 남자와 여자를 따로 수용하였다.

소련군이 여자를 내놓으라고 말했다. 그래서 미혼 여성들이 "결혼한 사람들은 남편이 있기 때문에 우리가 가겠다"고 했다. 그러자 부인들이 "아니다. 너희들은 아직 경험이 없기 때문에 우리들이 간다"고 했다. 곤란해 하고 있었는데 그 교장 선생님의 부인이 이 선생님의 아버지에게 무언가 도와줄 수 없겠는지 물었다.

실은 이 때, 소련군 대장이 성병으로 이 선생님의 아버지 병원에 다니고 있었다. 군의관에게 보이면 출세에 지장이 있기 때문에 민간 병원에서 치료를 받고 있었던 것이다.

아들인 이 선생님은 당시 인턴으로서 아버지의 조수로 대장의 성기에

---

9) 2·26 사건은 1936년 2월 26일 일본 육군의 황도파 청년장교들이 수천 여명의 병력을 이끌고 일으킨 쿠데타 미수 사건이다. 이들은 부패한 원로 중신들을 살해하여 천황에 의한 직접 통치가 실현되면 정·재계의 부정부패나 농촌의 곤궁을 해결할 수 있다고 생각했다. 그러나 입헌군주제를 견지하려는 의지가 확고했던 쇼와昭和 천황이 격분하여 진압을 명령함으로써 쿠데타는 실패했다.

약을 바르고 있었다. 아버지가 소련군 대장에게,

"당신, 일본 여성은 조심하는 것이 좋다. 그녀들은 정조 관념이 없다. 허리띠를 하고 있을지라도 허리띠라는 것은 언제라도 베개로 쓸 수 있고 이렇게 (성행위를) 할 수 있게 되어 있는 것이다. 그러니까 안전한 것은, 아예 그런 쪽의 장사를 하는 사람들이다. 그러한 직업에 있는 사람들은 검사를 하고 있기 때문에 안심해도 된다. 보통 사람을 상대로 한다면 군인들은 모두 당신과 같이 될 것이다."

라고 겁을 주자,

"아, 그런가? 좋은 것을 가르쳐주었다"고 기뻐했다. "나도 만주에서 일본인을 강간해 성병에 걸렸을 것이다. 내 부대의 군인이 성병에 걸려 손상되면 대단히 큰 일이다."

그래서 학교에서 여자들을 데려간다는 명령이 중지되었고 화류계에 있었던 여성들을 찾게 되었다. 그 덕분에 수용되어 있었던 일본 여성들은 위험을 면했다고 한다.

또 이승만 대통령에 얽힌 이야기도 설득력이 있다.

한국을 건국한 이승만 대통령은 반일을 반공과 필적하는 국가 슬로건으로 삼았으며 일본과의 국교교섭에 있어서도 식민지지배의 부당성을 강조하면서 거액의 보상금을 요구하고 있었다.

그 이승만 대통령조차 일본과의 외교교섭에서 위안부에 대해서는 일절 언급하지 않았다. 위안부가 있었다는 것은 알고 있었다. 당시의 사람들은 위안부의 존재를 모두 알고 있었겠지만 위안부를 외교교섭에 들고 나와 일본으로부터 금전을 받는다고 하는 것은 이승만 대통령조차 생각하지 않았다. 이승만 대통령이 보상을 요구한 것은 징병과 징용이었다. 권력으로 데려간 자에 대해서 미불임금과 보상은 당연히 일본 정부의 책임으로 생각되었기 때문이다.

결국, 권력에 의한 위안부 강제연행이 있었다면 식민지지배 직후에 그것이 큰 문제가 되었겠지만, 위안부는 빈곤에 의한 비극이라고 모두 알고 있었기 때문에 문제가 되지 않았던 것이다.

이러한 이야기들을 차차 듣고서 나는 점차 권력에 의한 강제연행은 없었다고 확신하게 되었다.

도쿄에서 집 다섯 채를 살 수 있을 정도의 저금

1992년부터 93년에 걸쳐 일본 정부는 정부기관에 남아 있는 공문서를 샅샅이 조사하여 위안부 동원의 실태에 다가서려고 했다. 아사히신문을 비롯한 매스컴도 위안부 강제연행을 증명할 수 있는 증거를 그야말로 샅샅이 찾고 있었다.

그러나 첫째로, 정신대라는 공적제도는 위안부 모집과는 관계가 없다는 것이 확인되었다.

둘째로, 공문서를 아무리 찾아도 앞에서 본 것처럼 '민간의 범죄적 위안부 사냥을 단속하라'는 의미에서의 관여는 나왔지만, 공적 기관이 위안부 강제연행을 했다는 것은 전혀 증명되지가 않았다.

셋째로, 자신이 강제연행에 가담했다고 고백한 요시다 세이지와 하라 젠시로 참모의 증언이 신빙성이 없다는 것이 판명되었다. 그 이외에는 강제연행을 했다는 측의 증언은 나오지 않았다.

그밖에, 마지막으로 남겨진 것이 92년 들어 속속 실명으로 나선 옛 위안부들의 증언이었다.

당연한 일이지만, 나도 그녀들의 증언을 가능한 한 모으고, 검토했다. 그 작업을 하면서 조금 과장해 말하면 과연 인간이란 어떤 존재인 것인가 하는 것을 다 생각하게 되었고, 복잡한 생각에 빠지게 된 적도 많았다.

92년 3월, 실명으로 나선 옛 위안부인 문옥주 씨가 방일하여 군사우편저금의 환불을 청구하였다는 신문기사가 나왔다. 문 씨는 1942년 2월부터 44년까지 버마에서 위안부 생활을 했는데, 그 사이에 군인들로부터 받은 현금 등을 현지 부대의 군사우편국에 예탁했다. 통장은 분실했지만, 6, 7천 엔이 남아 있을 것이기 때문에 환불하여 달라고 시모노세키 우편국에 청구했다는 것이다.

그 후 우편국 측이 조사한 바, 92년 5월 11일에 군사저금의 원부原簿가 발견되었다. 원부에 의하면, 1943년 6월부터 45년 9월까지 모두 12회의 저금 기록이 있고 잔고는 2만 6,145엔으로 되어 있었다. 본래라면 이 금액의 규모부터가 커다란 뉴스였을 것이다. 어쨌든 당시의 2만 6천 엔이다. 그때쯤 5천 엔이라면 도쿄에서 집 1채를 살 수 있었다고 하기 때문에 그녀의 저금은 집 다섯 채 분이었던 것이다. 그녀는 고향으로 5천 엔을 송금하고 있었다.[10]

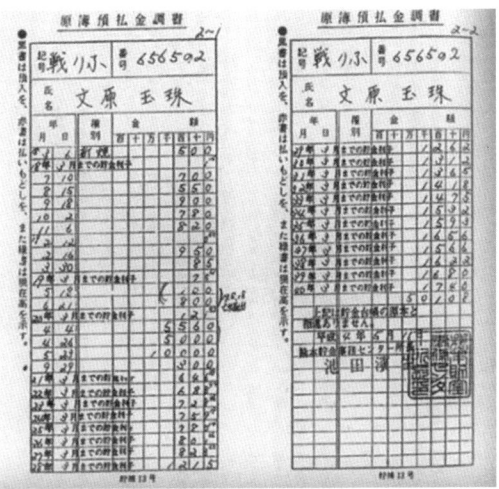

문옥주 씨의 군사우편저금 원부

그러나 신문의 취급은 대단히 작았다. 덧붙여 말하면, 그토록 위안부 문제에 열심이던 아사히신문은 잔고가 얼마였는지를 보도하지 않았다.

10) 1942년 당시, 식모의 한 달 월급은 11엔 정도였다. 문옥주 씨의 체험기(『버마전선 일본군 '위안부' 문옥주』)에도 "1천 엔이면 고향 대구에 작은 집을 한 채 살 수 있었다"는 내용이 있다. 대구에서는 스물 여섯 채의 집을 살 수 있을 만큼 많은 돈을 모은 셈이다. 문옥주 씨의 사례를 근거로 『반일 종족주의』의 저자 이영훈 전 서울대 교수는 채무에 의한 위안부 인신구속에 대해서 회의적 입장을 표명하기도 했다. 위안부는 전차금을 빠르게 갚고도 남을 만큼 '고위험 고수익' 직종이었다는 것이다. 한편, 문 씨의 체험기에는 "주 1회 또는 2회 허가를 받고 외출할 수 있었다. 인력차를 타고 쇼핑 나가는 게 즐거움이었다", "버마는 보석이 많이 나오기 때문에 루비나 비취가 저렴했다. (중략) 나도 하나 정도는 갖고 싶어서 용기를 내 다이아몬드를 구매했다"는 서술도 있다. 또 병이 났다는 이유로 폐업신고를 하고 일본군이 이를 허가해 귀국하는 장면도 있다. 그리고 비록 허황되게 들리는 부분이기는 하나, 술에 취해 문 씨를 칼로 협박하던 일본군의 칼을 빼앗아 그 일본군을 죽였지만 정당방위로 군사재판에서 무죄 판결을 받았다는 대목까지 있다.

1965년의 협정으로 한국 정부에 지불된 5억 달러에 의해 한일 양국은 한국 국적자의 저금 등도 포함하여 보상 문제를 해결했다. 그 뒤 일본은 한국 국적자의 저금 등의 권리를 소멸시키는 법률을 만들었다.

또 앞에서 본 것과 같이, 한국 정부는 문 씨와 같은 저금소유자에 대해서 개인 보상을 실시했다. 통장 분실 때문에 한국 정부로부터 보상을 받지 못한 문 씨는 한국 정부와 교섭해야 했을 것이다. 그때 일본은 우편국 원부의 사본을 제공하는 것과 같은 협력은 할 수 있었을 것이다.

그런데 문 씨는 일본의 우편국에 대해서 "개인의 청구권은 소멸하지 않았다. 당시 '일본인'으로서 저금한 돈이기 때문에 즉각 돌려달라"면서 전혀 이치에 맞지 않는 요구를 했고, 그녀의 저금 환불을 실현하기 위한 일본인들의 지원조직이 생기면서 그렇게 그 마구 이뤄진 요구를 또 매스컴이 비판 없이 보도했다.

이러한 보도들을 보고서 나는 위안부 문제의 사기극은 마침내 올 데까지 왔다고 한탄할 뿐이었다.

본래 자신은 강제연행이 되었기 때문에 보상하라고 일본 정부를 상대로 재판을 벌이고 있는 옛 위안부 한 사람이 2년 남짓의 위안부 생활로 웬걸 무려 2만 6천 엔 이상의 거금을 손에 쥐었던 것이 명확히 되었다. 이것이 성노예의 생활일까? 강제연행의 희생자였을까?11)

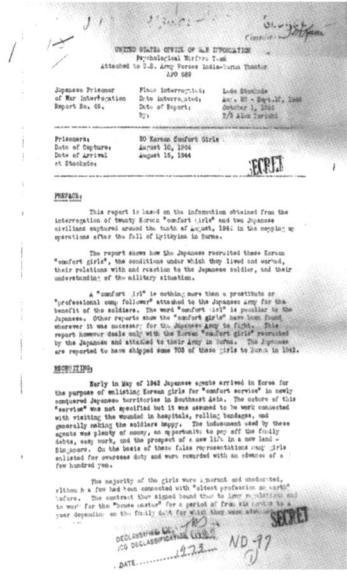

태평양전쟁 당시 미군 전쟁정보국 심리전 팀 '일본군 전쟁 포로 심문 보고서 제49호 : 조선인 위안부들Japanese Prisoner of War Interrogation Report No. 49: Korean Comfort Women' 첫 페이지.

왜 아사히신문이 2만 6천 엔이라는 저금 잔고를 일절 보도하지 않았을까? 이것도 악질의 정보조작, 날조보도의 일종이다. '노예 사냥'과 같은 것으로 연행되어 와서 강간과 흡사한 행위를 계속

11) 위안소에서의 생활과 관련해서 위안소 경영자의 일기, 위안부 본인의 체험기 등 다양한 자료가 있으나, 제3자의 것으로는 역시 태평양전쟁 당시 미군 전쟁정보국 심리전팀에 의해 작성된 '일본군 전쟁 포로 심문 보고서 제49호 : 조선인 위안부들Japanese Prisoner of War Interrogation Report No. 49: Korean Comfort Women'이 가장 유명하다. 이에 따르면, 위안부들은 매출액의 40~50%를 자기 몫으로 받아, 매월 약 750엔 정도의 수입을 얻었고, 그중에서 일부를 전차금(가불금)을 상환하는 데 사용했다(당시 병사의 월급은 15~25엔이었다). 계약기간은 6개월~1년이었고, 전차금을 갚은 몇몇 여성들은 조선으로 귀향하기도 했다. 보고서는 이들 중 몇몇은 위안부에 응모하기 이전에 이미 매춘부였다고 적시하고 있다. 또한 위안부들은 각자 자기 방을 갖고 있었고, 옷, 신발, 담배, 화장품 등을 구입했으며, 병사들로부터 선물도 많이 받았다고 한다. 접객을 거절하는 자유도 있어서 군인이 술에 취한 경우에는 자주 거절하였다고 한다. 피임용구가 지급됐고 주 1회는 검진을 위한 휴일이 있었다. 또한 시내에 쇼핑을 나가는 것도 허락되었으며, 오락과 스포츠, 파티를 즐겼다. 당시 고가였던 축음기를 위안부가 갖고 있었던 사례, 위안부가 병사와 결혼한 사례도 보고서를 통해 확인된다. 이 보고서는 같은 이름으로 인터넷에서 검색하면 손쉽게 한국어 번역 내용을 확인할 수 있다.

당했던 가엾은 위안부들이라는, 아사히의 지금까지의 보도와 모순되는 사실은 그냥 없었던 일로 치부하고 보도하지 않았던 것이다. 김학순 씨가 기생으로 인신매매됐다는 사실을 보도하지 않았던 것과 같은 수법이다. 문옥주 씨에 대해서는 조금 뒤에 한 번 더 다루도록 하겠다.

다음으로 내가 「분게이슌주」 논문에서 문제 삼은 기생 출신의 김학순 씨에 대해 지적해보겠다. 그녀는 나의 논문이 나온 후 증언을 바꿨다. 91년 12월에 제출된 소장에서는 위안부가 된 경위를 이렇게 쓰고 있다.

> 양부에게 이끌려서 중국으로 건너갔다. 트럭을 타고 평양역에 가서 거기부터 군인 밖에 타고 있지 않은 군용열차를 3일간 탔다. 몇 차례나 갈아탔는데, 안둥安東과 베이징北京을 거쳐서, 도착한 곳이 '북지北支' '호오루현カッカ県' '철벽진鉄壁鎭'인 것 밖에 몰랐다. 철벽진에는 밤에 도착했다. 작은 촌락이었다. 양부와는 거기에서 헤어졌다. 김학순 등은 중국인 집으로 장교에 의해 안내되어 방에 넣어졌고 방은 열쇠로 잠겼다.

그런데 92년 7월부터 시작된 한국인 학자들에 의한 면접조사에서는 베이징(북경)에서 일본 군인들에게 폭력적으로 연행되어 위안부가 되었다고 다음과 같이 그때까지 말하지 않았던 내용을 말하고 있다. 아래는 한국정신대문제대책협의회·정신대연구회 편編 『증언집 I 강제로 끌려간 조선인 군위안부들』(한울출판사, 93년 2월에 한국에서 출판, 일본에서도 번역되었지만 부적절한 번역이 많아 필자는 한국어판을 이용했다. 이후 『증언집 I』이라고 칭하겠다)로부터의 인용이다.

> 북경에 도착하여 어느 식당에서 점심을 먹고 나오는데 일본 군인이 양아버지를 불렀다. 여러 명 있는 중에서 계급장에 별 두 개를 단 장교가 양아버지에게 "당신들 조선 사람들이지?"하고 물었다. 양아버지가 우리는 중국에 돈 벌러 온 조선사람들이라고 이야기했다. 그랬더니 그 장교는 돈 벌려면 너희 나라에서 벌지 왜 중국에 왔냐고 하면서 "스파이지? 이쪽으로 와라" 하면서 양아버지를 데리고 갔다.
> 언니와 나는 따로 군인들에게 끌려갔다. 골목 하나를 지나가니 뚜껑 없는 트럭이 한 대 서 있었다. 거기에는 군인들이 대략 40~50명 정도 타고 있었다. 우리에게 그 트럭에 타라고 해서 안 타겠다고 하니깐 양쪽에서 번쩍 들어 올려 태웠다. 조금 있다가 양아버지를 데리고 간 장교가 돌아온 후 트럭이 곧 떠났다. 그 장교는 운전석 옆에 탔다. 우리는 하도 놀라기도 하고 무섭기도 해서 트럭 안에서 옹크리고 앉아 울었다.

이 증언이 사실이라면 노예사냥과 같은 강제연행이었겠지만, 김학순 씨는 다카기 변호사와 소장을 작성할 때는 '북경(베이징)에서 군인들에게 폭력적으로 연행되었다'고는 이야기하지 않았다. 상식적으로 생각해봐도 소장에서 자신의 이력을 말할 때 재판에 유리한 내용을 일부러 은폐한다는 것은 있을 수 없는 일이다. 그렇다고 한다면, 결국은 슬픈 일이지만 이러한 증언의 변화는 필자의 논문에서 지적을 받은 이후에 추가로 덧붙인 허구로 보는 것이 자연스러울 것이다.[12]

의도적으로 사실을 왜곡하는 증언들

일본 정부도 1년간 조사하였으나 강제를 증명하는 사실은 나오지 않았던 것인데, 그럼에도 불구하고 일본 정부는 처음부터 사과해버렸다. 한국 정부 측에서는 어쨌든 강제를 인정해 달라고 요구했다.

위안부였다고 말하고 나선 할머니들도 강제로 끌려갔다고 이야기를 하지 않으면 수치가 된다. 부모가 자신을 팔았다는 것과 같은 사실은 공적인 자리에서 말할 만한 이야기는 아닌 것이고, 은폐하는 게 좋은 이야기인 것이다. 김학순 씨도 앞에 본 것과 같이 증언을 바꾸었다.

증언의 근거 검증이 아무래도 필요하게 됐다. 이에 일본 정부는 93

---

12) 한국에서는 1991년 8월 14일, 자신이 위안부였음을 처음으로 밝히고 나선 김학순 씨를 기리기 위해 2018년부터 8월 14일을 '일본군 '위안부' 피해자 기림의 날'이라는 국가기념일로 지정하였다. '일제하 일본군 위안부 피해자에 대한 보호·지원 및 기념사업 등에 관한 법률', 약칭 '위안부피해자법'의 제11조의2 제1항은 "일본군 위안부 문제를 국내외에 알리고 일본군 위안부 피해자를 기리기 위하여 매년 8월 14일을 일본군 위안부 피해자 기림의 날로 한다"고 하였으며, 제2항은 "국가와 지방자치단체는 제1항에 따른 일본군위안부 피해자 기림의 날의 취지에 맞는 행사와 홍보를 실시하도록 노력하여야 한다"고 규정하고 있다.

년 7월 26일부터 30일에 한국에서 열여섯 명의 옛 위안부를 대상으로 청취조사를 했다.

후쿠시마 미즈호福島瑞穗 씨가 아직 의원 뱃지를 달지 않고서 운동단체 추천의 변호사로서 동석하고 있었다. 그러나 일본 정부는 이때 들은 옛 위안부들의 증언에 대해서 "기억이 애매한 부분도 있고 증언의 내용을 하나하나 상세하게는 추궁하지 않았다. 자연체로서 통째로 받아들였다"(청취를 실시한 다나카 코타로田中耕太郎 내각외정심의실 심의관, 아사히신문, 93년 8월 5일)고 하면서 증언의 내용이 사실인지에 대해서 일절 근거조사를 하지 않았다.

그러나 그것과는 별개로 그때쯤 한국의 학자들도 면접조사를 하고 있었다. 92년 7월부터 92년 12월 말에 걸쳐 옛 위안부 사십 수 명을 대상으로 했던 것이다. 열다섯 명의 학자들이 정신대연구회라는 연구회를 조직했고, 그 리더격이 안병직安秉直 교수였다.

당시 안 씨는 서울대학 교수(현재 서울대학 명예교수)이자 한국 근대경제사의 대가로 실증적인 책을 많이 쓴 학자다. 안 교수는 92년 6월에 연구회에 참가하여 그때의 면접조사를 사실상 지도했다.

나는 2006년, 안 교수를 직접 만나 그때의 일에 대해 들었다.

연구회에 참가한 동기에 대해 안 교수는 "운동가들만으로는 사건의 진실에 다가서는 면접조사는 곤란하다고 생각하여서 나 자신은 역사학의 방법론을 몸에 익히고 있기 때문에 도우려고 생각했고, 또 위안부 문제가 무엇인지도 알고 싶어서 처음에 참가하게 됐다. 당시, 한국에서 위안부와 여자정신대가 혼동되고 있는 것도 걱정이 되었다"고 하셨다.

또 "역사학적으로 검증을 감당할 수 있는 치밀한 조사를 해야 한다는 내 생각에 운동의 논리가 대립하는 일도 있었다. 그런 까닭도 있어서 『증언집 I』을 낼 즈음에 나는 연구회에서 나가게 됐다"고 솔직한 이야기도 해주셨다.

92년 6월, 안 교수가 연구회에 참가하고부터 면접조사의 준비작업을 했고, 위안부와 여자정신대의 연표작성, 연구와 자료의 목록 작성 등을 공동으로 진행했다고 한다.

병행하여 한국정신대문제대책협의회에 등록한 옛 위안부의 청취조사를 본격화했다. 같은 해 12월 현재 정대협에 등록한 옛 위안부는 백십 명, 생존 오십오 명, 사망 오십오 명이었는데, 그 속에서 사십 몇 명이 연락 가능했다.

안 선생님은 훌륭한 학자로서 정확히 검증 작업을 했던 것이다. 자신만이 아니라 다른 참가자에게도 방법을 가르쳤다. 몇 시간이나 걸려 연표를 만들었다. 기억이라는 것은 애매하고, 생각해내지 않으면 안 되기 때문에 전후 관계도 정확히 해야 했고, "저 때 이러했다", "그때는 그러한 제도가 없었다" 등등의 일도 하면서 한 사람의 옛 위안부와 5회, 6회씩 면접하여 청취를 진행했다.

그 기록을 갖고 모여 6월부터 9월 중순 무렵까지 매주 1회 연구회를 열어 오전 10시부터 저녁 6시경까지 청취를 검증하는 작업을 계속했다고 한다. 그렇게 하여 만들어진 것이 『증언집 I』이다.

이 책이 출판된 93년 2월경, 정확히 일본 외무성의 동북아시아 과장이 위안부 문제를 이야기하기 위해 한국에 와 있었는데, 한국 외교부의 아시아 국장이 "이 책에 전부 쓰여 있습니다"고 말하며 『증언집 I』을 건네주었다고 한다. 그 이야기를 듣고 나도 곧 한국에서 책을 가져오게 하여 숙독하고선 안 교수의 '조사에 참가하면서'라고 제목을 붙인 서문을 읽고 강한 감명을 받은 일을 지금도 기억하고 있다. 그 부분을 인용하여 둔다.

조사를 검토함에 있어서 매우 어려웠던 점은 증언자의 진술이 논리적으로 앞뒤가 맞지 않는 경우가 흔히 있었다는 것이다. 이러한 점은, 이미 근 50년 전의 일이므로 기억의 착오에서 올 수도 있었으며, 증언하고 싶지 않은 점을 생략한다거나 적당하게 얼버무리는 데서 올 수도 있었으며, 또 시대의 사정이 우리의 상상을 초월하는 일이 있을 수도 있다는 점에서 올 수도 있었다.
이 중에서도 조사자들을 매우 어렵게 한 것은 <u>증언자가 의도적으로 사실을 왜곡한다고 느껴지는 경우</u>였다.

안 교수는 위안부의 증언집의 서문에서 자신의 이름을 걸고, "<u>증언자가 의도적으로 사실을 왜곡한다고 느껴지는 경우</u>"라고 썼던 것이다. 또한 다음과 같이 계속한다.

우리는 이러한 경우에 대비하여 조사자 한 사람 한 사람이 증언자에 인간적으로 밀착함으로써 그러한 곤란을 극복하려고 노력하여 대부분의 경우에 의도했던 성과를 거두기는 하였으나 어떤 경우에는 조사를 중단하지 않을 수 없는 경우도 있었다. 이러한 경우는 다음 기회에 재조사할 것을 기약할 수밖에 없었다.

안 교수 등은 사십 몇 명을 대상으로 하여 조사를 했던 것인데, 채용된 것은 열아홉 명이었다. 결국 "증언자가 의도적으로 사실을 왜곡한다고 느껴지는 경우" 등으로 인해 조사를 중단한 사람들이 절반 이상이었다는 것이다.[13]

일본 편을 들면 친일파라고 하여 공격받는 상황 속에서, 게다가 일본 정부가 사죄하고 있는 가운데, 학자로서 정확한 조사를 하고 옛 위안부 중에서 "증언자가 의도적으로 사실을 왜곡한다고 느껴지는 경우"가 있다고 문장으로 쓴 사람이 한국에 있었다고 하는 사실은 명기해둘 만하다. 안 교수는 앞에서 인용한 문장의 뒤에 청취조사의 기본원칙에 대해 다음과 같이 쓰고 있다. 이 원칙이야말로 내가 지금까지 계속 지키려고 해온 원칙과 완전히 일치한다.

---

[13] 위안부 문제에 있어서 연구자들이 당혹해하는 문제 중 하나는 위안부 자신의 "증언" 이외에는 그들의 피해사실을 입증할 수 있는 가족, 친지, 이웃 등 제3자의 증언이나 목격담이 지금껏 단 한 건도 채록된 게 없다는 사실이다. 더구나 위안부 본인들의 증언 속에도 특이한 점이 많다. 하타 이쿠히코 교수는 "자신을 속여서 데려갔다는 조선인 알선업자나 수년간 함께 생활한 업주의 본명을 말한 사례가 없다"고 지적한다. 옛 위안부들이 제기한 각종 소송에서도 증거조사, 증인선서, 반대신문 등을 거침으로써 법적 책임을 부과한 위안부의 증언도 역시 단 한 개도 없다.

우리들 사이에서도 조사 초기에는 서로 다른 조사 태도를 가지는 경우도 있었지만, 종내에는 진실을 사실대로 밝히는 것을 최대의 원칙으로 삼는 데에 모두 동의하였다. 특히 군위안부 문제는 식민지시대의 수모 중 최대의 수모와 관련된 문제인 만큼, 이 문제에 대하여 어떻게 대처하는가 하는 것은 진실로 중요한 문제라고 생각했기 때문이다. 즉, 진상의 구명이야말로 이 문제를 대처하는 가장 중요한 원칙일 수밖에 없었다. 그러므로 우리는 진실을 진실대로 파악하기 위하여 한 증언자에 대하여 대개 5, 6차 이상의 면접조사를 행하였다.

옛 위안부 열아홉 명의 증언을 검증

나는 그 열아홉 명의 증언을 정독하고 어떻게 데려갔는가 하는 것을 전부 조사해보았다. 이 이외에도 당시 실명으로 나선 사람들, 증언을 입수할 수 있었던 사람들은 스물여섯 명이었다. 나는 다섯 종류의 증언집을 입수하여 검토했다. 이 속에서 안 교수 그룹의 면접조사를 제외하고는 모두가 그저 옛 위안부의 발언을 그대로 문장으로 바꿨을 뿐 사실관계의 검토와 근거 조사를 하지 않고 있었다.

특히 이토 타카시伊藤孝司라는 사람이 정리한 『증언 종군위안부·여자정신대証言 從軍慰安婦·女子勤勞挺身隊』라는 책은 후기에 "이 책에 수록하고 있는 증언의 내용은 100퍼센트 진실이라고는 말할 수 없다. (중략)

동일한 사람에게 시간을 두고서 동일한 일을 물으면 다른 답이 돌아오는 일도 있었고, 다른 사람에 의한 청취조사와 다른 경우도 있었다"라고 고백하고 있다.

그렇다면 안 교수 그룹이 증거조사가 가능하여 만족할만하다고 생각한 열아홉 명 가운데, 권력에 의한 강제연행이라고 말하고 있는 사람이 몇 명 있었는가 하면, 네 사람이다.

그런데 그 안에 한 명은 토야마富山 현에, 다른 한 명은 부산의 위안소에 강제연행되었다고 증언했다. 그 2개소 모두 전지戰地가 아니며 공창이 있는 유곽이 영업하고 있었다. 그러므로 군이 일부러 위안부를 연행할 리가 없었다. 따라서 신뢰성이 없었다.

나머지 두 사람이 실은 이미 이 책에서 언급해 온 김학순 씨와 문옥주 씨다.

김 씨는 앞에서 검증한 바와 같이 안 교수 등에 대해서는 군에 의한 강제연행이라고 증언했지만, 그 이전의 소장 등에서는 그와 같은 부분이 없기 때문에 역시 신빙성이 없었다.

문옥주 씨는 우선 앞에 소개한 것과 같이 버마의 위안소에서 무려 2만 6천 엔 이상을 저금한 옛 위안부이다.

게다가 문 씨도, 또 김학순 씨와 마찬가지로, 다카기 변호사가 작성한 소장에는 조선인에게 속아 버마의 위안소로 끌려왔다고 하고 있다. 하지만 안 교수 그룹에 의한 청취조사에서는 버마의 위안소에 가기 수년 전에 일본의 헌병에 잡혀 강제적으로 만주의 위안소에 연행되었다고 말하고 있다. 김학순 씨의 경우와 마찬가지로 소장 작성에서 헌병에 의한 연행을 말하지 않았던 합리적인 이유를 찾을 수 없는 이상, 문 씨의 증언은 믿기 어렵다.

결국 그렇다면 "그리고 아무도 없었다And Then There Were None"는 것이 되어버린다(이 책 권말에 김학순 씨와 문옥주 씨의 정대협 증언집과 소장의 증언을 자료로 덧붙였으니 독자 여러분이 직접 비교하면서 읽고 확인해주시기 바란다).

문 씨에 대해서는 일본인 자유기고가 모리카와 마치코森川萬智子 씨가 2년 수개월에 걸쳐 청취를 하고 문헌과 현지에서의 근거 조사를 할 수 있는 한 하여서 『문옥주 버마전선 방패사단의 '위안부'였던 나文玉珠 ビルマ戰線楯師團の「慰安婦」だった私』(나시노키梨の木舎, 1996년)라는 책으로 정리했다. 그에 의하면, 문 씨도 김학순 씨와 마찬가지로 빈곤 때문에 기생이 되었다.[14]

또 모리카와 씨의 조사에서는 버마에서의 문 씨의 위안부 생활은 당시의 방패사단의 기록과 합치하는 바가 많다는 것도 분명하게 밝히고 있다. 그러나 헌병에 의해서 강제연행이 되었다고 하는 만주에서의 위안부 생활에 대해서는 증명을 전혀 할 수 없었다고 한다. 그뿐 아니라 버마의 위안소에서 동료였던 5명의 조선인 여성이 만주에서도 같은 위안소에 있었다는 등 쉽게 믿어지지 않는 기술이 있다.

그 뒤에도 몇 사람인가 옛 위안부들이 이러저러한 증언을 했다. 예를 들면, 2007년 2월의 미 의회 위안부 문제 공청회에서 증언한 이용수

---

14) 문옥주 씨의 체험기는 한국에서는 『버마전선 일본군 '위안부' 문옥주』(아름다운사람들 출판사)라는 제목으로 2005년에 번역, 출간되었다.

씨는 이런저런 장소에서 상당히 다른 증언들을 해왔지만, 역시 그런 증언들만으로는 권력에 의한 강제연행이 있었다고 증명할 수가 없었다(하타 이쿠히코, '환상의 '종군위안부'를 날조한 고노 담화는 이렇게 바로잡아라!幻の『從軍慰安婦』を捏造した河野談話はこう直せ!', 「쇼쿤!諸君!」, 2007년 5월호. 한편, 이용수 씨가 빨간 원피스와 가죽구두를 주겠다는 유혹에 넘어가 업자를 따라갔다고 한 1993년도 최초 증언과 미 의회에서의 일본군에게 위협받아 강제연행이 됐다고 한 2007년도 증언의 비교도 이 책 권말에 담았으니 참조하기 바란다).

안 교수는 한국에서 용기를 내서 계속 발언하고 있다. "강제연행이 되었다고 하는 일부 위안부 경험자의 증언은 있지만 한국이고 일본이고 객관적 자료는 하나도 없다", "현재 한국에도 사창굴私娼窟이라고 부르는 위안부가 많이 있다. 그와 같은 현상이 왜 일어났는가를 연구해야 한다. 강제에 의해 그러한 현상이 발생하는 것은 아닐 것이다"라고 하면서 2006년 12월 6일, 한국의 TV방송(MBC방송 '뉴스초점')에 출연해 발언을 했고 그래서 비판을 받기도 했는데, 그래도 그는 자신의 주장을 전혀 바꾸지 않고 있다.[15]

2007년 3월에 시마다 요이치島田洋一 후쿠이福井 현립대학 교수가 서울에서 안 교수를 만났는데, 그 자리에서 안 교수는 다음과 같이 말했다(「겐다이코리아」, 2007년 5월호에 게재된 시마다 요이치 리포트로부터 인용).

"관계자에게 의뢰받아 면접조사도 포함하여 자세하게 조사한 일이 있지만, 내가 아는 한, 일본군이 여성을 강제동원을 하여 위안부로 삼는 등과 관련된 자료는 없다. 가난 때문에 인신매매가 얼마든지 있었던 시대에 강제동원을 할 필요가 있겠는가? 합리적으로 생각해보면 이상하다."

"군인풍의 옷을 입은 남자가 와서... 하는 식의 증언도 있지만, 당시 군인과 비슷한 풍의 옷을 입었던 사람은 많이 있었다."

"작년에 TV에서 이러한 견해를 말하고 뭇매를 맞았는데, 그래도 나는 똑같이 말할 것이다. 강제동원을 나타내는 자료가 없다는 것은 사실인데, 이를 굽힐 수는 없기 때문이다."

"아베 수상은 귀찮아서라도 사과해둔다고 하는 식의 태도를 취해서는 안 된다. 그것은 한국의 논의를 오도한다."

한국에 퍼져버린 거짓말

가해자의 증언은 두 개가 있지만 그것은 거짓말이라는 것을 알 수

---

15) 다만 안병직 교수는 위안부 문제에 있어서 『제국의 위안부』 저자인 박유하 세종대 교수와 마찬가지로 '넓은 의미의 강제연행'을 주장하고 있다. 비록 일본군에 의한 물리적인 위안부 강제연행은 없었다고 하더라도, 어떻든 위안부 문제의 본질은 징용, 징병 및 근로정신대와 같은 전시戰時 동원 체제의 일환이라는 것이다. 또한 안 교수는 "일본군 위안부의 폐업 허가에 있어 전차금을 변제했을 경우에도 폐업이 어려웠고, 위안소가 군軍 편제의 말단조직으로 편입돼 군부대와 같이 이동할 수밖에 없었다는 점에서 '성적 노예 상태'라고 해도 무방하지 않을까"라고 하면서 박 교수와 더불어 역시 위안부 성노예설도 일부 긍정하는 입장이다. 안 교수와 박 교수의 이러한 학설과 전면적으로 대립하면서, "위안부는 유무형의 공권력에 의해 연행된 존재가 아니라 단지 모집된 존재이며, 그 생활도 성노예 상태였던 것이 아니라 전쟁터를 기반으로 한 '고위험 고수익' 공창公娼이었다"라고 하는 본격적인 실증파로서의 학설은, 한국에서는 안병직 교수의 제자인 이영훈 교수에 의해서 2010년대부터 최초이자 유일하게 개진되기 시작했다.

있었다. 그리고 피해자의 면접조사에서도 강제연행이 되었다는 부분에 대해서는 같은 사람이 두 가지 일을 말한다든가, 장소가 일본이라든가 한국이라든가 해서 모순된다는 것을 알게 되었다. 그리고, 여자정신대 제도는 위안부와는 완전히 별개였다. 일본 정부가 이때 전력으로 찾아보았지만 전시 중의 문서에서도 위안부 강제연행을 나타내는 것은 전혀 나오지 않았다.

이렇게 해서 강제연행을 증명할만한 것은 전혀 없는 상황이 되어버린 것이다. 그러므로 본래라면 대략 93년경에 이 논쟁은 끝났어야 했다. 하지만 문제의 고노 담화가 93년 8월에 나와 버렸다.

일본 정부는 이 시점에서 아주 곤란했던 것이다. 그러나 이미 미야자와宮澤 수상이 사과했기 때문에 입장이 곤란했다. 한국도 어쨌든 강제연행을 인정하기를 바라고 있었던 것인데, 증거가 될 만한 것은 나오지 않는다.

게다가 당시 또 한 사람, 훌륭한 사람이 있었다. 오재희吳在熙 씨라는 주일한국대사다. 93년 1월에 본국으로 돌아가 기자회견을 하면서 다음과 같이 한국 국민들에게 호소했다.

"미야자와 기이치宮澤喜一 일본총리가 지난해 1월 방한했을 때 여섯 번이나 정신대 문제를 사과했는데 이건 진심이라고 생각합니다."

"정신대의 '진상'이란 끝이 없습니다. 언제까지 걸릴지 알 수 없습니다. 우리는 어디까지를 원하는지 분명히 선을 그어야 합니다."

"정신대의 진상은 어떤 여인이 어디서 점심은 무엇을 먹고, 옷은 무엇을 입었는가 하는 식으로 끝이 없습니다."

- 한국인 피해자들이 증언한 '공권력에 의한 강제동원'도 일본 정부는 '아직 명확하지 않다'고 말하면서 인정하지 않고 있는 것 아닌가?

"정부조사는 철저한 증거주의기 때문에 '일방적인 증언'은 인정할 수 없습니다."

"그 부분은 일본 정부가 조사해도 증거를 찾을 수 없다는 겁니다. 덮어놓고 당사자의 말만 믿고 어떻게 인정합니까. 그건 공적인 조사를 하는 우리 정부라도 마찬가지입니다. 일본 정부가 고의적으로 강제동원에 대한 자료를 감추고 있다고는 생각하지 않습니다."(이상 중앙일보 1993년 1월 7일)

"일본 정부에 대해 정신대 모집의 과정에 있어서 일본 정부의 강제동원은 없었는지, 또 정신대의 전모 등 진상규명에 대한 요구는 계속하고 있습니다."

"그러나 진상에는 한정이 없고, 일정한 선을 긋지 않으면 안 됩니다."

"양국관계의 미래를 위해 무제한으로 청산을 늦추는 것은 안 됩니다."

"냉철한 국민적 논의를 통해 현실과 이상을 조화시키는 청산기준에 대한 합의를 만들어내고, 대일 외교정책에 반영하는 것이 필요한 시기입니다."(이상 '토오이츠닛포統一日報'(도쿄에서 재일한국인이 발행),

1993년 1월 8일)

정확히 사실에 기초한 냉정한 논의이며, 정론이다. 그런데 대사의 발언이 보도되고서 관계 단체가 항의의 목소리를 높이자 전년 12월에 대통령 선거에 당선되고 2월의 취임식을 앞둔 김영삼 차기 대통령이 오 대사를 질타했고 옛 위안부들의 단체에 찾아가서 사죄하고 오라고 명령했다. 오 대사는 그 단체에 찾아가서 사죄를 했고 게다가 김영삼 정권 발족과 함께 교체돼버린 것이다.

실은 오 대사는 92년 1월의 미야자와 방한을 앞에 둔 한국 정부 내부의 회의에서 "정상회담에서는 위안부 문제를 꺼내지 말아야 한다"는 정론을 토로했다는 것도 알 수 있었다.

「월간조선」 92년 7월호의 리포트에 의하면, 미야자와 방한에 대비하여 한국 정부는 대통령 비서실장 주최로 관계부서 대책회의를 개최했다. 여기에서는 위안부 문제와 대일무역적자 문제에 대한 대응을 어떻게 할 것인가가 집중적으로 논의되었다. 오 대사는 거기에서 위안부 문제는 정상회담에서 꺼내지 말고 실무레벨에서 문제 삼아야 한다고 주장했다. 그러나 그의 의견은 다른 사람들로부터 "일본 근무 경험이 있는 자는 일본식 논리에서 벗어나지 못 한다"는 식으로 강하게 비판받았다. 그 회의에서 청와대와 경제부서는 위안부 문제를 정상회담에서 적극적으로 갖고 나와 대일무역적자에 대한 일본 측의 양보를 끌어내야 한다고 주장했다고 한다.

사실을 명확히 하는 것을 우선으로 한다면 무조건적으로 강제연행을 인정하는 것이어서는 안 된다. 하지만 이런 입장을 개진하는 이는 한국에서는 "일본식 논리에서 벗어나지 못하는", "친일파"이자 "민족의 반역자"라고 비난받게 되어 있었다.

위안부 강제연행이라는 허구를 대다수의 한국인이 사실이라고 믿어버린 것이 문제를 악화시키고 있는 원흉이다. "임금님은 벌거벗었다"고 말할 수 있느냐 하는 것으로 문제가 옮겨진 것이다.

한일관계를 바르게 가져가겠다고 생각한다면, "이것은 거짓말이다"라고 말하지 않으면 안 된다. 일본과 한국의 외교당국은 그러한 본질적인 문제를 생각하지 않고선 어떻게든 한국의 일반인들이 믿고 있는 거짓말에 맞춘 담화를 내고선 문제를 뒤로 미루려고만 했던 것이다.

다만 분명 한국에도 "임금님은 벌거벗었다"고 말한 외교관이 있었다. 그리고 옛 위안부가 면접조사에서 거짓말을 하는 것을 간파한 학자도 있었다. 그러나 일본에는 오 대사와 같은 용기 있는 양식파 외교관이 없었던 것이다.

4장

일본 외교의 실태

외무성 고위직이 발명한 '광의廣義의 강제'

일본에서 당시 조사를 정리하고 있었던 것은 실무 측의 최고위급 인사인 관방부장관 이시하라 노부오石原信雄 씨였다. 그 아래에 타니노 사쿠타로谷野作太郎 씨라는 외무성 아시아국장 출신의 외정심의실장外政審議室長이 있었는데, 이 사람이 정말 외무성의 수재다운 '해결책'을 만든 것 같다.

수재가 나라를 망친다고 하지만, 정확히 아무도 생각해내지 못할 것 같은 명안名案(?)을 만들어냈던 것이다.

강제의 근거는 찾을 수 없다. 그러나 한국은 강제가 있었던 것을 인정하라고 하고 있다. 일본은 앞서 수상이 사과했다. 이러한 가운데 강제는 확인된 바 없다고 하는 조사결과는 내야 한다. 그대로 발표하면 한일관계는 악화된다. 그러나 근거가 없는 것을 있다고 말할 수는 없다. 어떻게 할 것인가?

그래서 정말이지 수재 관료다운 명안이 나온 것이다. 그것은 어떻게든 '강제'라고 하는 말의 정의定義를 넓히는 것이었다. 이것이 이른바 '광의廣義(넓은 의미)의 강제'의 탄생이었다.

본인이 싫은 것을 하게 하면 그것은 강제이다. 하지만 보통 강제연행이라고 하는 경우, 사람들은 권력에 의한 강제를 생각한다. 여기서 누가 연행한 것인지의 문제는 객관적인 사실의 영역이다.

그러나 고노 담화에서 '강제' 여부는 오직 본인의 주관이 결정한다.

"싫었습니까"하고 물었을 때, 본인의 주관에 따라 "싫었습니다"하고 대답하면 그것은 곧 '강제'가 되는 것이다.

이 정의에서 말한다면, 예를 들어 회사원이라고 한다면 그는 회사원으로서 아침에 일어나는 것이 일단 싫을지도 모른다. 이에 어머니라든가 아내라든가 회사원을 억지로 깨우면 그것은 '강제'라는 것이 된다. 이것과 동일한 이치인 것이다.

어쨌든 강제라고 하는 말은 반드시 사용하지 않으면 안 되었고, 강제는 인정하지만 발견되지 않은 근거와도 모순되지 않을만한 인정 방법을 만들어야 했다. 그래서 고노 담화에서는 "본인의 의사에 반하여"라는 말이 들어간 것이다.

그렇다면 고노 담화를 구체적으로 살펴보자. 우선 전문全文을 옮겨둔다.

위안부 관계 조사결과 발표에 관한 고노 내각관방장관 담화

이른바 종군위안부 문제에 관해서 정부는 재작년 12월부터 조사를 진행해왔으나 이번에 그 결과가 정리됐으므로 발표하기로 했다.

이번 조사 결과 장기간, 그리고 광범위한 지역에 위안소가 설치돼 수많은 위안부가 존재했다는 것이 인정됐다. 위안소는 당시의 군 당국의 요청에 따라 마련된 것이며 위안소의 설치, 관리 및 위안부의 이송에 관해서는 옛 일본군이 직접 또는 간접적으로 이에 관여했다.

위안부의 모집에 관해서는 군의 요청을 받은 업자가 주로 이를 맡았으나 그런 경우에도 감언甘言, 강압強圧에 의하는 등 본인들의 의사에 반해 모집된 사례가 많았으며 더욱이 관헌官憲 등이 직접 이에 가담한 적도 있었다는 것이 밝혀졌다. 또 위안소에서의 생활은 강제적인 상황하의 참혹한 것이었다.

또한 전지戰地에 이송된 위안부의 출신지에 관해서는, 일본을 별도로 한다면 조선반도가 큰 비중을 차지하고 있었으나 당시의 조선반도는 우리나라의 통치 아래에 있어 그 모집, 이송, 관리 등도 감언, 강압에 의하는 등 대체로 본인들의 의사에 반해 행해졌다.

어쨌거나 본 건은 당시 군의 관여 아래 다수 여성의 명예와 존엄에 깊은 상처를 입힌 문제다.

정부는 이번 기회에 다시 한번 그 출신지가 어디인지를 불문하고 이른바 종군위안부로서 많은 고통을 겪고 몸과 마음에 치유하기 어려운 상처를 입은 모든 분에 대해 마음으로부터 사과와 반성의 뜻을 밝힌다. 또 그런 마음을 우리나라로서 어떻게 나타낼 것인지에 관해서는 식견 있는 분들의 의견 등도 구하면서 앞으로도 진지하게 검토해야 할 일이라고 생각한다.

우리는 이런 역사의 진실을 회피하는 일이 없이 오히려 이를 역사의 교훈으로 직시해 가고 싶다. 우리는 역사 연구, 역사 교육을 통해 이런 문제를 오래도록 기억하고 같은 잘못을 절대 반복하지 않겠다는 굳은 결의를 다시 한번 표명한다.

덧붙여 말하면 본 문제에 관해서는 우리나라에서 소송이 제기돼 있고 또 국제적인 관심도 받고 있으며 정부로서도 앞으로도 민간의 연구를 포함해 충분히 관심을 기울이고자 한다.

"위안부의 모집에 관해서는"으로 시작하는 부분이 강제연행과 관계된 첫 번째 부분이다. 여기에서는 조선반도만 아니라 모든 지역에서의 위안부 모집에 대한 기술이다.

"위안부의 모집에 관해서는 군의 요청을 받은 업자가 주로 이를 맡았으나"라고 하였고 주체는 업자라는 것을 명시하였다. 단, "군의 요청을 받은"이라는 수식어에 의해 단지 민간이 돈벌이를 위해 했던 것이 아니라 군과 관계가 있다고 강조하고 권력에 의한 강제연행에 가까운 뉘앙스도 남기는 기술이다.

"그런 경우에도 감언甘言, 강압強壓에 의하는 등 본인들의 의사에 반해 모집된 사례가 많았으며"라고 하여 '광의의 강제'인 "본인들의 의사에 반해 모집"된 사실을 쓰고 있다. 단, "사례가 많았다"라고만 되어 있는 점을 봐도 모든 지역에서의 위안부 모집이 '본인의 의사에 반하지는 않았다'는 것, 즉 자신이 바란 모집도 있었다는 것을 명기하고 있다. 일본인 출신 위안부의 경우를 상정하고 있는지도 모른다.

"더욱이" 이하의 기술이 큰 문제를 안고 있는데, 그것은 뒤에서 다루는 것으로 하고 먼저 "또한 전지戰地에 이송된"으로 시작하는 단락에 대해서 검토해 둔다. 이 단락은 조선반도에서의 모집에 대해서 쓰고 있다. 즉 "모집, 이송, 관리 등도 감언, 강압에 의하는 등 대체로 본인들의 의사에 반해 행해졌다". 여기에서도 광의의 강제인 "본인의 의사에 반해"라는 표현이 사용되고 있다.

단, "대체로"라는 부사가 붙어 있는 것처럼 모든 지역에서의 모집에 대하여 말했던 바로 앞의 단락과는 다르다. 조선반도 출신의 위안부 모두가 강제연행의 피해자라고 하는, 대다수 한국인이 믿고 있던 허구와 맞추기 위해 "대체로"가 들어갔을 것이다.

보도에 따르면, 이 단어를 넣을지 어쩔지는 마지막까지 옥신각신한 것 같다. 그러나 일본어의 "대체로總じて"란 미묘한 의미를 갖고 있다. "모두すべて"라고 하면 100%이지만, "대체로"는 전체적으로 보면 그와 비슷하다는 의미이며 평균적으로 그렇지만 예외도 있다고 읽을 수 있다.

조선반도에서도 자신이 원해서 위안부가 된 경우가 0명이 아니라는 뉘앙스를 간신히 남기고 있는데, 그렇지만 한국에서는 이 표현이 한국인 위안부 전체가 강제연행의 피해자라고 하는 것을 일본 정부가 인정했던 것처럼 독해되고 있다.

그렇다면 이제 다시 한 번 "위안부의 모집에 관해서는"으로 시작하는 부분으로 돌아가자. 이 단락의 최후에 "위안소에서의 생활은 강제적인 상황하의 참혹한 것이었다"고 되어 있고, 위안소 생활에 있어서 "강제적"이라는 말이 사용되었다. 이것도 '광의의 강제'의 범주에 들어간다.

업자의 모집에 대해서는 본인들의 의사에 반하여 모여진 사례가 다수 있다. 그러나 "강제"라고 하는 표현은 모집의 경우에는 사용되지 않는다.

후세에 화근을 남기는 고노 담화

고노 관방장관은 이러한 담화를 발표한 후 기자회견에서 "강제연행을 인정한 것인가?"하는 질문을 받고 "그렇습니다"라고 답했다. 보통 얘기되는 강제연행이라는 것은 권력에 의한 강제연행이기 때문에 그것을 미묘하게 공무원적인 말투로 어느 쪽에서 봐도 괜찮은 것처럼 해버렸다.

일단 이쪽은 이쪽대로 자료에 있는 것만 말했다고 할 수 있게 되었다. 그러나 한국인이 이를 대략 쭉 읽으면 그냥 강제연행을 인정하는 것처럼 읽을 수 있는 식으로 만든 것이다.

권력에 의한 강제연행, 바꿔 말하면 '위안부=성노예'설이라는 있지도 않은 거짓말을 많은 한국인이 믿고 있는 것이 문제의 본질이었는데, 고노 담화는 그 문제에 대해서 날카롭게 추궁하는 것을 피하고 '광의의 강제'라고 하는 궤변, 눈속임으로 문제를 뒤로 미루고 있었다. 단, 여기에서 본 것처럼, 역시 외무성의 수재가 만든 문장으로 발이 스모 씨름판 경계선에 닿았는데도, 어떻게든 스모 씨름판에 남아있는 것이다. 결국 권력에 의한 강제연행만큼은 인정하지 않고 있는 것이다.

그래서 문제가 되는 것은 "더욱이 관헌 등이 직접 이에 가담한 적도 있었다는 것이 밝혀졌다"고 하는 부분이다. 이것을 정직하게 읽으면 본인의 의사에 반하는 위안부 모집에 관헌이 직접 가담했다는 것이기 때문에, 권력에 의한 강제연행, 즉 '협의狹義 (좁은 의미)의 강제'를 인정한 것으로 읽힌다.

나는 고노 담화가 나왔을 때, 외무성 동북아시아과를 방문하여 담당 사무관에게 "그 근거를 듣고 싶습니다", 특히 "'관헌 등이 직접 이에 가담'이라는 것의 근거는 무엇입니까"를 물었다.

외무성은 내가 「분게이슌주」에 논문을 쓴 것을 알고 있었기 때문에 "담당자가 없습니다"라고 하면서 좀처럼 답하지 않았지만, 최종적으로 담당자로부터 들은 것은 "문서는 나오지 않았습니다. 근거가 된 것은 위안부의 증언집과 청취조사입니다"라고 하는 것이었다.

그렇다고 하면 "관헌 등"을 넣은 것은 중대한 잘못이라고 나는 생각했다. 사실이라고 증명되지 않았는데도 너무 심한 것이다. 종전 이전에 관헌이었던 사람들에게도 인권은 있는 것인데 나 역시 한 인간으로서 분개했다고 그런 뜻을 몇 개의 잡지 등에 밝혔지만 대부분 반향이 없었다(고노 담화에 대해서는 결국 이후 2014년도에 아베 정권이 일본 정부 차원에서 그 문안 작성 경위 등에 대하여 검증을 했다. 검증을 통해 당시에 강제연행의 근거가 될 만한 자료는 찾아볼 수 없었다는 점이 이 책에서 지적한 바와 같이 재확인되었으며, 문안 내용에 대해서도 한국 측과 사전 조정이 있었던 점이 밝혀졌다. 정식명칭 '위안부 문제를 둘러싼 일한간 의견교환의 경위~고노 담화 작성에서 아시아 여성기금까지~慰安婦問題を巡る日朝間のやりとりの經緯-河野談話作成からアジア女性基金まで-'인 이 검증보고서는 이 책과는 별도로 출간되는 자료집에서도 내용 전체를 게재하였으니 참고하기 바란다).

내가 "관헌 등이 직접 이에 가담"이라는 표현이 무엇을 의미하는지

이해할 수 있게 되었던 것은 고노 담화가 나온 뒤 4년째가 되어서부터다. 고노 담화에서 위안부 문제를 역사교육에서 다룬다고 약속한 일도 있었기에 1996년에 검정을 합격한 전체 중학 역사교과서들에서 종군위안부에 관한 기술이 들어가는 일대 사건이 일어났다. 그래서 니시오 간지西尾幹二 씨, 후지오카 노부카츠藤岡信勝 씨, 고바야시 요시노리小林よしのり 씨 등이 '새로운 역사교과서를 만드는 모임新しい歷史敎科書をつくる会'(이하 '만드는 모임')을 결성하고 위안부 문제에 대한 논쟁의 제2라운드가 시작되었다.

그것과 동시에 같은 문제의식을 가진 자민당 의원들이 '일본의 앞날과 역사교육을 생각하는 젊은 의원 모임'(나카가와 쇼이치中川昭一 회장, 에토 세이이치衛藤晟一 간사장, 아베 신조安倍晉三 사무국장)을 결성하고 위안부 문제에 대해 관계자의 청문조사를 시작했다.

그곳에서 나도 호출하였고, 나는 위안부 문제에 대해 92년, 93년의 논쟁의 시기에 축적한 지식의 한 부분들을 공개적으로 말했다. 그때 외정심의실의 심의관에게 직접 질문할 기회가 있었고, 고노 담화에서 문제의 부분, 즉 "본인들의 의사에 반해 모집된 사례 … 관헌官憲 등이 직접 이에 가담한 적도 있었다는 것이 밝혀졌다"고 되어 있는 이 부분은 조선인의 권력에 의한 강제연행을 인정한 것이 아니라, 인도네시아 자바 섬에서 발생한 몇 사람의 일본 군인들에 의한 전쟁범죄 행위를 가리키고 있다는 회답을 얻었다('일본의 앞날과 역사교육을 생각하는 젊은 의원 모임' 편編, 『역사교과서에 대한 질문歷史敎科書への質問』(1997년)에 필자와 히가시 요시노부東良信 내각외정심의실 심의관의 문답이 수록되어 있다).

조사해 보니 자바섬의 일본 군인들은 군 본부의 허가 없이 1944년 2월말부터 4월까지의 약 2개월간, 민간인 수용소에 있었던 네덜란드인 여성들을 강제로 매춘부로서 일하게 하여, 군인 5명, 민간인 4명이 연합군에 의해 전쟁범죄로 재판을 받고 사형, 징역형 등에 처해졌다.16)

고노 담화에서 이 "관헌 등의 직접 가담"이라는 표현은 위안부 모집 전반을 서술한 "위안부의 모집에 관해서는"으로 시작하는 부분에 들어가 있고, 다음의 "또한 전지戰地에 이송된"으로 시작하는 조선반도에서의 모집 등을 서술한 부분에는 "관헌 등의 직접 가담"이라는 문구가 없다. 조선에서는 "본인들의 의사에 반하는 모집"에 "관헌 등의 직접 가담" 사례는 없었다고 하는 것이다.

따라서, 고노 담화가 비록 궤변의 덩어리로서 오해를 확산시킨 원흉이기에 빨리 새로운 담화는 내야 하겠지만, 고노 담화도 일단 '협의의 강제', 즉 권력에 의한 강제연행은 인정한 바가 없다고 말할 수 있는 것이다.

---

16) 일본군 점령 중 인도네시아 자바섬 스마랑Semarang에서 벌어진 사건으로, 일본에서는 '스마랑 위안소 사건スマラン慰安所事件' 또는 '시로우마 사건白馬事件'으로 불린다. 스마랑 위안소 사건은 당시 일본인의 일부였던 조선인이 아니라 당시 일본의 적성국 국민인 네덜란드인과 관계된 것이라는 점, 또한 관련 군사재판도 이후 적성국인 네덜란드에 의해 이뤄져 100% 중립적으로 진상이 드러난 사건은 아니라는 점도 감안될 필요가 있다. 네덜란드의 입장에서 진행된 재판에서도 이 사건은 일본군의 조직적이고 체계적인 범죄가 아니라 이라크 전쟁 당시 아부그라이브 수용소에서 미군의 경우와 마찬가지로 일부 군인들에 의한 일탈행위임이 밝혀졌다. 실제로 문제가 알려지자 일본군은 사건 이후 두 달 만에 상부 지시로 자체적으로 위안소를 폐쇄시켰다. 한편, 하타 이쿠히코 교수는 『위안부와 전쟁터의 성』에서 이 사건의 네덜란드 여성들 속에도 위안소로 가기 전에 이미 매춘부였던 여성이 다수 있었을 가능성을 시사하기도 했다.

'아시아여성기금'에서 지불이 기정 노선으로

지금까지 자세하게 살펴본 것처럼, 1992년부터 93년에 걸친 제1차 위안부 논쟁은 권력에 의한 강제연행은 없었다고 주장하는 우리 쪽이 거의 전면적으로 승리했다. 이 논쟁은 극히 소수의 민간 전문가들에 의해 전개되었다. 우리들은 매우 고립되어 있었지만 그래도 잘 싸웠다고 생각한다.

한국에서도 안 교수나 오 대사와 같이 사실을 왜곡하는 것을 배척한다는 기본자세를 중요하게 여기는 용기 있는 진정한 지식인이 있었다.

그런데 미야자와 내각이 고노 담화, 즉 거짓과 직면하고도 이를 회피해버린 궤변 덩어리인 담화를 발표하자 위안부 강제연행설, 혹은 '위안부=성노예'설이 좀비와 같이 부활하여 마침내 한일관계를 석권하기 시작했다.

사실관계에서의 논쟁은 거의 이겼지만 논쟁의 결과를 널리 알리는 홍보전에서는 진 것이다. 특히 고노 담화가 나온 것에 의해 권력에 의한 강제연행은 없었다고 하는 사실은 홍보되지 않고 거꾸로 강제연행이 있었다는 듯 거짓 선전이 한일관계를 뒤덮었다.

일본은 94년에 무라야마村山 내각이 성립하고 다음해에 아시아여성기금이 만들어져 위안부에 대한 사죄사업이 진행되었다.

이 기금이 어떠한 것이었는가 하면 고노 담화에서 광의의 강제를 인정하고 사죄했는데 그렇다면 보상은 어떻게 할 것인가 하는 문제가 생겼고, 이에 국민의 기부로 전체 위안부들에게 동정의 뜻을 표시하기 위하여 아시아여성기금이 만들어진 것이다.

그러나 기부금은 그다지 모이지 않았고, 그래서 기부금 이외의 운영비와 인건비 등은 전부 세금으로 조달되었으며, 총리대신의 사죄 편지와 함께 1인당 200만 엔이 옛 위안부들에게 '속죄금償い金, atonement money'으로 지급되고, 정부자금으로 300만 엔 상당의 '의료·복지 지원'이 이루어졌던 것이다. 이는 외교적으로 한번 끝난 전후보상을 일본 정부가 또 다시 하게 되는 일에 가까운 것이었다.

이 '아시아여성기금'은 한국에서 큰 문제가 되어 한국의 위안부 여성을 지원하고 있는 운동단체인 한국정신대문제대책협의회 등의 인사들이 여성기금의 돈을 받는 것은 반대한다고 말하기 시작했다. 정대협 측의 인사들은 재판에서 일본 정부를 이기든가 혹은 일본 정부로부터 배상을 받을 때까지는 전혀 납득할 수 없다고 주장했다. 보상금을 두고서, 정부가 아니라 국민의 기부금을 모았다는 이 여성기금은 속임수라고 했던 것이다.

그 결과, 옛 위안부들이 보상금을 받은 사람들과 받지 않은 사람들로 나뉘어서 받지 않은 사람들은 받은 사람들을 배신자라고 매도하는 상황이 펼쳐졌다.

일본은 사과하라고 했기 때문에 사과했고, 무언가 성의도 보여라고 했기에 현금도 인도한 것이지만, 그래도 그들은 속임수라고 말했다. 위안부 운동을 해온 사람들은 그저 운동을 위한 운동을 하고 있기 때문에 그 운동의 원천이 없어지면 곤란한 상황이었던 것이다.

그러자 한국 정부는 일본의 '아시아여성기금'을 거절한 사람에게는 거의 같은 액수를 일시금과 같은 형태로 지불하기로 했다. 징용이 되어 신체장애자가 된 사람에게도 한국 정부는 보상금을 지불하지 않았지만, 옛 위안부가 일본의 돈은 받지 않겠다고 했기 때문에 한국의 국가예산에서 지불해 버렸다. 이미 한국 정부는 93년에 일시금 500만원, 매월 15만원(후에 50만원)의 지급과 공영주택 입주라는 옛 위안부에 대한 생활지원을 하고 있었기 때문에 두 번째 한국 정부 차원의 지원이었다.

이러한 우스운 일이 한국에서 일어났고 지금까지도 이들은 일본 정부에 사죄하라고 하는 데모를 계속하고 있다. 그런데 이들의 운동에도 불구하고 일본 안에서는 결국 재판에서도 지고, 교과서에서도 차차 서술하지 않게 되고, 강제연행은 없었다는 분위기가 확산되어 갔다. 그 가운데, 이번에는 위안부 문제가 일본 바깥에서 국제적으로 확산되어 유엔에까지 가고 미국 의회에까지 파급되었던 것이다.

안병직 교수는 앞에서 본 2006년 12월의 한국 TV 프로그램에서 위안부 관련 운동단체의 본질을 다음과 같이 비판했다.

"나도 처음에는 강제동원이 있었다고 생각하고 한국정신대문제대책협의회(정대협)와 공동으로 조사를 했는데 3년 만에 그만뒀습니다. 정대협의 목적이 위안부 문제의 본질을 파악하고서 오늘날 위안부 현상의 방지로 연결되는 것이 아니라, 단지 일본과 싸우는 것에 있다는 것을 깨달았기 때문입니다."

안 교수가 비판하고 있는 정대협의 대표를 지낸 여성 사회학자로

정진성鄭鎭星 서울대학 교수가 있다. 그녀는 도쿄대학에서 2년간 연구원을 지냈고, 그러면서 '반일' 일본인과의 네트워크를 만들었다고 한다. 그녀는 안 교수처럼 사실을 밝히는 학자로서의 양심보다는 "일본과 싸운다"는 정치적 목적으로 연구를 하고 있었기 때문에 '반일' 일본인 학자들과 마음이 맞았을 것이다.

그녀의 남편은 현재 한국 신문 조선일보의 주필이다. 그 때문에 한국 보수파의 양식 있는 신문인 조선일보도 위안부 문제에서는 좌파의 날조에 영합하는 경우가 많다. 이 책 제3부에서 그 점을 상세하게 소개한다.[17]

이를 보면서 나는 아무리 진지하게 사죄를 하고, 기금으로 현금을 나눠준다고 해도 지금까지 악화된 한일의 감정적 대립은 절대 해소되지 않는다는 사실을 알게 되었다. 그럴수록 상황은 오히려 나빠진다. 즉 우선 사실을 바르게 해명하고, 거짓말을 믿고 있는 사람들에게 바른 정보를 전하는 것, 이것이 없이는 무엇을 해도 공허할 뿐이라고 굳게 생각하게 됐다. "사죄하라", "사죄하라"고 계속해서 시끄럽게 떠들어대는 '반일' 일본인들에게 나는 마음 깊숙이 분노를 느끼고 있었다.

---

[17] 정진성 교수의 남편은 현재 조선일보 논설고문으로 있는 강천석 씨다. 강 고문은 1998~2001년에 조선일보 편집국장, 2006~2013년은 조선일보 주필을 지냈다. 강 고문 본인이 직접 위안부 문제에 대해 강경한 칼럼을 쓴 바는 없지만, 부인인 정진성 교수가 "8만~20만 명으로 추정되는 위안부 중, 절대다수를 차지하는 것이 조선인 위안부"라거나 "여자근로정신대 제도야말로 위안부 연행의 수단이 됐다"고 주장하는 등 강경파인 만큼, 그 영향이 사설이나 기사 등 조선일보 편집에 영향을 미쳤을 가능성이 있다. 이 책 제3부에서는 조선일보의 그러한 편집을 소개하고 있다.

'반일' 일본인과 매스컴의 관계

당시에 내가 무슨 생각을 하고 있었는지를 보여주기 위해 92년 8월 5일에 출판한 필자의 저서 『일한오해의 심연』에서 결론으로 쓴 '반일' 일본인에 대한 비판 부분을 읽어주고 싶다. 여기에서의 "반일' 일본인"이라는 표현은 필자가 만들어낸 표현이다.

  현재 종전 이전의 '악업惡業' 고발에서 선두에 서 있는 일본인들(아사히신문과 잡지 「세카이世界」 및 '진보적 지식인들')은 지금까지 몇 번이나 의도적인 거짓말에 기초한 캠페인을 전개해왔다. 70년대, 중국 문화대혁명의 실태가 명확히 드러나고, 베트남이 캄보디아, 중국과 전쟁을 시작하는 속에서 그들이 도망쳐 들어간 곳이 결국 한국·조선 문제가 아니었던가.
  이 문제로는 어떻든 '나쁜 것은 미국과 일본'이라는 그들의 도식이 아직도 그럭저럭 통용되는 것처럼 보였기 때문일 것이다. 그래서 많은 거짓말이 흩뿌려졌다. 그러나 결국 거짓말에 의해 앞으로 나아가는 운동은 허약하다. 소련의 붕괴에 의해 동서냉전이 미국을 중심으로 하는 서방의 일방적인 승리로 끝난 지금, 그들의 도식은 완전히 쓸모가 없어져 버렸다. 그러므로 그들이 본래 해야 할 것은 반성하는 것이고 새로운 대립의 불씨 찾기는 아니어야 하는 것이 분명하다.
  그런데 그들의 최후의 보루가 과거 일본의 한국·조선에 대한 '악업'

고발이 되었던 것이 아닌가? 그러므로 일본人*을 규탄하는 일 자체가 목적인지, 정말로 한국인 피해자를 지원하는 것을 정말로 진지하게 생각하고 있는지, 이것이 큰 의문이다. 왜냐하면 피해자를 돕고 싶다면 우선 누가 어떠한 피해를 입었는지 그에 대한 사실부터 명확히 규명하는 것이 불가결한 하나의 단계인 것이다.

하지만 그들은 그렇게 하지 않고 일본의 '악업'을 고발한다는 그들의 목적에 부합하는 '증거', '증인'만을 골라서 '정신대=위안부'라는 거짓말 등을 섞으면서 반일 캠페인을 전개하는 데 전념하고 있다. 그래서 사정을 모르는 다수의 일본인들은 그들의 '선의'을 믿고 캠페인을 한다든지 정신적 지원을 보낸다든지 하고 있다.

한편, 한국 측에서 '반일' 일본인과 짝이 되어 있는 것은 옛 위안부, 구 일본 군인·군속과 징용노동자인데, 실은 이들은 그때까지 한국에서는 '친일분자', '대일협력자'로 여겨지고 있어서 떳떳하지 못하다는 생각을 하고 있었다. 이들은 일본이 전쟁을 수행하는 데 협력한 사람들이고, 독립운동가들처럼 일본군과 싸운 사람들이 아니다. 바로 그렇기 때문에 이들의 일본 고발은 도리어 격렬해지지 않을 수 없는 측면이 있는 것이다.(중략)

더구나 한국의 매스컴은, 조금 과장해서 말하면, 일본에 대한 비난이라면 사실관계의 확인을 하지 않아도 된다는 분위기가 있을 뿐만 아니라, 많은 한국의 일본전문가들이 그에 쉽게 안주하여 반일론을 전개한다. 결국 '반일'의 건초는 산처럼 쌓여 있는 것이다.

불씨를 던지면 곧 타오를 조건이 발생했다. 그러므로 '반일' 일본인들이 전개하는 일본에 대한 규탄은 한국의 매스컴에서 언제나 크게 다뤄진다. 이 양자의 불행한 상호작용에 의해 본래 우호적이어야 할 양국민의 감정의 골은 회복하기 어려울 정도로 깊어져 버린 것이다.

또 하나 지적해야 할 것은 양국 정부가 사실관계에 대한 정확한 조사를 하지 않고, 한편은 과거의 경위를 무시한 요구를 하고, 다른 한편은 그것을 정면에서 반론하지 않고 부분적으로 수용하는 그런 임시방편적 대응을 반복하여 사태를 더욱 악화시키고 있다는 사실이다. (중략)

일본고발을 제일로 하는 '반일' 일본인과 그에 호응하는 '반일'을 큰 소리로 외칠 필요가 있는 한국인이 연대하고, 양국 매스컴이 의도적 오보를 섞어 그것을 더욱 크게 증폭시키고, 양국 정부가 그쪽으로 흘러가 아무런 정견이 없는 반응을 보인 결과, 일본의 나라를 사랑하고 그런 위에서 한국과도 사이좋게 지내려고 생각하던 사람들은 점차 한국으로부터 멀어지고 있다. 또 한국에서도 한국을 사랑하고 일본의 일을 정확히 알고 냉정하게 일본과의 우호관계를 쌓아야 한다고 하는 사람들은 도리어 매국노로 불리고 발언권이 약해지고 있다. 이것은 양국에 있어서, 더 나아가서는 평화와 안전보장에 있어서 대단히 불행한 사태가 아닌가?

지금만큼 사실에 기초한 냉정한 논의가 필요한 때가 없다. 필자도 포함하여 관계자가 한층 더 노력을 하는 것이 긴급히 요구되고 있다고 생각한다.

'아침까지 생방송 테레비!'에서 대논쟁

정말로 강제연행이 있었던 것인지 없었던 것인지에 관한 대논쟁이 계속 이어지고, 나는 '아침까지 생방송 텔레비전!朝まで生テレビ!'이라는 프로그램에 위안부 문제로 두 차례 출연하게 되었다.

93년에 '아침까지 생방송 테레비!'에 위안부 문제로 최초로 출연했을 때는 바로 눈앞에 다카기 겐이치高木健一 변호사와 츠지 모토키요미辻元清美 씨와 오자와 료코小澤遼子 씨가 있었다.

이전에 나는 이 프로그램에 재일조선인의 지문채취 문제로 한차례 나갔던 일이 있었지만, 이때는 츠쿠바筑波대학의 나카가와 하치히로中川八洋 교수의 출연의뢰가 있었다. 나카가와 교수가 나에게 전화를 걸어와 "위안부 문제를 테마로 하여 내게 출연의뢰가 있었지만, 나는 이 문제가 전문이 아니라서 방송국에 니시오카가 나온다면 나도 같이 나간다고 말해뒀다. 당신도 같이 나가자"고 말했던 것이다.

나는 이 문제로 논문도 썼지만, 이 주제는 TV에서 이야기할 수 있는 것이 아니고, 강제연행은 없었다고 이야기하면 나쁜 사람의 대표처럼 되기 때문에 TV에서 이를 얘기하는 것이 괜찮은 것일까 하고 생각했지만, "당신이 나오지 않으면 나도 나가지 않겠다"는 말을 듣고 그렇다면 내가 나가지 않아서는 면목이 서지 않는다고 생각해서 나가는 것으로 했다.

거기에서는 토론의 자료로서 요시다 세이지의 인터뷰 영상이 흐르고 또 위안부 여성들이 울부짖고 있는 광경도 비춰졌다. 토론은 이러한 색다른 분위기 속에서 진행되었다.

그때 나는 "조금 전 인터뷰 영상이 나왔던 요시다 세이지의 강제연행 증언은 믿을 수 없습니다. 요시다 책의 한국어판이 출판된 직후, 제주신문의 여성기자가 요시다가 책 내용 중에 군인들과 위안부 사냥을 했다고 쓴 바 있는 제주도를 현지 취재했는데, 지역에 사는 사람들은 입을 맞춰 엉터리라고 부정하고, 지방사학자도 요시다의 책은 사실무근인 부분이 있고, 도덕성을 결여했다고 비판하고 있습니다"라고 강조했다.

그래서 강제연행설의 근거가 된 옛 위안부의 증언에 대해서 앞에 쓴 안 교수 등이 만든 한국어판 책인 『증언집 I 강제로 끌려간 조선인 군위안부들』도 손에 들고서 말을 했다.

"한국 정부도 여기에 모두 써있다고 말하고 있습니다. 그러나 여기에 나온 열아홉 명의 옛 위안부 중에서 강제연행이 되었다고 말하는 사람은 네 명밖에 없고, 그 속에서 두 명은 한국의 부산과 일본의 토야마에서 위안부가 되었다고 말합니다. 그러나 거기는 전쟁지역이 아닙니다. 나머지 두 사람도 소장에 쓰고 있는 것과 이 증언집에서 말하고 있는 것이 서로 다릅니다. 그렇다면 강제연행된 것을 증명할 수 있는 사람은 전혀 없지 않습니까?"

그런데 다카기 변호사 등은 강제연행이 있었다고 하는 반론은 전혀 하지 않았다. 논점을 바꿔 "문제가 되는 것은 연행된 것만이 아니라, 연행된 후의 생활이 어떠했는가 하는 것이다"라고 말했다.

그들도 처음에는 강제연행을 강조했겠지만, 그때쯤에는 이미 요시다 세이지가 말하는 것에 신빙성이 없다는 것, 그리고 정부가 공개한 많은 자료를 봐도 군이 강제로 위안부를 모았다고 하는 사실은 나오지 않는다는 것을 알게 됐던 것이다. 권력에 의한 강제연행설은 전문가끼리의 논쟁에서는 이와 같이 93년에 고노 담화 직후 이미 급속히 자취를 감추었다.

그러나 사회자와 다카기 변호사 이외의 패널에게는 나의 의견이 너무 전문적이었던 모양이고 그래서 이해할 수가 없는 것이었다. 내가 강제연행설의 근거를 무너트리면 다카기 변호사 등은 반론하지 않고 입을 다물었지만, 다른 사람은 무엇이 이야기되고 있는지도 잘 몰랐다. 그러나 나는 마음 속으로 '이것으로 위안부 문제에 대해서는 논쟁이 끝났다. 강제연행설이 패배한 이상, 위안부는 빈곤이 원인이고 인신매매된 존재이기 때문에 외교문제로 다룬다든가, TV토론의 주제가 되는 것도 필요하지 않다'고 생각했다. 그러면서 이 중대한 논쟁의 결론에 대해서도 왜 사회자도 또 다른 패널들도 언급하지 않는지 초조해 하면서 좀처럼 돌아오지 않는 발언의 기회를 기다리고 있었다.

오자와 씨 등은 "대개 남자는 문제가 있으니까 전쟁터에 보낼 때는 거세를 해서 보내면 된다"고 하는 등 진담인지 농담인지 알 수 없는 이야기를 하고 있었다.

이쪽은 진지하게 자료를 읽고 관계자를 다수 만나고 현장에 가서 사실이 무엇인지 필사적으로 밝히려고 하고 있었지만, 도저히 그러한 것을 논할 수 있는 분위기가 아니었다.

그래도 말하지 않는 것보다 말하는 쪽이 좋다고 생각하여 말해야 하는 것은 모두 말했다. 프로그램이 끝난 후 방송국으로부터 내게 전화가 걸려 와서 말하기를 요시다 세이지로부터도 항의의 전화가 왔다고 했다. 방송국 측에서 지금 요시다의 집으로 설명을 하러 간다고 해서 나는 분명히 말했다.

"나는 사과하지 않습니다. 그리고 내 발언에 대해 당신들이 마음대로 사과해도 곤란합니다. 요시다 씨가 명예훼손으로 소송을 벌인다면 도발에 응하겠습니다."

TV도 외면한 요시다 세이지 증언

그 후 앞에서 본 것과 같이 1997년 '새로운 역사교과서를 만드는 모임' 이 생기고, '만드는 모임'은 그해 4월부터 사용되는 중학교 역사교과서들에 모조리 위안부에 대한 기술이 들어가 있는 것을 문제 삼았다. '아침까지 생방송 테레비!'에 97년 1월 '만드는 모임'의 주요 멤버와 '만드는 모임' 의 입장에 반대하는 측과의 '격론! 교과서 "종군위안부" 기술은 바른가 그른가激論!敎科書"從軍慰安婦"記述は是か非か'라는 제목의 대결 프로그램 비슷한 것이 있었다. 나는 '만드는 모임'의 임원도 회원도 아니었지만 그때는 ' 만드는 모임'의 임원으로부터 출연을 의뢰받아 나가기로 했다.

'만드는 모임' 측에서는 니시오 간지西尾幹二 씨, 후지오카 노부카츠藤岡信 勝 씨, 고바야시 요시노리小林よしのり 씨. 반대 측에서는 요시미 요시아키吉見

義明(주오中央대학 교수), 우에스기 사토시上杉聰(일본의전쟁책임자료센터日本の戰爭責任資料センター 사무국장), 가지무라 타이치로梶村太一郎 (재독 언론인), 니시노 루미코西野瑠美子(르포작가), 다카시마 노부요시高嶋伸欣(류큐琉球대학 교수) 등이었다.

그 외에 하타 이쿠히코秦郁彦(치바千葉대학 교수), 윤건차尹健次(가나가와神奈川대학 교수), 데이비드 스펙터David Spector(방송 프로듀서)가 있었다.

데이비드 씨는 나의 옆에 앉아 있었고, 조지 힉스George Hicks라는 호주의 저널리스트가 쓴 『The Comfort Women: Sex Slaves of the Japanese Imperial Forces』라는 영문 책을 책상에 놓고 "이것으로 끝났습니다"하고 말했다.

하지만 사실 조지 힉스의 책은 유력한 근거자료가 요시다 세이지 증언에 불과했던데다가 그간의 일본에서의 위안부 논쟁을 전혀 반영하지 않은 엉터리 책이었다. 그런데도 데이비드 씨는 그러한 기초적인 지식도 갖추지 않고 토론에 나온 것이다. 또 윤건차 교수는 97년 이날의 토론에서도 위안부는 정신대로 동원되었다고 하는 등 전혀 근거 없는 발언을 하여 공부가 부족함을 속속 드러냈다.

이번에 '아침까지 생방송 테레비!'는 위안부에 대한 두 번째 논쟁이었기 때문에 나는 기대하는 바가 있었다. 앞에 쓴 것처럼 93년의 첫 번째 방송에서 'TV아사히'는 요시다 세이지의 증언 영상을 오래 흘려보냈다. 토론 중에 나는 제주신문의 기사를 인용하여 요시다 증언은 믿을 수 없다고 주장했다.

그 뒤, 자신들이 조사한 결과로도 틀렸다는 것을 알게 되었는지 'TV아사히'도 요시다 세이지의 증언을 이용하지 않게 되었다. 제주신문의 기사가 널리 퍼지게 되고, TV방송국도 역시 요시다는 안 된다고 생각하기 시작한 것이다. 그래서 요시다 세이지를 TV에서 더 이상 내보내지 않게 되었다. 하지만 방송에서의 정정은 없었다.

나는 이날, 사회자 발언 사이에 틈을 보고 "이 TV 방송국은 이상합니다. 이 프로그램은 이상합니다"라고 말했다.

"지난번 이 프로그램에 제가 출연했을 때 요시다 세이지의 인터뷰를 영상으로 내보냈는데, 저는 요시다의 증언을 거짓말이라고 말했습니다. 그러나 그 뒤에도 'TV아사히'는 정정을 내지 않았습니다. 정정을 내보내지 않는다는 것은 아직 요시다 증언이 옳다고 생각하고 있는 것이고, 그렇다면 제가 거짓말쟁이가 되어버립니다. 'TV아사히'의 간부와 이 프로그램의 제작자는 저를 또 한 번 스튜디오에 불러 토론을 시키기 전에 TV방송국으로서 요시다 인터뷰는 의심스러운 것이었다고 시청자에게 정정과 사죄를 해야 할 것입니다."

그 토론 프로그램은 냉정한 토론 프로그램과는 거리가 있어서 많은 사람들이 마음대로 이야기하는 일이 많고 좀처럼 발언의 기회가 돌아오지 않았다. 말이 빨랐지만, 이것만큼은 말해주자고 평소 생각하고 있었던 TV 방송국과 프로그램의 문제에 대해서 비판했던 것이다.

이 책을 쓰기 위해 서점에서 위안부에 관계되는 책을 다시 샀는데, 그 중에 이시카와 이츠코石川逸子 의 『'종군위안부'가 된 소녀들「從軍慰女婦」にされ

た少女たち』(이와나미주니어신서岩波ジュニア新書, 1993년)이 있다.

이 책은 초판을 1993년에 내고 2005년에 제15쇄를 발행하고, 2012년 현재도 팔리고 있다. 그 속에 요시다 세이지의 증언이 사실이라고 길게 인용되어 있다. 소년·소녀용으로 이러한 거짓말을 계속해서 판매하는 이와나미쇼텐岩波書店 출판사를 용서할 수 없다고 강하게 생각했다.

요시미 요시아키 교수의 '위안부=성노예'설

프로그램에서는 우선 강제연행이 있었는가 없었는가 하는 이야기를 하였는데, 나는 "요시미 선생, 조선반도에서 권력에 의한 강제연행이 있었다고 증명된 바 있습니까?"하고 물었다.

그러자 요시미 요시아키 교수는 "그것은 증명된 바가 없습니다"라고 말하는 것이었다. 후일, 그 문답을 고바야시 요시노리小林よしの 씨가 만화로 만들어 "사실은 이것으로 논쟁은 끝난 것이다"라고 해설했는데, 정확히 그대로다.

요시미 교수는 1997년 2월 27일자 조총련 기관지 「조선시보朝鮮時報」에서 "'관헌에 의한 노예사냥과 같은 연행'을 뒷받침하는 공문서公文書는 지금까지 나오지 않았다"고 설명하고 있다. 또 아시아여성기금의 호소인 중 한 사람인 와다 하루키和田春樹 도쿄대 명예교수도 "관헌에 의한 직접적인 강제를 입증하는 문서자료가 아직 발견되지 않은 것은 확실합니다"(「아시아여성기금 뉴스ｱｼﾞｱ女性基金ニュース」 8호, 1997년 3월 5일 발행)라고

말하고 있다.[18]

그 뒤, 요시미 교수 등은 "위안소 안에서의 생활이 비참했다"는 등 말이 점점 격해졌고, 고노 담화 때 정부가 난처한 나머지 만들어 낸 궤변인 '광의의 강제'로 도망쳐 버린다.

덧붙여 말하면, 요시미 교수는 고노 담화보다 앞서 1992년 11월에 낸 『종군위안부 자료집從軍慰安婦資料集』(오오츠키쇼텐大月書店)의 해설에서 "강제연행이라고 하면 사람사냥의 경우 밖에 상정하지 않는 일본인이 많은데, 이것은 '협의의 강제연행'이고, 사기 등을 포함한 '광의의 강제연행'의 경우를 심각하게 생각하고 꾸짖어야 할 것이다"라고 쓰고 있었다. 고바야시 요시노리 씨는 『신 고마니즘 선언 제4권新ゴーマニズム宣言 第4巻』(쇼가쿠칸小學館, 1998년)에서 이것을 지적하고서 요시미 씨야말로 '광의의 강제'라는 눈속임의 논리를 처음으로 만들어냈다고 고발하고 있다.

고바야시 씨의 고발과 같이, 요시미 교수의 논리는 사실상 상식으로는 이해하기가 어렵다. 요시미 교수는 권력에 의한 강제연행은 없었어도 위안부는 성노예라고 다음과 같이 주장한다.

"'위안부' 제도는 공창제도보다도 악질의 성노예제도다. 공창제도에는 표면상의 방침이라도 그 나름의 보호규정이 있었지만, '위안부' 제도는 군軍도 전혀 보호법규를 만들지 않았고, 일본이 당시 가입하고 있던

---

[18] 아시아여성기금의 호소인이란, 고노 담화 이후 옛 위안부들에게 속죄금(보상금)과 의료지원금을 지불하는 등의 사업을 위하여 설립한 아시아여성기금의 취지를 일본인들에게 널리 알리고 모금 등에 대한 국민적 참여를 호소하는 데 함께 나선 사람들을 말한다.

국제법조차 지울 수 없는 최악의 노예제였다."(「조선시보朝鮮時報」, 97년 2월 27일)

요시미 교수가 위안부는 성노예제도라고 하는 근거로서 드는 것은 예를 들면 다음 두 가지 점이다.

> 1. 일본에서는 위안부가 되는 데 정확한 절차가 필요했지만, 조선에서는 그것이 없었다.
> 2. 일본에서는 공창이 되는데 있어 국제법에 의한 연령제한이 있어서 21세 미만은 공창이 되는 것이 금지되고 있었지만, 조선에서는 17세 미만이 금지되었고, 미성년이 국제법의 규정의 적용을 받지 않고 위안부가 되고 있었다.

당시의 조약은 가맹할 당시에 식민지에 대한 적용을 일부 유보할 수 있었다. 그것은 경제적, 사회적 상황에 차이가 있었기 때문이며 당시의 일본도 그와 같은 대응을 했을 뿐이다. 입장에 따라서는 이것을 가리켜 '차별'이라고 비난하는 것은 가능하겠지만, 그렇다고 성노예제도였다고 주장하는 것은 확실히 논리의 비약, 일부러 트집을 잡는 것이라고 말할 수밖에 없다.

참고로 노예제도란 것이 어떠한 것인가를 나타내는 적절한 신문기사를 최근 실제로 보았기에 소개해 둔다.

"나는 노예로 태어났다. 주인의 선조가 증조모를 샀다."

마타라(32세)는 조용히 말하기 시작했다. 갈색의 피부, 눈매와 콧날에 아랍계와 흑인이 혼혈이었던 선조의 역사가 나타난다.

아프리카 대륙 북서부의 모리타니아. 마타라는 지금도 이 나라에 수천 명에서 수만 명까지 존재한다는 노예의 한 사람이었다. 북부 사막지대에서 낙타를 방목하는 주인으로부터 탈주한 것은 3년 전이다.

낙타 무리를 쫓던 소년 시절, 자신이 주인의 소유물이라는 것을 마음에 새겨 넣었다. 주인 일족과 같은 융단에 앉는 것, 눈을 보는 것, 식사를 하는 모습을 보는 것이 금지되었다. 잔반을 먹고, 축사 속에 매트를 깔고 누웠다. 금전상의 보수는 없고, 학교에 가는 일도 없다.

낙타를 잃어버리면 맞았다. 왼쪽 볼에 그 상처가 남았다. "어머니와 여동생이 맞는 것을 몇 번이나 보았다. 탈주를 꾀하다 잡혀 죽은 사람도 있었다."(「산케이익스프레스産經エクスプレス」2007년 5월 13일)

노예란 '주인의 소유물'이고, 금전의 보수 없이 일해야 하며 맞아도 이의를 제기할 수 없는 존재다. 이 기사에 나오는 마타라 씨는 1970년대에 태어난 옛 노예이며, 그의 어머니와 12명의 형제는 지금도 노예로 주인 밑에 있다고 한다.

이것에 비해 조선인 위안부는 전차금前借金을 갚으면 자유롭게 귀국할 수 있었고, 문옥주 씨는 겨우 3년 만에 2만 6천 엔이라는 거금을 저금할 수 있었다. 이것이 어떻게 노예인가.

요시미 요시아키 교수가 리더가 되어 9명의 연구자들이 모여 위안부 문제에 대한 공동연구가 진행되었다. 그 성과가 『공동연구 일본군위안부共同硏究日本軍慰安婦』(오오츠키쇼텐大月書店)로서 1995년에 출판되었다. 여기에는 조선반도에서의 위안부 모집에 관한 실증적인 연구가 포함돼 있다.

책을 읽어보니 조선에 있어서의 위안부 모집은 군과 경찰, 총독부 등 공권력이 행한 것이 아니라 업자가 행했다고 씌어 있다.

업자 중에는 군으로부터 위안소의 영업허가를 받은 업자와 그 하청의 알선업자가 있었다. 알선업자가 각지를 돌아다니며 위안부를 모집하여 대도시에서 기다리는 업자에게 데려왔다. 알선업자의 여자 모집 방법은 '인신매매'와 취업사기로 이것은 조선 국내에서의 접객업의 경우와 동일했다. 총독부는 알선업자에 의한 취업사기를 형사범으로 단속하고 있었다.

게다가 조선의 신문에는 '위안부 모집' 등의 광고가 나오고 있었고, 조선의 화류계 이야기도 나온다. 전쟁이 격렬해지면서 사치는 안 된다고 하여 화류계에도 손님이 그다지 오질 않게 된다. 그래서 결국 업자가 돈을 벌기 위해 위안부를 데리고 전쟁터로 갔다는 기록이 나온다. 그것도 실증논문에서 쓰여 있는 바이다.

이것을 정직하게 읽으면 조선에서의 위안부 모집은 권력에 의한 강제연행 따위가 아니라 빈곤에 의한 인신매매 그 자체였다는 것을 잘 알게 된다. 이러한 사실을 알면서도 요시미 교수는 "위안부는 성노예"

라고 계속 말하고 있는 것이다.

위안부 연구의 권위이며 해외로부터의 취재나 조회를 빈번히 받고 있는 요시미 교수가 "'위안부' 제도는 공창제보다도 악질적인 성노예 제도"라고 계속 말하고 있기 때문에 미 의회가 위안부를 성노예로 간주하여 일본을 일방적으로 규탄하는 것과 같은 문제 많은 결의안이 나와 버린 것이다.

국제적으로 보면 요시다 세이지가 말하는 것처럼 군인에 의한 폭력적인 연행이 있었다면 성노예지만, 일본인 위안부에 비해 보호 규정의 적용이 엄격하지 않았다는 이유로 조선인 위안부가 성노예였다고는 생각할 수 없다.

요시미 요시아키 교수는 정말 학자인 것인가 그렇지 않으면 직업적 반일 선전가인 것인가. 강한 분노를 느낀다.

요시미 교수가 일본에서 위안부 공동연구를 진행하고 있었던 것과 동일한 시기에 한국에서는 앞에 소개한 안병직 교수가 젊은 연구자를 리드하면서 위안부 연구를 진행하고 있었다. 두 사람의 학자가 사실에 대해 취하는 자세가 완전히 대조적이다.

일본에도 성실한 연구자세를 가진 역사학자가 있다. 1994년 8월에 『종군위안부 문제의 역사적 연구 매춘부형과 성적노예형從軍慰安婦問題の歷史的研究 賣春婦型と性的奴隸型』(토모사카에쇼보共榮書房)이라는 책을 낸 쿠라하시 마사나오倉橋正直 아이치愛知 현립대학 교수다. 가라유키상에 대한 연구를 오랫동안 해온 입장에서 종군위안부에게는 매춘부형과 성적노예형이 있었다는 설을 제기했다.[19] 그런데 이 설을 93년에 한국의 위안부연구자이자 반일운동가인 정진성 교수에게 보여주자 정 교수는 "한국에서는 받아들일 수 없다"고 말했다.

이에 대해서 쿠라하시 교수의 답은 이렇다.

"어느 정도 돈을 위해서였다고는 해도, 동포인 여자들이 스스로 나서서 납득한 상황에서 전쟁터로 나가 종군위안부가 되었다. - 한국인들의 입장에서 말하면 이것은 도무지 인정할 수 없는 것이다. 역시 노골적인 폭력에 의해 그녀들이 억지로 전쟁터에 강제연행이 되었다고 이해하고 싶은 것이다."(같은 책 89쪽)

"확실히 한국 측의 주장이 나오게 된 이유는 정말로 잘 이해가 된다. 그러나 이렇게 말하는 것과는 별개로, 역사의 진실은 냉철하고 동시에 이성적으로 추구해 가야 한다. 그것이 진실이 갖는 의미인 것이고, 그것이 상호이해를 깊게 하고, 또 양국의 우호에 공헌한다고 생각하기 때문이다."(같은 책 90쪽)

쿠라하시 교수는 조선에서 발행되고 있던 매일신보에서 1944년 10월과 11월에 2회에 걸쳐, "군軍 위안부 급모急募"라는 광고가 나오고 있었던 사실을 들면서 1944년까지도 매춘부형 위안부의 모집이 있었다고 주장한다.

---

[19] '가라유키상唐行きさん'은 19세기 전반, 일본에서 취업사기 또는 인신매매에 의해 동아시아 등지의 유곽에서 원정 성매매를 했던 여성들을 말한다. 이들은 대부분 일본의 농촌, 어촌 등의 가난한 가정 출신이었다. 가라유키상은 한때는 일본에서 '낭자군娘子軍'으로 선전되기도 했었지만, 나중에는 '국가의 수치'로 비난받았다.

위안부가 모두 강제연행이 되었던 것이라면 광고는 필요가 없다. 조선의 신문에 모집광고가 있었던 것은 강제연행이 없었다는 증거이다.[20]

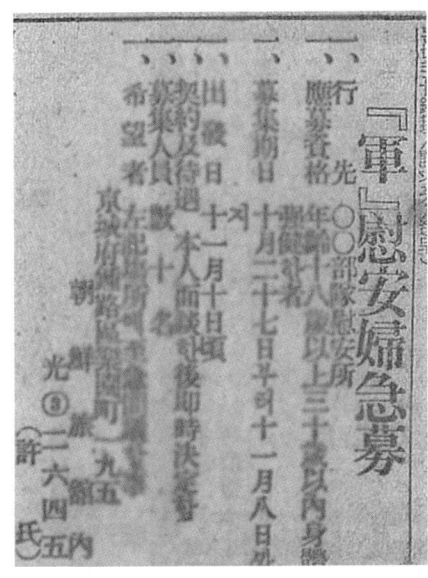

군 '위안부 급모' 軍 慰安婦 急募 광고.
매일신보 每日申報 1944년 10월 27일자 제1면, 정치 면에 게재됐다. 행선지는 ○○부대 위안소이며 지원자격은 연령 18세 이상 30세 이내 신체 강건한 여성이라고 하였다.

이와 같이 조금 깊게 들어가면 어둠에 부딪힌다. 한국 측의 주장을 무조건적으로 받아들일 수는 없게 되는 것이다. 부딪혔을 때 어떻게 하는가에서 그 사람의 지적 성실성이 드러난다. 자신의 정치적인 입장을 위해 허구에서 빠져나오지 않고 궤변으로 계속해서 속이든지 그것을 이용하여 일본을 폄하하면 된다고 생각하는 것이 다카기 변호사와 요시미 교수와 같은

20) 당시 경성일보 1944년 7월 26일에도 위안부 모집광고가 실렸는데, '월수 300엔 이상, 가불금 3000엔 가可'라고 하였다. 실제 월수입은 불명확하지만 1944년에 일본 제철소의 남성 노동자 월급이 100~150엔 정도였으므로, 가불금(전차금)의 규모가 상당히 컸음을 알 수 있다. 한편, 매일신보와 경성일보의 위안부 모집 광고에서는 공히 연령 17, 18세 이상 30세 이내 여성을 모집 대상으로 했음이 확인된다. 행선지가 ○○부대 위안소로 되어 있는데, 이런 내용은 앞서 요시다 세이지가 날조한 황군위문 정신대 모집 내용과 비슷한 점도 특기할 만하다. 요시다 세이지가 자신의 전쟁범죄라며 위안부 사냥을 날조하는 과정에서 바로 이런 위안부 모집광고를 참고했을 수도 있다.

제4장_ 일본 외교의 실태

사람인 것이다.

단, 쿠라하시 교수는 전쟁 말기에는 군과 행정기관이 노예사냥과 같은 위안부 동원을 하고, 위안소라고 해도 정확히는 성노예로 학대했던 것도 사실이라고 주장한다. 그것이 쿠라하시 교수의 '성노예형 위안부'다. 그러나 그 존재를 증명하는 자료는 없다. 쿠라하시 교수의 지적 성실성도 여기에서 한계에 이르렀다. 옛 위안부의 일부도 군 등에 의해 강제연행이 되었고 위안소에서는 일체의 자유가 없었으며 매춘의 대가도 받지 못한데다가 반항하면 폭행을 당한다거나 살해되었다고 증언했다는 것이다. 그에게는 이를 의심해서는 안 되는 일이었다. 그리고 자료가 없는 것은 철저히 관계 자료를 은폐하고 소멸시켰기 때문이라는 기묘하고 비합리적인 설명에 그만 그쳐버렸다.[21]

본래 쿠라하시의 성노예설은 '광의의 강제'로 피하지 않고서 권력에 의한 강제연행이 실제 있었던 것을 전제로 하고 있다. 그러나 쿠라하시 교수조차도 어떻든 현 단계에서는 그 존재를 증명하는 자료는 없다고 분명히 말하고 있다. 요시미 교수와 같은 궤변을 펼치지는 않는 것이다.[22]

---

[21] 실증적 자세에서 평가할 대목이 있지만 성노예설 등을 여전히 고수한다는 점에서 쿠라하시 마사나오 교수와 안병직 교수의 입장이 서로 유사점이 있음을 알 수 있다.

고노 담화에 대한 관심의 고조 - 논쟁은 국회의 장場으로

그런데 요시미 교수와 동일하게 아사히신문도 1997년 3월, 권력에 의한 강제연행설은 물리고서 대신 위안소에서의 비참한 생활 등을 강조하는 방향전환을 보였다.

92년 이래 계속해 온 권력에 의한 강제연행이 있었는가 없었는가 하는 논쟁에 있어서 마침내 우리들이 승리한 것이다.

그러나 그들은 고노 담화가 갖고 나온 궤변인 '광의의 강제'로 도망쳐 들어갔고, 위안부 문제를 계속해서 쟁점화했다. 그래서 강제연행이 없었다고 주장하고 있는 양식파良識派에 대해 "종군위안부가 없었다고 열을 올려 말하는 사람들이 있다"고 하는 등으로 사설을 쓰고 역공격을 준비해 왔다.

정부가 고노 담화에서 '광의의 강제'을 갖고 나온 것은 한국에 대한 외교적 배려로 옥충색玉蟲色(어느 쪽으로든지 유리하게 해석될 수 있다는

---

22) 일본에서의 논의와는 별개로, 미국에서는 클린턴, 부시 양 정권하에서 8년간 국방부, 국무부, 중앙정보국(CIA), 연방조사국(FBI) 등이 미공개 공식문서를 점검하여 제2차 세계대전 시 독일과 일본의 전쟁범죄에 관한 자료를 조사하였다. 그 결과는 2007년 4월에 '나치 전쟁범죄와 일본제국 정부기록 조사작업반의 미의회 보고서Nazi War Crimes & Japanese Imperial Government Records Interagency Working Group' 로 발표됐다. 일본이 위안부와 관련하여 전쟁범죄를 저질렀다거나 여성을 조직적으로 노예화를 한 사실은 미국 측 자료에서도 전혀 확인되지 않음을 이 보고서를 통해 알 수 있다. 이 자료는 한국어 번역본은 없지만, 인터넷에서 같은 이름으로 검색하면 영문보고서를 쉽게 찾아 볼 수 있다.

의미)의 내용으로써 이 이상 위안부 문제가 거론되지 않게 하기 위한 편법이었다. 그러나 아사히는 이후에도 위안부 문제를 일본 두들기기의 재료로 계속 사용하려 하였고 '광의의 강제'라는 개념을 내놓았다.

위안부 문제란 그것을 끝까지 추궁해보면 결국 아사히가 주도해 온 날조보도를 어떻게 바로잡을 것인가 하는 것이 초점이 된다. 그들은 지금까지의 의도적 날조를 정정하지 않은 채 "위안부 문제로 사죄를 거듭하라", "역사교과서에도 계속 게재하라"고 하면서 이에 반대하는 세력은 "역사로부터 눈을 돌리고 있는 악인"이라고 하면서 다시 싸움을 시작하고 있었다.[23]

하지만 일본에서는 97년 무렵이 되어 가까스로 터부가 조금씩 풀리고 위안부 문제의 진실을 공개적인 장소에서 논의할 수 있게 되었다. 그렇다면 사실관계에 대해서는 92년 이전의 축적물이 있기 때문에 결론은 상식적인 것으로 낙착되어 갔을 것이다.

---

[23] 아사히신문은 이 책 출간 이후인 2014년 8월 5일, '위안부 문제를 생각한다慰安婦問題を考える'. '독자의 의문에 답합니다読者の疑問に答えます'라는 제목의 검증기사(16~17면)를 게재하면서 자사의 위안부 보도에 문제가 있었다고 공식적으로 인정했다. 구체적으로는 요시다의 증언을 허위라고 인정하고 기사를 철회했으며, 여자정신대와 위안부를 혼동해서 보도했던 것도 당시의 연구 부족으로 인한 것이라며 잘못을 인정했다. 아사히신문은 이후 발족한 '제3자위원회第三者委員会'를 통해서 다시 한 번 자사의 위안부 보도의 문제를 공개적으로 반성했다. 다만 이 '제3자위원회'의 검증도 미흡한 면이 있어서 이 책의 저자인 니시오카 쓰토무 등은 2015년 2월 19일, '아사히신문 '위안부 보도'에 대한 독립검증위원회 보고서朝日新聞「慰安婦報道」に対する独立検証委員会報告書'라는 검증보고서를 작성, 발표했으며, 아사히신문의 보도가 특히 국제사회에 잘못된 사실을 확산시키는 데 큰 역할을 했던 사실을 집중적으로 추궁했다. 이 검증보고서는 별도로 출간되는 본서 자료집에서도 내용 전체를 전재했다.

그것은 일본의 정부가 했던 것이 아니고 외무성이 선도하여 했던 것도 아니다. 몇 사람인가의 학자 또는 연구자가 노력하여 취재를 한다든지 조사를 한다든지 했던 것의 결과, 권력에 의한 강제연행이라는 것은 없었다는 것이 국민의 인식으로 확산되기 시작했던 것이다.

앞에서 본 바와 같이 아사히신문과 요시미 교수 등은 '광의의 강제' 론으로 도망쳐 들어갔고, 강제연행이 없었어도 중대한 인권침해가 있었고 일본은 책임이 있다고 하는 등 궤변을 계속하고 있었는데, 비로소 거의 논쟁이 끝나가고 좋은 방향으로 나아가기 시작한 것이다.

'아침까지 생방송 테레비!'에 나와 함께 출연한 고바야시 요시노리 씨가 수행한 역할이 컸다.

이때 고바야시 요시노리 씨의 만화 『신 고마니즘 선언新ゴーマニズム宣言』과 『전쟁론戰爭論』 등이 붐을 이뤘던 배경의 하나는 그가 터부를 깨고 위안부 문제를 정면으로 다루었기 때문이다. 그도 처음에는 강제연행이 있었는지 없었는지는 모른다는 입장에서 양론병기兩論倂記였다.

하지만 그도 조사를 해 보니 역시 강제연행설은 이상하다는 것을 알게 됐다. 그는 터부에 굴하지 않고 "임금님은 벌거벗었다"고 말했다. 그러자 많은 젊은이들이 호응하고 결국 진실이 퍼지게 되었다.

그가 말하고 있는 것들 중에서 많은 것들이 우리들이 4, 5년 전에 논쟁하고 있었던 것인데, 그래도 사실을 아는 것과 그것을 널리 알린다는 것은 다르다. 앞에 쓴 것처럼 92년의 논쟁 제1라운드는 사실관계 해명은 우리가 이겼지만 홍보전에서는 졌다. 홍보전의 부분에서는 고바야시 요시노리 씨의 공헌이 크다.

'새로운 역사교과서를 만드는 모임'이 생긴 것과 비슷한 시기에 일본의 국회의원들도 교과서 문제가 이상하다는 것을 느끼기 시작하였다. 그들이 바로 앞에서 다룬 '일본의 앞날과 역사교육을 생각하는 젊은 의원의 모임'이다. 이 모임은 지금의 자민당 나카가와 쇼이치 정조회장이 회장이 되고 아베 수상이 사무국장이 되어 출발했다.

이는 상식적으로 생각을 하거나, 또 일본을 자학적이지 않은 보통의 나라로 만들어야 한다고 보는 젊은 의원들이 모인 것이었는데, 거기에서도 이런저런 사람들을 불러 위안부 강제연행이 있었는지 없었는지에 대해 청문조사를 했다. 의원들이 질문을 한 것인데, 나도 거기에 한 차례 불려갔다. 그 때 외정심의실 사람도 옆에 있어서 나도 문답을 주고 받았다. 그래서 고노 담화 중에서 관헌이 강제연행에 가담했다고 읽을 수 있는 표현에 대하여 그것이 실은 인도네시아 출정지에서의 일본 군인들에 의한 전쟁범죄 사건이라는 것을 들을 수 있었다. 이것은 앞에서 쓴 바와 같다.

97년 3월에는 국회에서도 논쟁이 전개되었다. 나는 그때 코야마 타카오 小山孝雄 참의원 의원으로부터 위안부 문제를 예산위원회에서 본격적으로 다루고 싶은데 힘을 빌려달라는 부탁을 받았다. 나는 92년 이래의 논쟁에서 명확히 된 사항을 정리하여 전했고 '고노 담화'가 무엇을 근거로 하여 나온 것인지, 특히 '관헌이 직접 이것(본인의 의사에 반하는 모집)에 가담했다'고 쓴 것이 무엇을 근거로 하는 것인지, 위안부 강제연행을 증명하는 공문서가 있었는지를 재차 묻고 싶다고 이야기했다.

　비슷한 시기에 언론인 사쿠라이 요시코櫻井よしこ 씨가 이시하라 노부오石原信雄 전 관방부장관과 고노 요헤이河野洋平 전 관방장관 등을 취재하여 고노 담화의 문제점을 고발한 리포트('밀실외교의 대가密室外交の代價, 「분게이슌주」, 97년 4월호)를 발표하여 고노 담화에 대한 관심이 높아지고 있었다.

　97년 3월 12일, 하시모토 류타로橋本龍太郎 수상, 가지야마 세이로쿠梶山静六 관방장관, 그리고 그 이하 외무상, 문부상 등 각료가 거의 전원 자리에 앉은 가운데 코야마 의원의 질문이 시작되었다. 나는 방청석에서 자초지종을 지켜보고 있었다. 고노 담화에 관한 주요부분은 다음과 같다.

　코야마: 정부의 보고 가운데, 강제연행이 있었다고 판단하게 한 자료는 무엇입니까?

　히라바야시 히로시平林博 **(내무성 외정심의실장)**: 정부가 발견한 자료 가운데서는 군 내지 관헌에 의한 강제연행의 기술은 없었습니다. 지금 말씀드리고 있는 것은, 다른 증언, 자료 등도 포함하여 종합적으로 강제적인 요소가 있었다는 것을 말씀드리고 있는 것입니다.

　코야마: 여기 보고서의 사본을 갖고 있습니다. 내가 여기에 갖고 있기 때문에, 어느 것이 어느 것이고, 또 어느 것이 공개되고 어느 것이 비공개인 것인가, 명확히 해주십시오.

　히라바야시: 지금 의원님이 갖고 있는 자료 중에는 일본의 관계

성청省廳, 그로부터 국립국회도서관, 미국의 국립공문서관 등, 그 외에 관계자로부터 청취한 것, 혹은 참고로 한 기타 나라 내외의 문서 및 출판물이 놓여져 있다고 생각합니다만, 이 중 공개되어 있지 않은 것은 관계자로부터 청취뿐이고, 기타는 모두 공개되어 있는 것입니다.

코야마: 참고로 한 국내외 문서는 전부 공개된 것입니까?

히라바야시: 원칙적으로 지금 말씀하신대로입니다만, 한국에는 태평양전쟁희생자유족회라는 단체가 있습니다. 여기의 자료만은 내부자료로 넘겨받았기 때문에 이것은 예외적으로 비공개로 하는 것으로 되어 있습니다.

코야마: 그러하다면, 귀하의 얘기는 일본 국내의 각 행정기관, 그로부터 국립국회도서관, 국립공문서관, 그리고 미국 국립공문서관에서 꺼내온 것은 전부 공개되어 있다, 그리고 거기에는 강제연행을 직접 나타내는 자료는 없었다는 것이 확인되었다는 것입니다. 그렇다고 한다면, 나머지는 관계자로부터의 문답조사 뿐입니다. 즉 옛 종군위안부를 중심으로 한 관계자로부터의 문답조사는 명확하게 공개되어 있지 않다는 것, 그러므로 참고문헌 가운데 태평양전쟁희생자유족회 등 한국의 유족회가 정리한 옛 위안부의 증언집, 이것이 비공개라는 것이군요.

히라바야시: 말씀 그대로입니다.

코야마: 그 증언집에는 근거가 갖춰져 있습니까?

히라바야시: 답변드리겠습니다. 개개의 증언이 맞는지 증명하는 조사를 했는가 하는 취지이기 때문에, 그것은 하지 않았습니다. 개개의 사람들, 이것은 옛 종군위안부도 있고, 옛 위안부도 있고, 그로부터 군인들 그것도 있습니다만, 그것의 증언을 얻은 뒤에 개개의 근거조사를 한다는 일은 없었습니다.

코야마: 그렇다면 공개되어 있지 않은 자료, 그리고 개개의 증거조사를 하지 않은 자료로 정부는 1993년 8월 4일의 결정(고노담화)을 했다, 이러한 것이 됩니까?

히라바야시: 결론적으로 그렇습니다만, 전체를 자세히 검토하고 종합적으로 판단한 결과라고 하는 것입니다.

코야마: 그런 것이기 때문에 당시 이 조사에 당면했던, 정부의 방침에 종사했던 사람들이 지금 가지각색이고 의문을 노정하고 있는 것이다, 이러한 것이라고 생각합니다. 이미 공표되어 있는 것이라도 연구자가, 예를 들면 하타 이쿠히코 치바千葉 대학 교수라든가 니시오카 쓰토무 기독교대학 조교수의 상세한 조사, 검증이 행해지고 있으며, 이미 공적公的으로 되어 있는 증언집 등에 대해서는 대부분 신빙성이 없다는 것이 입증되어 있는 것입니다. 예를 들면, 지금 팔리고 있는 「분게이슌주」 잡지에는 앞서 말씀드린 사쿠라이 요시코 씨의 리포트, 또는 산케이신문의 저번 주 일요일이었습니까, 인터뷰 기사, 예를 들면 당시의 이시하라 노부오 관방부장관이 한국에서의 정부의 청취조사가 결정적이었던 것을 인정한 위에서, "최후까지

헤매었습니다. 제3자가 없이 본인의 이야기 뿐이기 때문에 불리한 것은 말하지 않는다는 것, 자신에 유리하도록 말할 가능성도 있는 것입니다. 그것을 판단재료로 채용할 수밖에 없다고 하는 것은……" 이라고 말하고 있는 것입니다. 또 당시의 외정심의실장도 지금 어딘가의 대사로 나가 있습니다만, "그대로 믿을 것인가 말 것인가 하고 묻는다면 의문은 있습니다"라고 증언하고 있습니다. 게다가 또 청취조사를 하러갔던 갈 당시의 외정심의실의 심의관 다나카 코타로田中耕太郎 씨는 조사가 끝난 날 서울에서의 기자회견에서 증언을 한 위안부들의 "기억이 애매한 부분도 있고, 증언의 내용을 하나하나 상세하게는 추궁하지 않았다. 자연체로 통째로 받아들였다"고 하는 기자회견을 한 것도 일본의 매스컴에 딱 나와 있는 것입니다. 이러한 경위가 있는 것인데, 역시 여기에 커다란 의문이 남는 것이고, 그러한 자료를 기초로 저런 결정을 했던 것인가 하는 의문은 아직도 남는 것입니다. 관방장관, 여쭙습니다만, 그러한 경위가 있어서 고노 장관 때 저 결정이 이루어졌던 것이지만, 그렇다면 이 경우엔 저 시대, 군과 경찰에 몸을 두고 나라를 위해 신명을 바친 사람들의 명예라고 하는 것은 도대체 어떻게 되는 것인가 하는 문제도 남는 것입니다. 관방장관, 소감을 들려주시기 바랍니다.

가지야마 세이로쿠梶山靜六: 이른바 종군위안부 문제에 관한 관방장관 담화에 대해서는, 당시 정부로서 전력을 다해 성실히 조사한 결과를 전체적으로 정리한 것으로 인식을 하고 있고, 그 판단을 기초로 하여 그것을 계승하여 현재에 이르고 있는 것입니다. 의원의 지적을 들으면서 또 이러저러한 보도와 자료를 다시 보면 이 문제의 어려움을 다시 느끼는 것입니다.

하시모토 류타로: 저는 위안부 문제라는 것이 여성의 명예와 존엄을 손상하기가 그지없었던 일이라는데 대해서는 모두가 인식은 같다고 생각합니다. 그런 위에서 제 나름대로 말씀드린다면, 저희들은 역사의 무거움이라고 하는 것은 항상 등에 지고 있어야 합니다. 그래서 그 가운데 또 다음 세대에 전해가야 할 책임이라고 하는 것도 있다고 생각합니다. 문제는 예를 들면 몇 살쯤에 어느 정도까지 알려주면 좋은 것인가, 또 그 나라의 역사로 알고 있어야 하는 것은 어떠한 것인가, 지금 그러한 생각을, 의원의 질문을 또 정부 측의 답변을 들으면서 느끼고 있었습니다.

이날의 질의는 대단히 긴장된 분위기에서 진행되었다. 특히 밑줄을 그은 문답은 "고노 담화가 강제를 인정한 근거란, 공개된 바도 없으며 증거조사도 하지 않은 위안부의 증언집과 청취조사뿐이었다"고 하는 충격적인 사실을 명확히 했던 것으로 방청석의 나도 귀를 기울여 들었다.

답변이 없는 각료들, 예를 들면 고이즈미小泉 전 수상(당시는 후생대신厚生大臣)도 의자에서 몸을 내밀 듯이 하고서 듣고 있었다. 다분히 처음으로 듣는 중대 정보였을 것이다.

또 하나, 내가 놀란 것은 가지야마 관방장관과 하시모토 수상의 답변이다. 일본의 명예를 크게 손상시킨 고노 담화의 근거가 너무 조잡한 것이라고 알게 된 이후임에도 불구하고, 담화를 다시 검토하는 것, 고노 씨 등 관계자로부터 사정을 듣는 것 등 당연히 이루어져야 할 것에 대해 일절 언급하지 않고 "이른바 종군위안부 문제에 관한 관방장관 담화에 대해서는, 당시 정부로서 전력을 다해 성실히 조사한 결과를 전체적으로 정리한 것으로 인식을 하고 있고, 그 판단을 기초로 하여 그것을 계승하여 현재에 이르고 있다"(가지야마), "위안부 문제라는 것이 여성의 명예와 존엄을 손상하기가 그지없었던 일"(하시모토)이라고 공무원이 쓴, 크게 문제되지 않을 작문을 읽고 있을 뿐이었던 것이다.

하지만 가지야마 관방장관이 "의원의 질의를 들으면서, 또 이러저러한 보도와 자료를 다시 보면, 이 문제의 어려움을 다시 느끼는 것입니다"라고 말할 때 그 표정 등으로부터 본심은 복잡한 것이라는 생각이 전해져왔다. 가지야마 장관은 위안부 문제를 논할 때에는 공창제도가 인정되고 있었던 시대 배경도 생각해야 할 것이라는 취지의 발언을 하여 한국으로부터 격렬한 항의를 받았다.

다음날 신문을 보고 놀란 것인데, 국회에서 "아무 근거도 없이 단지 비공개 자료로 강제연행을 인정했다"고 하는 정부의 답변이 있었고 그래서 본래라면 중대 뉴스임에도 불구하고 이 문답을 산케이신문 이외 어디에서도 다루지 않고 있는 것이었다.

보통의 감각이라면 이 답변을 듣고서 우선 고노 담화를 취소해야 하는 것이 아닌가 라든지, 고노 전 장관을 불러 국회에서 공청회를 해야 한다든지 하는 것을 기사로 써도 이상하지 않은 것인데 아무것도 쓰지 않았던 것이다.

정부가 상당히 깊이 파고든 답변을 했지만 그것을 듣고 있던 하시모토 수상이 "여성의 인권" 밖에 말하지 않았다고 하는 것도 이상한 일이었다. 본래라면 고노 담화는 문제라고 하든지, 강제연행은 없었다는 것을 전제로 해야 한다고 말하든지, 강제연행이 있었다고 생각하고 있는 것이 문제라고 하든지, 이를 꼭 말해야 했을 것이었다.

그럼에도 불구하고 아무도 아무 것도 말할 수 없었던 것이다. 여기는 일본의 국회이지만 외교적인 힘이 영향을 미치고 모두 돈에나 매여 있는 것 같았다. 도대체 일본에 언론의 자유는 있는 것인가 하고 소리 지르고 싶다고 생각했다. 그리고 일본의 미디어조차도 일본의 국회에서 중대한 답변이 있었음에도 불구하고 그냥 없었던 것으로 해버렸던 것이다.

이것은 북조선에 의한 일본인 납치사건과도 모두 똑같은 구도였던 것이다. 사실, 1988년에 가지야마 세이로쿠 씨가 국가공안위원장으로서 답변에 나서 하쓰이케蓮池부부, 지무라地村 부부, 이치카와市川·마스모토增元의 세 건, 총 6명의 동반 실종 등에 대해서 "북조선에 의한 납치의 가능성이 충분하고, 농후하다"고 하는 역사적 답변을 했을 때도 산케이와 닛케이가 전면기사로 보도했을 뿐이고, 아사히도 요미우리도 마이니치도 전혀 기사로 다루지 않고 무시했던 것이다.

교과서 문제와 동일한 구조의 내정간섭

국내의 논쟁에서 불리해진 일본 내의 반일세력은 해외에서 위안부 강제연행설을 퍼트리고 거기서부터 다시 일본을 공격한다는 방법을 취해왔다.

즉 일본에서 각료와 그에 비견할 인물이 위안부 문제로 어떤 발언을 하면 즉시 이것이 크게 보도되고 이후에 한국 정부 등이 항의하는 패턴이 완성되어 갔다.

또 한국에 있는 일본 특파원이 일본의 정치가가 이렇게 말하고 있는데 어떻게 생각하고 있느냐고 인터뷰를 한다.

그것에 관해서 일본의 정치가가 반론하려고 하면, 한일간 수뇌회담이 예정되어 있었지만 그 때문에 할 수 없게 된다고 하는 식으로 발언을 삼가든가 취소하는 일이 일어난다.

그 결과, 역사문제에 대해서 일본의 국회인데도 일본의 입장을 주체적으로 논의할 수 없게 되어버렸다. 일본의 입장을 말하면 한국이 화낸다든지 중국이 화낸다든지 하면 논의조차 할 수 없게 되어버리는 것이었다.

이것은 1982년의 '제1차 교과서 문제'때 완성된 구조로서 일본의 '역사자학歷史自虐' 세력은 실은 한국과 중국으로부터의 비판을 자신들의 편으로 끌어들여서 사실과 다른 자학적인 기술을 착착 늘려왔던 것인데, 바로 그러한 구조가 아직도 있다.

'새로운 역사교과서를 만드는 모임'이 만든, 자학사관을 비판한 새로운 역사교과서의 채택에 즈음해서도 일본의 교과서, 일본인이 사용하는 교과서에 대해 한국 정부가 외교적으로 "이 교과서를 사용하지 말라"고 했으며, 한국 국적을 갖고 있는 재일한국인 조직인 '민단民團' 사람들도 일본의 교육위원회에 몰려 와서는 "사용하지 말라"고 했다. 한국인 학생들의 역사교육에 사용하는 교과서가 아닌데도 일본의 역사교육에 외국인이 공공연히 간섭해 왔다.

일본 교과서의 내용은 일본인이 결정할 문제이고 외국인이 그것에 간섭한다는 것은 내정간섭의 극치이다.

역사교육은 국민교육의 기본임에도 불구하고 국회에서도 자유롭게 논의할 수 없는 상황이 만들어져 버렸던 것이다. 그러한 상황을 의도적으로 만들어 내려고 일본의 '반일' 일본인들은 움직였던 것인데, 이러한 문제는 이미 쓴 것과 같이 '반일' 일본인들이 한국으로 가서 위안부 등의 재판 원고를 모집했던 것으로부터 시작되고 있었던 것이다.

요시다 세이지가 최초로 책을 쓴 직후에 한국으로 건너가자 한국의 TV에서는 그가 사죄하는 프로그램을 만들었다. 나는 정확히 그때 서울에 살고 있었기 때문에, 그 프로그램을 집에서 보았다. 83년 12월 어느 날의 일이었는데, 그때 요시다가 마지막에 깊이 머리를 숙여 사죄하고 프로그램이 끝났다.

그 후 나는 길에 나가 단골 식당에 갔다. 언제나 이야기를 나누던 여자 종업원들이 "TV를 보았나요"하고 물었다. 내가 보았다고 말하자 여자

종업원들은 진지한 얼굴을 하고 "요시다 씨가 이대로 일본에 돌아가도 괜찮겠습니까?"하고 물었다. 내가 "왜요?"하고 묻자 "저 사람은 한국까지 와서 사과해줬기 때문에 좋은 사람이라고 생각합니다. 그러나 외국까지 와서 자기 나라 욕을 해도 괜찮은 것입니까?"하고 말하는 것이었다. 이것이 한국 보통 사람들의 감각이라는 것을 알게 되었다.

그렇게 일본의 '반일' 일본인이 불을 붙이기 전에는, "한국에도 한국인의 상식이 있으며 어느 나라도 각각 자국의 일은 좋게 말할 것이다. 그 어떤 나라에서도 애국심이라는 것은 있을 것이다", "일본인도 애국심은 갖고 있을 것이기 때문에, 예를 들어 사실이라고 해도 외국에 가서 자기 나라의 욕을 한다면 일본에 돌아가 뭇매를 맞지 않겠는가"하고 염려해 주었던 것이다.

그러므로 한국인이 일본에 가서까지 재판을 한다는 것은 한국인의 감각으로 보면 일본의 재판소가 그러한 것을 받아들일 리가 없다든지 일본의 매스컴이 그러한 것을 눈에 띄게 써낼 리도 없다든지 하는 것이 일반적인 감각이었던 것이다.

실제로 어떤 나라에서도 자학적인 사람들이 있지만 그것은 소수이며 일본처럼 그런 사람들이 많이 있는 것이 이상한 일이다.

그러한 점에서 위안부 문제는 한국 사람들로부터 시작된 이야기가 아니라 어디까지나 한국에 불을 붙이려고 하는 일본인이 있었기에 시작된 것이다.

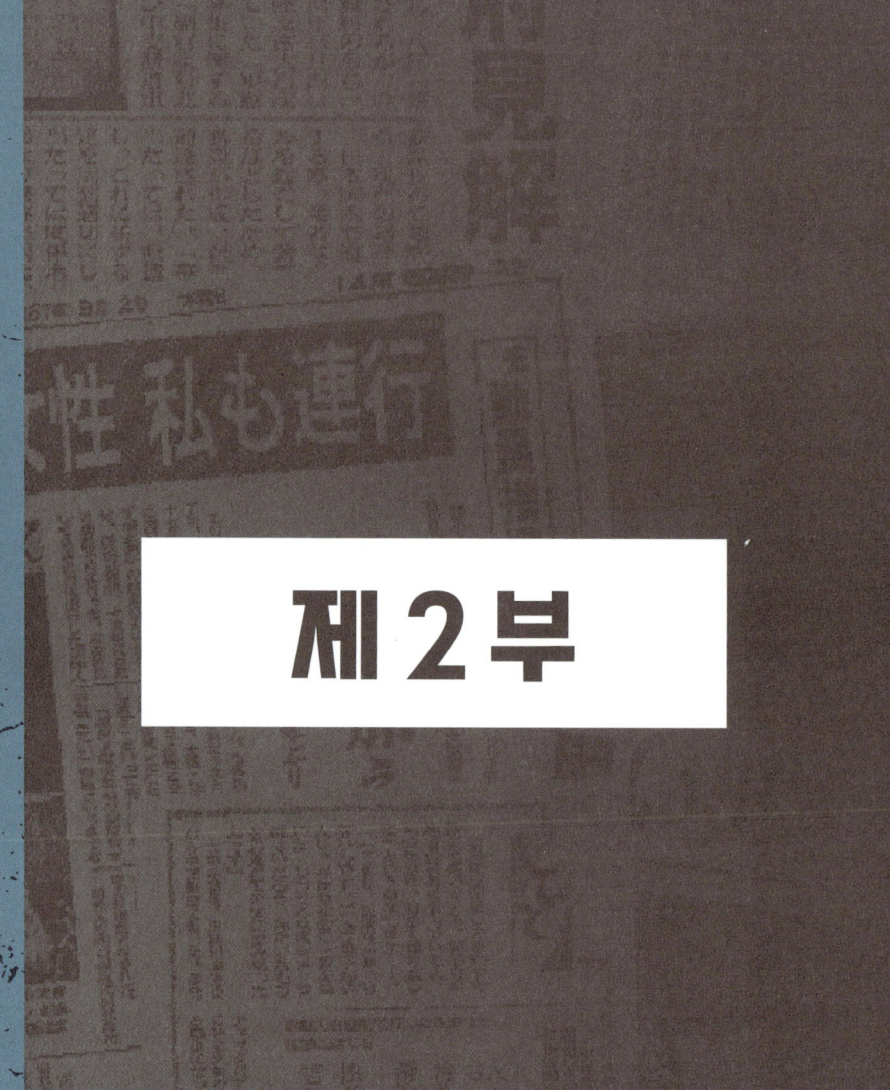

제 2 부

누가 위안부 문제를 만들어냈는가

5장

세계에 퍼지는
'성노예'의 이미지

자학적·문화파괴적인 신좌익

세계적으로 보아 좌익 일파 중에는 자국을 비난하는 사람들이 있다. 독일의 프랑크푸르트 대학을 거점으로 한 '프랑크푸르트 학파'라는 신좌익 학생그룹이 있는데 이들은 새로운 혁명이론을 만들어내고 있다. 그들은 말한다.

"이제 노동자계급이 단결하여 자본가를 타도한다는 시대는 없다. 지금은 고도의 단계에 들어선 자본주의 속에서 정보시대를 맞아 문화부터 붕괴시켜야 한다. 그러므로 인텔리와 학생이 혁명의 주류다"라고 하는 것이다. 그리고 그 나라의 기본적인 가치관을 무너트리고, 혼란을 일으키고, 그에 올라타서 혁명을 일으킨다는 것이 그들의 혁명이론이다.

이 사고방식이 1960년대 각 국가들의 '스튜던트 파워' 속에서 확산됐다.

단, 이 사고방식은 서방에서만 퍼졌다. 당시 동방의 국가들은 자국의 역사가 문제없다고 생각하고 있었기 때문에 동쪽의 낡은 공산당과 서쪽에 퍼진 신좌익적인, 자학적인 사관이 제휴하면서, 베트남전쟁에 대해서도 반전운동 등이 일어났다. 잉글랜드 등에서도 역시 자학파가 힘이 쎄지고, 잉글랜드의 교과서에서도 잉글랜드가 인도를 착취하고 있었다는 기술이 대대적으로 교과서에 들어갔다.

일본에서도 1970년대 초, 과격파 '섹트sect'가 미쓰비시 등 마루노우치丸の内 (도쿄에서 유명 기업들의 본사가 밀집되어 있는 곳)의 대기업에 폭탄을 장치했다. "전쟁 중에 조선인을 강제연행했다"는 것 등이 테러의 이유였다.

이러한 큰 흐름이 세계 속에 퍼져나가고, 페미니즘 운동이라든지 때로는 과격한 환경운동이라든지 하는 그룹이 만들어지면서 거기에 많은 젊은이들이 참여했다. 그들은 고전적인 마르크스주의자가 아니었기 때문에 소련이 붕괴해도 앞 세대의 좌익과 같이 쇼크를 받지 않았다.

그들은 공산당원이 아니다. 하지만 이러한 사람들을 베트남 공산당이 잘 이용했다. 베트남 공산당은 서방 세계에 둥지를 튼 신좌익을 잘 이용하여 미국 내에서 반전운동을 불러일으켰고 이것으로 승리를 얻었다.

소련 붕괴 후, 이제는 중국 공산당이 세계적인 패권을 노리고 이러한 문화파괴적인 신좌익 운동을 이용하고 '역사 문제로 일본은 아직 확실히 사죄하지 않았다'와 같은 슬로건을 갖고 나와 일본 두들기기를 계속하고 있다.

우리는 이러한 커다란 틀 속에서 위안부 문제에 대한 대응을 생각해야 할 것이다.

전 아사히신문 기자 마쓰이 야요리(松井やより) 씨의 행동

한편, 그들은 위안부 문제에서 북조선과의 연대를 취하기 시작했다.

2000년 6월, 남북수뇌회담을 위해 김대중씨가 북조선으로 갔을 때, 김대중씨의 부인이 북조선의 여성 활동가와 만나 거기에서 위안부 문제를 남북공동으로 다루자는 이야기를 했다.

이러한 속에서 평양에서는 남북의 위안부 문제 활동가의 네트워크가 만들어지고, 게다가 네덜란드인과 중국인도 포함하여 위안부가 된 사람들의 네트워크가 생긴다. 그래서 일본에서도 아시아여성기금조차 반대하는 조금 더 좌파적인 그룹에서 '바우넷재팬VAWW-NET Japan'이라는 조직을 만든다.

이것을 조직한 것이 마쓰이 야요리松井やより 씨라는 전 아사히신문의 기자로, 이 사람은 신좌익적인 사상의 소유자였다. 다카기 겐이치高木健一 씨 등은 그래도 아시아여성기금을 통해 돈을 나눠주려고 했던 쪽이었지만 그녀는 그것보다도 조금 더 "좌左"쪽으로 위안부 문제를 포함하여 일본의 전쟁 중 행위를 단죄하는 일에 더 깊이 빠져 있었다.

일본의 범죄행위라는 것을 들어서 그것은 모두 천황의 책임이라고 말하고, 천황은 유죄라고 하는 국제법정이라는 것을 연다. 이를 '여성국제전범법정女性國際戰犯法廷'이라고 그들은 부르고 있지만 법정이라고 해도 피고인 측은 변호인 등이 전혀 없기 때문에 이것은 법정이 아니라 혁명 때에 행해지는 인민재판과 동일한 것이다. 이러한 재판은 그들이 권력을 얻게 됐을 때에 아마도 할 것으로 예측되는 것으로, 인권이라는 것을 인정하지 않는 독재정치 그 자체다.[24]

더구나 죽은 사람에 대해서, 그것도 재판이라고 말하면서 '피고인'의

---

24) 이 '여성국제전범법정'은 2000년 12월 8일부터 12일까지 도쿄에서 열렸다. 이 법정에는 심지어 방청객과 취재기자조차 법정의 취지에 찬성하는 측만 들여보냈다고 한다. 한편, 한국에는 잘 알려지지 않은 사실로서 이 법정의 검사역인 황호남黃虎男(조선 종군위안부·태평양전쟁 피해자 보상대책위원회 서기장)과 정남용鄭南用(조선국제법학회 상무위원)은 모두 북한에서 파견한 인물들이다. 이들은 이후 북한 공작원으로 확인돼 일본 정부로부터 입국이 금지됐다. 이에 2005년 1월, 아베 신조 자민당 간사장 대리(당시)는 "북조선의 공작활동이 여성국제전범법정에 영향을 미친 것"이라고 지적하기도 했다.

실명을 꺼내어 변호사도 없는 이에게 일방적으로 규탄만 한다. 그들에게는 인권감각이라는 것이 전혀 없다는 증거라고 생각되는데, 이러한 것을 국제 네트워크까지 만들어 일본에서 추진하고, 게다가 그것을 하필이며 NHK가 프로그램 '전시성폭력을 추궁한다問われる戰時性暴力'에서 마쓰이 야요리 등의 '여성국제전범법정'을 그대로 방송하는 일이 벌어지려 했던 것이다.

그러한 일이 일어나고 있는 것을 방송 직전이 되어서야 겨우 NHK의 간부가 알아차리고 약간 수정을 가해 방송했다. 하지만 그것은 어떻든 92년 이래의 위안부 논쟁의 내용과는 완전히 반대되는 내용의 프로그램이었다. NHK가 그러한 논쟁의 결과, 위안부 문제로 사실관계가 어디까지 명확해졌는지를 잘 따져가며 프로그램을 만들지 않았다면 불편부당不偏不黨하다고 말할 수가 없는 일이었다.

그럼에도 불구하고 완전히 편향되어 있는 프로파간다와 같은 프로그램이 만들어졌다. 아슬아슬하게 자정작용이 이루어져 약간의 수정이 이루어졌던 것이지만, 그에 대해서도 아사히신문은 정치인의 압력으로 인해 프로그램 내용이 변경되었던 것처럼 보도했다.

그 때문에 이것이 지금도 마치 정치인이 프로그램에 압력을 가한 문제처럼 되어버렸는데, 문제의 본질은 심히 편향되고 사실에도 반하는 이러한 주장을 NHK가 일방적으로 내보내도 됐는가 하는 것이다. 그쪽이 훨씬 중대한 문제인 것이다.

위안부 문제를 유엔에 가져간 일본인 변호사

일본의 좌파는 한국과 일본만이 아니라 유엔도 노렸다. 유엔의 안전보장이사회에는 미국이 있기에 그러한 엉터리 같은 논의는 이뤄지지 않는데다가 혹시 엉터리 논의가 이뤄진데도 거부권을 발동하면 그만이지만, 그 이외의 유엔 기관이라는 것은 실은 이런 문제에 취약하여 다루는 논의가 상당히 왜곡되기 쉽다. 이른바 좌파적인 사고를 갖고 있는 듯 한 직원이 유엔에 많이 들어가 있기 때문이다.[25]

유엔 인권위원회United Nations Commission on Human Rights에 처음으로 위안부 문제가 제기된 것은 1992년 2월이다. 이를 들고 나온 이는 실은 일본인이었다. 도츠카 에츠로戸塚悦朗 변호사가 2월 25일, 인권위원회에서 위안부 문제를 유엔이 의제로 다뤄주도록 요청한 것이다. 한국의 운동단체 등이 그 무렵 유엔에 요청서와 자료를 보냈는데, 도츠카는 인권위원회의 협의에 참가할 수 있는 자격을 가진 시민단체인 '국제교육개발國際教育開発' (IED) 대표의 자격을 갖고 있었기 때문에 위원회에서 발언할 수 있었던 것이다. 이것이 유엔에서의 최초의 위안부 문제의 제기였다.

---

25) 유엔 인권위원회는 2006년부터는 유엔 인권이사회United Nations Human Rights Council로 개편했으며, 스위스 제네바에 소재하고 있다. 이 책의 저자인 니시오카 쓰토무가 지적하는 것과 같이, 유엔 인권위원회, 인권이사회의 편향 문제는 국제적인 논란이 되고 있는 것이 사실이다. 2018년 6월, 미국은 유엔 인권이사회가 위선적, 이기적인 조직이 되었고 이스라엘에 적대적인 관점을 갖고 있다며 탈퇴를 선언했다. 2020년 10월, 인권 탄압 의혹을 받고 있는 중국과 러시아가 이사회 이사국으로 선출돼 이 역시 논란이 진행되고 있다.

이때 도츠카는 위안부를 두고 '성노예'라고 하면서 일본 정부를 공격했다. 미 의회 위안부 결의안에도 나오는 '위안부=성노예'라는 기발한 주장이 처음으로 국제사회에 나온 것이 이때다.

국제사회에 위안부 문제를 호소하기 위해서는 빈곤에 의한 인신매매에 대한 동정을 구하는 것으로는 안 되었다. 종전 이전의 국제법 틀 속에서도 일본이 범한, 용서할 수 없는 범죄라고 말하지 않으면 안 되었다. 이에 도츠카는 당시 자신의 생각을 소규모 미디어 잡지인 「전쟁과 성戰爭と性」제 25호(2006년 5월)에서 이렇게 회상했다.

> 그때까지 '종군위안부' 문제에 관해 국제법상의 검토가 이루어지지 않았기 때문에, 이것을 어떻게 평가해야 하는지 새로이 검토하지 않을 수 없었다. 결국 필자(도츠카 에츠로)는 일본 제국군의 '성노예sex slave'로 규정했다. 다분히 직감적인 평가였지만, 피해자 측의 고발이 필자의 문제의식에 대해서도 패러다임의 전환을 일으키고 있었던 것인지도 모르겠다.

이 도츠카의 "직감"으로부터 만들어진 "성노예"론은 당연히 당초에는 유엔에서도 다뤄주지 않았던 것이다. 단 유엔 인권위원회는 국가의 대표 이외에도 일정한 조건을 만족하는 시민단체도 토의에 참가할 수 있었다. 이 제도를 이용하여 도츠카 등은 한국의 운동단체 등과 함께 매년 인권위원회, 그 아래에 있는 '차별방지 소수자 보호 소위원회Sub-Commission on Prevention of

Discrimination and Protection of Minorities'(통칭 인권소위원회), 그리고 인권소위원회 아래에서 활동하는 '현대 노예제 작업부회]Working Group on Contemporary Forms of Slavery is the United Nations'에서 집요하게 로비를 벌였다.

유엔의 인권관계자들로서는 당시 일본인이 직접 회의 때마다 일부러 출석하여 자국 정부를 규탄하고 있었기 때문에 위안부 문제는 엄청나게 심각한 만행이라고 생각할 수 밖에 없었을 것이다. 도츠카의 이런 용서하기 어려운 사실무시의 유엔에서의 활동에 대해서는 이 책 제3부에서 재론한다.

쿠마라스와미 보고서의 어처구니 없는 내용

1994년, 도츠카의 최초의 제안으로부터 2년이 지나서 유엔의 인권위원회는 '여성에 대한 폭력에 관한 특별보고관'으로서 스리랑카의 라디카 쿠마라스와미Radhika Coomaraswamy 여사를 임명했다.

쿠마라스와미 여사는 95년 7월에 일본과 한국에서 실지조사를 진행했다. 다음 해 96년 4월, 인권위원회는 그녀가 제출한 '전시 군의 성노예제도 문제에 관하여, 조선인민민주주의공화국, 대한민국 및 일본 방문조사에 기초한 보고서Report on the mission to the Democratic People's Republic of Korea, the Republic of Korea and Japan on the issue of military sexual slavery in wartime'를 채택했다.

그 내용은 놀랄 정도로 엉터리로서, 근거가 박약한 단정으로 가득 차 있었다. 개요를 소개한다(본문에서는 일본 외무성 인권난민과에서의 임시

번역을 일부 보정한 것을 사용했다. 별도로 출간되는 이 책의 자료집에 아시아여성기금이 일본어판으로 번역한 쿠마라스와미 보고서 내용 전체를 한국어로 재번역해 수록하였다).

보고서는 다음과 같이 구성되어 있다.

서문
제1장 정의
제2장 역사적 배경
제3장 특별보고자의 작업방법 및 활동
제4장 증언
제5장 조선민주주의인민공화국 정부의 입장
제6장 대한민국 정부의 입장
제7장 일본 정부의 입장: 법적 책임
제8장 일본 정부의 입장: 도의적 책임
제9장 권고

우선 "제1장 정의"에서 위안부는 '성노예'라고 하는 보고서의 기본적인 입장이 표현된다. 도츠카가 2년 전에 직감적으로 말한 '성노예'설이 여기에서 유엔의 공적 문서로서 채택된 것이다.

특별보고자는 본건 보고서의 앞 부분에서 전시 하에 군대에서의 이용을 위해 성적 봉사를 하는 것을 강제받은 여성의 사례를 '군성노예제(military sexual slavery)'의 관행이라고 생각한다는 것을 분명히 하고 싶다. (중략)

특별보고자는 여성 피해자가 전시 하에 인내하지 않으면 안 되었던 강제적 매춘 및 성적 복종과 학대와 같은, 매일 행해진 여러 번의 강간 및 가혹한 육체적 학대의 고통을 '위안부'라는 용어가 조금도 반영하고 있지 않다는 '현대적 형태의 노예에 관한 작업부' 위원, 비정부기구 대표 및 학자의 의견에 전적으로 찬동한다. 따라서 특별보고자는 '군성노예' 쪽이 보다 정확하며 동시에 적절한 용어라는 확신을 갖고 있다.

이러한 입장에서 보고서는 다음 제9장에서 일본 정부에 다음의 6항을 권고하고 있다.

① 제2차 세계대전 중에 일본제국 육군에 의해 개설된 위안소 제도는 국제법 위반이라는 것을 인정하고, 법적 책임을 받아들여야 한다.
② 군성노예제의 피해자 개인에게 보상금을 지불해야 한다.
③ 모든 관련 자료를 공개해야 한다.
④ 여성피해자에게 서면으로 공식적으로 사죄를 해야 한다.
⑤ 역사적 사실을 교육과정에 반영시켜 문제이해를 향상시켜야 한다.
⑥ 위안부 모집 및 위안소 개설에 관여한 자를 특정하고 처벌해야 한다.

왜 일본은 유엔으로부터 이렇게까지 심한 권고를 받아야 했던 것인가? 그것은 이 권고가 위안부를 빈곤을 원인으로 하는 인신매매의 피해자로 보지 않고, 권력에 의한 강제연행의 희생자라고 단정했기 때문이다. 도츠카 등이 열심히 그러한 인식을 유엔 인권위원회에 퍼트리고 다닌 결과일 것이다. 바로 그러한 인식에 서있기 때문에 보고서는 위안부 제도를 제2차 세계대전 당시의 국제법에 위반되는 행위로 본 것이다.

그리고 그 근거는 실은 일본 국내의 논쟁에서 이미 위안부 강제연행의 근거로서 신빙성을 완전히 잃은 바 있는, 정신대 제도에 의한 위안부 모집설과 요시다 세이지 증언이었다. 보고서의 위안부 모집에 관한 부분을 인용한다.

> 이야기되는 모집 방법에는 3개의 유형이 있다. 이미 매춘부가 되어 있어서 스스로 지원한willing 여성을 징용하는 것, 식당의 일과 군의 요리사, 세탁계 등 급료가 좋은 일이 있다고 하여 여성을 유혹하는luring 것, 일본의 지배하에 있는 나라에서 노예사냥slave raids과 같은 대규모적인 강제와 폭력적 유괴를 통해 여성을 모으는 것이다. (각주7. G. Hicks, 『The Comfort women, sex slaves of the Japanese Imperial Force』, Heinemann Asia, Singapore, 1995)

> 게다가 많은 여성을 모으기 위해 군에 협력하는 민간업자와 일본에 협력하는 조선인 순사가 마을을 방문해 좋은 일이 있다면서 소녀들에게 사기를 쳤다. 그런 경우가 아니라면, 1942년까지는 조선인 순사가 마을에 가서 '여자정신대'를 모집했다. 이에 의해 일본 정부가 인정하는

공식적 절차가 되는 동시에, 어느 정도 강제력도 갖게 되었던 것이다. '정신대'로 추천된 소녀가 출두하지 않는 경우에는 헌병대나 군경찰이 그 이유를 조사했다. 실제, 일본군은 '여자정신대'에 의해 마을의 소녀들에게 거짓 구실로 '전쟁협력'을 하도록 압력을 가한 것은 이미 서술한 대로다.(각주 8. 앞과 같다. 그 외에 위안부 본인들의 증언)

그 이상으로 여성이 필요한 경우, 일본군은 폭력적이거나 노골적인 무력의 행사나 습격에 의지하였고, 딸을 유괴당하지 않으려고 저항하는 가족을 살해하는 일도 있었다. 이러한 방식은 국가총동원법의 강화에 의해 더욱 용이해졌다. 1938년에 성립한 이 법률은 1942년 이래는 오로지 조선인의 강제연행을 위해 사용되었던 것이다. (각주 9. 앞과 같다) 옛 위안부의 다수는 연행되는 과정에서 폭력과 강제가 널리 사용되었다고 증언하고 있다. 게다가 강제연행을 한 사람 중 하나인 요시다 세이지吉田淸治는 전시중의 체험을 쓰는 가운데, 국가총동원법의 일부인 국민근로보국령 하에서, 다른 조선인과 함께 1,000명이나 되는 여성을 '위안부'로 연행한 노예사냥에 참가하였다고 고백하고 있다. (각주 10. Yoshida Seiji, 『My War Crimes: the Forced Draft of Koreans』, Tokyo, 1983.).

변변치 않은 힉스G. Hicks의 『종군위안부』

이 보고서는 1996년에 발표되었던 것이기 때문에 시기적으로는 이 책에서 자세하게 경과를 추적해온 일본에서의 논쟁의 성과를 충분히 활용할 수 없었을 것이다. 그런데 쿠마라스와미 여사도 당시에 이미 하타 이쿠히코秦郁彦, 요시미 요시아키吉見義明 2명의 학자로부터 위안부 문제에 대한 연구성과를 듣기는 했었다. 그러나 하타 교수에 따르면 쿠마라스와미 여사에게 미 육군이 포로로 잡은 20명의 조선인 위안부와 업자를 심문한 기록('일본군 전쟁 포로 심문 보고서 제 49호: 조선인 위안부들') 등을 보여주며 위안부는 일본군과는 고용관계가 없고 업자에게 고용된 것이라고 설명을 해줬음에도 불구하고, 정작 보고서에는 "하타 박사는 '대다수의 위안부는 일본군과 계약을 맺고 있고……'라고 말했다"고 완전히 반대로 쓰여져 있었고, 그래서 외무성을 통해서 이를 항의하기도 했다고 한다. 당시 하타 교수는 요시다 세이지에 대해서도 자세하게 근거를 들어 설명해주며 "직업적인 거짓말쟁이"라고 지적을 했음에도 불구하고, 쿠마라스와미 여사는 보고서에서 요시다 증언을 사실로 취급하여 논의를 전개했다.

앞에서 인용한 부분에서도 나오지만, 쿠마라스와미 여사는 위안부 문제의 사실관계에 관해서 조지 힉스의 저서 『Comfort women, sex slaves of the Japanese Imperial Force』에 거의 전면적으로 의존하고 있다. 보고서에서 사실관계를 다루고 있는 '제2장 역사적 배경'에서는 11개의 주註가 있는데, 그 속에서 10개가 힉스의 저서를, 나머지 1개가 요시다 세이지의 저서를 전거典據로 들고 있다.

그렇다고 한다면 보고서의 신빙성은 조지 힉스 저서의 신빙성과 직결된다. 그래서 다시 조지 힉스 저서의 일본어 번역본(『종군위안부 성의 노예從軍慰安婦

제5장_ 세계로 퍼지는 '성노예'의 이미지   181

性の奴隷』(산이치쇼보三一書房판)을 통독하여 보았는데, 허술한 것이었다.

호주의 저널리스트인 힉스는 일본어, 한국어를 모두 읽지 못한다. 결국 1차 자료나 연구논문의 대부분을 읽을 수 없는 것이다. 그래서 어느 재일조선인 여성에게 자료의 8할을 제공받았다고 한다.

예를 들면 힉스는 요시다 세이지 증언을 사실로서 그대로 인용하고 있는데, 제주신문의 요시다 비판 기사에 대해서는 아예 그 존재조차 몰랐기 때문에 말할 처지가 되지 못했다.

재일조선인 저술가인 김일면金一勉의 책으로부터의 인용도 다수 있다. 그러나 김 씨가 저술에서 단정조로 쓰고 있는 이러저러한 사실관계는 입증되지 않은 소문과 같은 것들이 대부분이고 일본의 전문가들은 김일면 씨의 주장은 진지하게 다루지 않고 있다.

힉스는 일본에서의 위안부 문제 연구의 성과를 전혀 공부하지 않고, 제공된 소문과 같은 것들을 영어로 번역하여 이를 무비판적으로 함께 연결하여 저서를 썼다.

쿠마라스와미 여사도 역시 일본어, 한국어를 할 수 없다. 여사가 보고서를 쓴 시기에 위안부 문제에 관한 영문 자료는 대단히 부족했다.

---

26) 종전 당시 일본군이 위안부를 학살했다는 설도 쿠마라스와미 보고서를 통해 한국 사회에 잘못 알려진 대표적인 풍문이다. 쿠마라스와미 보고서에서는 "미크로네시아에서는 일본군이 하룻밤에 70명의 '위안부'를 살해한 사건이 일어났다. 진군하여 오는 미군에 잡히게 되면, 여성들은 거치적거리고, 방해가 된다고 일본군은 생각했던 것이다"라고 하였고(패러그래프 21), 그 출처를 조지 힉스의 책으로 제시하였다. 하지만, 조지 힉스의 책에도 정작 "70명"의 출처는 전혀 확인되지 않았다. 하타 이쿠히코 교수는 관계자들에 대한 취재를 통해 '미크로네시아 위안부 학살 사건'이 일본공산당 출신으로 교토京都 시의회 의원 및 부府의회 의원을 지낸 작가 니시구치 가쓰미西口克己가 지은 소설 '구루와廓'(1969년)의 내용을 검증도 없이 그대로 가져온 것이라고 결론내렸다.

힉스의 저서가 거의 유일하게 정리된 영문 자료였다. 그렇다고 하더라도 유엔의 조사관이 일본과 한국의 전문가가 격렬하게 논쟁을 거듭하고 있는 문제에 대해 영문으로 된 책 1권에만 의존해도 되는 것인가?[26]

요시미 요시아키 교수조차도 "쿠마라스와미 보고서에는 사실오인이 있다"고 하면서, 힉스의 책과 요시다의 증언은 삭제하는 것이 좋겠다고 권하는 편지를 쿠마라스와미 여사에게 보냈다고 한다.

여사는 이러한 날림의 방식으로 강제연행을 일방적으로 사실이라고 단정하고 그 위에 서서 위안부를 '군성노예'라고 정의하고, 일본 정부에 국제법 위반 인정, 개인보상 실시, 관계자 처벌까지를 당당히 권고한 것이기 때문에 놀랄 수밖에 없다. '성노예'라는 결론이 처음부터 나와 있었고 그것에 합치하는 듯한 자료만을 모아 날조한 보고서라고 해도 좋다.[27]

---

[27] 유엔 인권위원회(차별방지 소수자 보호 소위원회)에서는 쿠마라스와미 보고서 이후에도 1998년 8월, 위안부 문제와 관련하여 유엔인권소위원회 특별보고관인 게이 맥두걸Gay McDougall에 의한 이른바 '맥두걸 보고서'도 채택했다. 정식명칭 '무력분쟁 하의 조직적 강간, 성노예 및 노예유사관행Systematic rape, sexual slavery and slavery-like practices during armed conflict'인 이 보고서는 쿠마라스와미 보고서의 연장선상에 있는 대동소이한 내용으로, 본문에서의 주요 내용은 구 유고슬라비아에서의 전쟁과 르완다 학살이지만 부속 문서에서 위안부 문제를 다루고 있다. 동 보고서는 강제연행의 유무는 논제가 되지 않았다. 하지만 위안소를 '강간소強姦所, rape centres'(레이프 센터)라고 칭했고 피해자 대부분이 11~20세이며, 매일 수회의 강간을 당하고, 혹독하게 육체적 학대를 받았다고 기술했다. 또한 일본군이 20만 명 이상의 아시아 여성을 강제로 성노예로 만들었으며 살아남은 이는 단지 25% 였다고 기술하는 등 전반적으로 사료적 근거가 없는 허위성 주장들이 많아 아시아여성기금 측으로부터도 유감 표명이 나오는 등 비판을 받고 있다.

북조선 프로파간다를 그대로 삼켰다

쿠마라스와미 보고서에서도 또 하나 간과할 수 없는 것은 북조선 정부가 적극적으로 그녀에게 정보제공을 했다는 것이다. 실은 92년 8월경부터 북조선에 사는 옛 위안부가 자기 존재를 밝혔고 북조선 정부도 일본에 대해 한국만 아니라 북조선의 옛 위안부에게도 사죄와 보상을 하라고 요구하게 되었다. 방한한 쿠마라스와미 여사에 대해서 북조선은 "일본은 20만 명의 조선인 여성을 군성노예로 강제적으로 징집하고, 가혹한 성적 박해를 가하고, 그 후 그 대부분을 살해했다"고 하면서, 이것은 "인도에 반하는 죄", "제노사이드 조약 제2조의 집단살해"에 해당한다고 비난했으며 그것이 보고서에도 북조선 정부의 입장으로 기술되어 있다.

"일본이 20만 명의 위안부의 대부분을 살해했다"는 등은 완전히 데마고그(선동)인데, 이것이 유엔의 공적문서에 그냥 그대로 인용되어 것이기 때문에 심각하다. 북조선에 있어서는 역사연구도 외교도 모두 사실보다는 정치선전이 우선이다. 쿠마라스와미 보고서에는 다음과 같은 황당무계한 북조선의 옛 위안부의 증언이 그대로 기재되어 있다.

정옥순 씨(74세)의 증언
내가 13살 때 …… 마을의 우물에서 한 사람의 일본 수비병에게 연행되었다. 트럭으로 경찰서에 데려갔는데, 거기에서 몇 명의 경찰관에게 강간을 당했다. …… 경찰서장이 울부짖는 나의 왼쪽 눈을 때려 실명하게 했다.

　……일본군 수비대 건물에서 매일 40명이 나를 성노예로 일하게 했다. 약 400명의 젊은 여성이 있었다. ……함께 있던 조선인 소녀가 왜 하루에 40명이나 상대를 해야 하냐고 묻자 야마모토 중대장이 구타를 명했다. 모두가 보는 가운데 옷을 벗기고 손발을 묶고 못이 나온 판 위에서 굴리고, ……마지막으로 머리를 베었다. ……"이 녀석들 조선인 여자들이 배고파 아우성치고 있으니까 이 사람고기를 삶아 먹게 해라"고 명령했다.

　……성병에 걸린 여성의 음부에 뜨거운 철봉을 찔러 넣었다.

　몇 명의 조선인 소녀를 물과 뱀으로 가득 찬 웅덩이에 떨어트리고 흙을 넣어 그대로 매장했다. 병사들의 숙소에 있던 400명의 소녀 가운데 절반 이상은 살해되었다고 생각한다.

　……도망에 실패한 후, 고문을 받아 입술 안쪽, 가슴, 배 등에 문신이 새겨졌다.

옮겨 쓰는 것만으로 기분이 나빠지는 내용인데 쿠마라스와미 여사는 이러한 정 씨의 증언에 대해 증거조사 등을 전혀 하지 않고서도 무조건 믿고 있다. 여사는 보고서에서 "이것이 틀림없이 그녀들의 인생에서 가장 굴욕적이고 고통스러운 시간을 회상하는 일이 됨에도 불구하고, 용기를 갖고 증언을 해준 모든 여성 피해자에게 마음으로부터 감사하고 싶다", "이들 증언에 의해 특별보고자는 이러한 군성노예제는 일본제국 육군에 의해 그 지도자도 승낙한 상황에서 조직적이고 동시에 강압적으로 실행되었다고 믿기에 이르렀다"고 쓰고 있다.28)

　게다가 또 하나 놓칠 수 없는 문제는 일본 정부가 쿠마라스와미 보고서에 대해 사실관계에 입각한 반론을 전혀 하지 않고 있다는 것이다.

　실은 1996년 3월 쿠마라스와미 보고서가 인권위원회에서 채택할지 어떨지 심의가 진행되고 있을 때, 일본 외무성은 40쪽에 이르는 반론문서 '일본 정부의 견해日本政府の見解'를 인권위원회에 제출했다(이 반론문서는 이 책의 초판 발간 당시(2012년)에는 존재는 알고 있었지만 반론문서 그 자체는 확보할 수가 없었다. 그러다가 2014년도에 월간 「세이론正論」이 반론문서를 확보해 같은 해 6월호, 7월호에 공개했다. 반론문서는 고노 담화를 계승하는 입장의 외무성이 집필한 것임에도 불구하고 사실관계와 법률관계의 양면에서 쿠마라스와미 보고서에 대해 전면적으로 반박한 훌륭한 내용을 담고 있다. 별도로 발간하는 자료집에서도 내용 전체를 공개하고 있으니 참고하기 바란다).

　외무성 반론문서에서는 쿠마라스와미 보고서가 의거하고 있는 힉스와 요시다의 저작을 "중립성이 의심"된다고 하는 등의 지적을 하면서

---

28) 하타 이쿠히코 교수는 정옥순 씨가 연행됐다고 말하는 1933년 조선반도는 평시였고 전쟁터가 아니었으며, 유곽은 있었지만 군대용 위안소는 없었다고 지적하였다. 그는 또한 정 씨의 증언이 북한 평양에서 발행되는 '로동신문'에 언급된 다른 위안부인 이복녀李福女의 신상 이야기와 비슷한 점도 이상하다고 말한다(이복녀도 1943년에 만주 위안소에서 낙인이 찍히고, 목이 잘린 사람의 머리 고기로 만든 스프를 강제로 먹게 했다고 증언했다). 그밖에 쿠마라스와미 보고서가 채택한 여복실(북한), 황소균(북한), 황금주(한국) 씨의 증언도 정옥순 씨의 경우처럼 연대가 맞지 않거나 일관성이 없다는 문제가 지적되고 있다.

확실히 부정하고 있었던 것 같다. 하지만 돌연 반론문서는 철회되었고 비공개되었다. 그래서 역사적 사실 문제에 대해서는 다투지 않고서 '이른바 '종군위안부' 문제에 관한 일본 정부의 시책いわゆる"從軍慰安婦"問題に対する日本政府の施策'이라는 제목의 형식적인 문서로 바뀌어 제출되었다.

유엔의 특별보고관이 '성노예'라고 하는 음산한 어구를 고의로 사용하여 일본 정부의 자세를 규탄했다. 그럼에도 불구하고 일본 정부는 정작 내용에까지 깊이 파고든 반론서는 철회하고서 고노 담화로써 도의적 책임을 인정하여 사과하고 아시아여성기금으로 피해자에 대해 사과를 했다고 하는 등등의 사항만 누누이 서술했을 뿐이다.

반론을 하지 않으면 그냥 인정을 했다고 간주되는 것이 국제사회다.

북조선은 요즘 유엔 등 국제무대에서 일본인 납치 문제에 대한 일본으로부터의 비판에 대항하여 "일본은 종전 이전에 20만 명의 조선 여성을 성노예로 삼았다"고 하면서 점점 더 열을 올려 말하고 있는데, 그에 대해 외무성은 언제나 "숫자가 과장되어 있다. 일본은 이미 사죄했다"고 하는 두 가지 밖에 반론하지 않아 왔다.

이러한 대화를 들은 타국의 외교관들은 북조선의 주장은 숫자가 과장되어 있는 것이라면 과반인 10만 명 정도의 여성을 일본은 성노예로 삼았을 것이라고 생각해도 어쩔 수 없다.

미국 의회에까지 파급된 '성노예'라는 거짓말

실은 이미 2006년 9월 13일, 미국 의회는 위안부 문제로 일본 비난 결의를 위원회 수준에서는 채택하고 있었다. 미 의회 하원의 국제관계외교위원회 (헨리 하이드Henry Hyde 위원장(공화당))가 '위안부 문제'로 일본 정부를 비난하는 결의안(하원결의안 759)을 상정하고 만장일치로 결의했던 것이다.

이 결의안은 레인 에반스Lane Evans 의원(민주당)과 크리스토퍼 스미스 Christopher Smith 의원(공화당)이 공동으로 제출했던 것이었다. 스미스 의원은 국제관계위원장 헨리 하이드 의원과 함께 일본인 납북자 문제에 강한 이해를 보여준 보수파의 대표격이다. 2005년, 하원 본회의가 납북자 문제로 북조선을 비난하는 결의안을 채택했는데, 이것은 하이드 위원장이 강한 리더쉽을 발휘한 결과였다. 2006년 4월, 미 하원 '납치' 공청회에서 요코다 사키에橫田早紀江 씨(요코타 메구미橫田めぐみ 양의 어머니), 시마다 요이치島田洋一 씨(일본의 대표적인 북미통이자 납북자 문제 전문가) 등이 증언을 했을 때의 의장이 스미스 의원이었다.

사태는 상당히 심각했다. 하지만 당시는 산케이신문에서조차 취급이 작았고 다른 일본 매스컴은 결의에 관한 보도조차 하지 않았다.

위안부 관련 결의안은 2001년과 2005년에도 의회에 제출되었지만, 당시에는 일본대사관의 움직임 등으로 상정조차 되지 않았다. 그런데 2006년 9월에 위원회 의결이 실현되었던 배경에 대해서 조총련 기관지 「

조선시보朝鮮時報」는 "4월 이래 일본 정부 관계자들의 로비활동에 의해 안건 폐기의 위기에 있었지만, 피해자 할머니와 지원자, 재미동포들의 운동에 의해 관심이 높아졌다. 한국 미디어에서도 많이 다루었고 일본 정부가 결의에 따르도록 요구해왔다"고 쓰면서 한국 내 좌파와 북조선과의 연대에 의한 미국 의회 대상의 로비가 전개되었다는 것을 시사했다.

나는 2006년 9월의 단계에서 강한 위기감을 가졌다. 이대로 방치하면 위안부 결의가 하원 의회에서 성립해버린다. 그래서 일본 정부가 공식적인 반론을 하지 않으면 이 결의의 사실인식을 인정한 것이 되어 버린다. 친일 보수파를 포함한 미 의회 관계자는 그렇게 생각할 것이다. 일미동맹을 약화시키려는 음모가 성공하고 있다고 생각한 나는 산케이신문(2006년 9월 29일자) '정론'란의 칼럼에서 다음과 같이 일본 정부가 내야할 반론 시안을 제안했다.

'자유, 민주주의, 인권, 법치'라는 인류보편적인 가치관을 신봉하고, 그것을 세계에 확산시킬 것을 결의하고 있는 미 의회의 친구들에게 마음으로부터의 인사를 보냅니다.

이번 귀 의회 하원 국제관계위원회가 '위안부 문제로 일본 정부를 비난하는 결의안'(하원 결의안 759)을 결의한다는 통지에 접하여 귀국의 동맹국이며 같은 보편적 가치관을 신봉하는 일본 정부와 국민은 강한 충격을 받고 있습니다.

왜냐하면 결의안에 나타난 일본 정부에 대한 비난은 전혀 사실무근의 '반일선전'에 기초한 것이기 때문입니다.

명확히 전합니다만, 결의안 서두에서와 같이 "일본 정부가 1930년대부터 제2차 세계대전까지 아시아와 태평양제도를 식민지 지배한 기간, 세계가 '위안부'로 알고 있는, 젊은 여성을 성노예로 삼았다"고 하는 사실은 존재하지 않습니다. 1990년대 이래 이 점에 대해서는 일본 국내에서도 격렬한 논쟁이 일어났고, 그래서 한국과의 사이에서도 외교문제가 되었으며, 정부도 과거의 공문서 등을 망라적으로 조사를 했고, 민간 학자들의 조사연구도 진행되었습니다. 그 결과로 "일본 정부가 위안부를 강제연행을 했다"고 하는 사실은 전혀 확인되지 않았습니다.

1993년에 일본 정부가 발표한 담화(이른바 '고노 관방장관 담화')에서 "본인들의 의사에 반해 모집된 경우...(에서) 관헌 등이 직접 이에 가담한 일도 있었던 것이 밝혀졌다"는 부분은 인도네시아 자바 섬에서의 파견 군인 몇 명에 의한 전쟁범죄 행위입니다. 그들은 군 본부의 허가 없이 약 2개월간 네덜란드인 포로 여성을 강제로 매춘부로서 일하게 했고, 이에 연합국에 의해 군인 5명, 민간인 4명이 전쟁범죄인으로서 재판받았으며, 사형, 징역형 등에 처해졌습니다.

고노 담화는 민족의 자결과 존엄을 인정하지 않는 제국주의 시대에 많은 여성들이 전쟁터에서의 일본인 군인을 상대로 하는 매춘업에 종사해야 하는 고통을 받은 일에 대해서 유감의 뜻과 도의적 책임을 인정한 것입니다.

일본 정부는 일본이 조선을 식민지지배하고 조선인에게 고통을 준 일에 관해서 "유감이며 두 번 다시 반복하지 않는다"라고 인식하고, 위안부로 고통을 받은 많은 분들에 대한 "사죄와 반성의 마음"을 표명해 왔습니다. 여기에는 조금도 변화가 없습니다.

북조선의 김정일 테러정권이 자신들이 행한 민간인 납치의 책임으로부터 도망가기 위해 유엔 등에서 "종전 이전 일본 정부는 20만 명의 조선 여성을 강제연행하여 성노예로 삼았다"고 하는 정치선전을 정력적으로 전개하고 있는 가운데, 귀 의회 위원회가 북조선의 정치선전과 거의 동일한 사실인식에 선 결의를 한 것은 큰 충격이며, 이는 일미동맹을 약화시키려 하는 테러세력을 결과적으로 기쁘게 하는 것입니다.

아무쪼록 일미동맹의 유대를 강화하고 세계의 자유와 민주주의를 신봉하는 국민의 연대를 강화하기 위해 귀 의회에 있어서는 일본 정부로부터 공식적으로 사정 청취를 하는 등 일본에서의 조사, 연구의 성과를 참조하는 절차를 취해주시기 바랍니다. 그것이 실현되기까지 결의안의 본회의에서의 심사를 보류하여 주실 것을 강하게 요청하는 바입니다.

결국 그 후 중간선거가 있고 새로운 의회가 구성되었기 때문에 위원회를 통과한 결의안은 본회의에는 상정되지 않았지만, 2007년 1월에 또다시 마이크 혼다Mike Honda 의원(민주당)에 의해서 새로운 결의안이 제출됐고 그것이 같은 해 7월 31일 하원 본회의에서 채택되어 버렸다.

실은 미 의회 하원이 채택한 이 문제의 위안부 결의안은 쿠마라스와미 보고서를 큰 근거로 삼고 있다.

혼다 의원이 제출한 결의안의 주요부분에서는 이렇게 쓰여 있다.

미국 하원에 제출된 위안부 문제로 일본 정부에 사죄를 요구하는 결의안 121호

일본 정부에 다음의 조치를 요구하는 것이 하원의 의견이라는 것을 결의한다.

(1) 일본 정부는 1930년대부터 제2차 세계대전 중까지 아시아와 태평양 제도의 식민지 지배와 전시 점령의 기간에, 일본제국의 군부대가 '위안부'로 세계에 알려져 있는, 성노예제를 젊은 여성에게 강요한 것에 대해서, 명료하고 동시에 애매함이 없는 방식으로 공식적으로 인정하고, 사죄하고, 역사적 책임을 받아들여야 한다.

(2) 일본 정부는 일본국 수상의 공적인 자격으로 이루어진 담화로써 공식적인 사죄를 행해야 한다.

(3) 일본 정부는 일본제국 군대를 위한 '위안부'에 대한 성노예화와 인신매매가 없었다고 부정하는 어떠한 주장에 대해서도 명료하게 동시에 공개적으로 반박해야 한다.

(4) 일본 정부는 '위안부'에 관한 국제사회의 권고에 따라, 현재와

미래의 세대에게 이 놀랄만한 범죄에 대하여 교육해야 한다.

이 일본 정부에 대한 요구 (1)에 있는 '성노예제'라는 어구는 쿠마라스와미 보고서가 "정확하고 적절한 용어"라며 사용한 sexual slavery 라는 어구 그대로다.[29]

요구 (4)에서 말하고 있는 "'위안부'에 관한 국제사회의 권고"에는 당연히 쿠마라스와미 보고서가 포함되어 있을 것이다.

이렇게 보면 결의가 "위안부는 '성노예'다"라고 하는 쿠마라스와미 보고서의 기본적 입장을 답습하고 있다는 것을 알 수 있다.

쿠마라스와미 보고서는 성노예제라고 하는 어구를 사용하면서 요시다 세이지 증언, 정신대 제도에서의 연행, 북조선 위안부라고 하는 정옥순 증언 등을 모두 사실로 인정하고 있다. 그렇다고 하면 요구 (1)에 있는 "성노예제를 젊은 여성에게 강요한 것"이라는 표현도 같은 사실인식을

---

[29] 미 하원 121호 결의안 중에 요구사항 2번 원안은 "일본 수상의 공식 담화로 사죄할 것"이었다. 하지만 이 원안은 이후에 "일본 수상이 공식적인 담화로 사과한다면, 이제까지의 담화의 진정성에 대한 거듭되는 의문을 해소하는 데 도움이 될 것"이라는 온건한 내용으로 바뀌었다. 또한 최종 결의안에는 "미국 의회는 1995년 민간 아시아여성기금을 설립한 일본 당국자 및 시민들의 열정적 노력과 온정을 인정한다"고 하면서, 아시아여성기금을 통한 위안부 문제의 해결을 위한 일본의 노력에 대해 높이 평가하는 대목이 추가됐다. 최종 결의안에는 "미일동맹은 미국의 아시아와 태평양에서 안보적 이해관계의 초석이며, 해당 지역의 안정과 번영의 근본"이며, "탈냉전 시대에 전략적 지형이 변했음에도 불구하고, 미일동맹은 정치경제적 자유의 보존과 진흥을 포함하는 아시아태평양지역의 핵심적 이해관계와 가치지향을 공유하고, 인권과 민주 제도를 지지하며, 그리고 양국 국민과 국제사회의 번영보장을 바탕으로 한다"면서 미일 동맹의 중요성을 강조하는 내용도 추가됐다.

배경으로 하고 있다고 봐야 할 것이다.

1992년에 일본인 변호사가 유엔에서 제기한 '위안부=성노예'설이 마침내 미 의회의 공통인식으로까지 받아들여진 것이다. 혼다 결의안은 위안부제도에 대해서 다음과 같은 사실인식을 쓰고 있다.

> 일본 정부에 의한 강제 군사매춘으로서의 '위안부' 제도는 그 잔인성과 규모에 있어 역사적으로 유래가 없는 것으로 집단 강간과 강제 낙태, 성적 치욕, 성폭력을 통해 신체적 불구와 죽음, 그리고 이후 자살로까지 몰아넣었다.

또 동 결의를 심의하고 있는 하원 외교위원회의 아시아태평양 소위원회는 2007년 2월 15일, 한국과 네덜란드의 옛 위안부들과 운동가들을 불러 위안부 문제에 관한 공청회를 열었는데, 그 자리에서 결의를 제안한 의원으로부터 다음과 같은 발언이 있었다(산케이신문 2007년 3월 4일 기사로부터 인용).

> 이 결의안은 일본제국의 군대에 의한 성노예, 즉 강제적 매춘의 책임을 지금 일본 정부가 공식적으로 인정하여 사죄하고, 역사적 책임을 받아들일 것을 요구하고 있다. 일본의 군대가 5만~20만 명의 여성을 한국, 중국, 대만, 필리핀, 인도네시아로부터 강제적으로 징발하고, 장병에게 성적 대상으로 제공케 한 것은 역사적인 기록으로

남아 있다. 미국도 인권침해는 범해왔지만 일본과 같이 군의 정책으로서 강제적으로 젊은 여성들을 성의 노예로 삼은 적은 없다(동 공청회의 의장역이 된 동 소위원장인 민주당 에니 팔레오마베가^{Eni} ^{Faleomavaega}는 대의원=미국 사모아 선출로 본회의에서의 투표권은 없다).

일본의 국회는 전쟁에서 개인의 손해배상은 강화조약의 체결로 해결이 끝났다는 입장을 취하는데 반해서 다른 여러 나라는 그렇게는 생각하지 않는다. 젊은 여성의 다수는 일본군에 의해 자택에서 납치되어 매춘숙으로 연행되었다. 1993년에는 고노 요헤이^{河野洋平} 씨에 의한 담화가 나왔지만, 이는 일본 정부의 성의 있는 사죄가 아니라, 인위적이고 불성실한 의사표시에 지나지 않았다. 20년 정도 전에 일본의 문부성은 검정교과서 속의 위안부의 비극을 삭제했거나 또는 삭제하려고 시도했다(동 결의안의 제안자인 민주당 마이크 혼다).

혼다 의원 등은 "위안부는 모두 일본군에 직접 강제징용된 성노예였다" 고 믿고 있는 것이다. 2006년 4월, 미 의회 조사국$^{Congressional\ Research\ Service}$은 '일본군의 위안부$^{Japanese\ Military's\ Comfort\ Women,\ Order\ No.\ M-041006}$'라는 제목의 보고서를 냈다. 혼다 의원은 이 보고서를 참고하고 있다. 놀랍게도 그 첫머리에는 요시다 세이지의 위안부 사냥 증언이 인용되어 있다(다만 2007년 4월, 아베 수상의 혼다 결의안에의 반론 후에 새로이 제출된 미 의회 조사국의 제2보고서 '일본군의 위안부 제도$^{Japanese\ Military's\ "Comfort}$

Women" System'에서는 요시다 증언이 빠졌다. 일단 반론만 하면 미국인들은 조사를 하는 것이다. 그러나 제2보고서가 나오기 전에 작성된 혼다 결의안의 문장은 전혀 수정되지 않았다). 쿠마라스와미 보고서가 요시다 증언과 황당무계한 북조선의 옛 위안부 증언을 근거로 만든 '성노예' 설이, 일본 정부가 내용을 파고든 반론을 해오지 않았기 때문에, 마침내 동맹국 미국 의회에서 공식적으로 논의되고, 그 인식에 기초하여 일본 정부에 공식 사죄를 요구하는 결의가 채택되어 버렸다.

6장

일본 비난이 시작되다!

이상할 정도의 반反아베 캠페인

나는 2006년 9월에 발표한 미 의회에 대한 반론서에서 "일본에서의 조사, 연구의 성과를 참조하는 절차를 취해주시기 바란다"고 제안했다. 하지만, 2007년 2월 15일의 미 의회 공청회는 위안부에 대해서 권력에 의한 강제연행이 있었다는 입장의 관계자만이 불려나온 편향된 방식으로 이뤄졌다.

엄격히 말하면 일본대사관 간부가 나와서 혼다 의원 등의 사실관계 인식과 그 기초가 되고 있던 2006년의 미 의회 조사국 보고서, 유엔 쿠마라스와미 보고서 등이 어떻게 사실을 왜곡하고 있는가를 명확히 설명했었어야 할 것이다. 그것이 불가능했다면, 예를 들면 나와 같은 민간 전문가를 부르도록 미 의회에 의사를 전달하는 것은 가능했을 것이다. 그렇지만 출석한 것은 '성노예파'뿐이었다.

반복하지만, 국제사회에서는 반론을 하지 않으면 인정한 것처럼 되는 게 현실이다.

역사적으로 세계적으로 어느 군대에서도 군인들을 위한 성性의 처리시설 같은 것이 있었고, 없었던 곳에서는 민간인에 대한 강간이 행해졌다. 일본의 경우 종전과 함께 만주와 북조선에서 소련 군인이 진주한 곳에서의 일본 여성들에 대한 강간은 잘 알려져 있지만,[30] 미군도 일본 진주 직후에는 강간 사건을 일으켰고, 위안시설을 만들라고 일본 정부에 요구하고, 실제 그러한 시설이 만들어졌다.[31]

최근에는 베트남전쟁 때, 다름 아닌 한국군도 그러한 것을 만들었다. 그와 동일한 것이 옛 일본군에서도 있었던 것일 뿐이라면, 왜 일본에 대해서만 비난 결의가 이루어져야 하는가 하는 소리가 일본 사회에 퍼지고 있었고 일본 내에서 반미감정을 자극했다.[32]

---

30) 좌수부대까지 운용했던 구 소련군은 병사들의 강간을 묵인했다. 제2차 세계대전이 끝난 후 동독 지역에 진주한 소련군의 독일 여성에 대한 대대적인 강간은 세계사적으로도 잘 알려져 있으며, 만주 지역과 한반도(당시 조선반도) 북부에 진주한 소련군도 일본 여성을 대대적으로 강간하였다. 만주에서는 소련군에 의해 감금된 약 170명의 일본 여성이 강간당한 후, 그중에서 23명이 집단자결하는 '둔화사건敦化事件'이 발생하는 등 많은 참사가 있었다. 태평양전쟁 종전 이후 일본인에 대한 공격 문제에서는 조선인도 자유롭지 못하다. 강간으로 인해 임신한 피해자 여성을 치료한 후츠카이치 보양소二日市保養所의 1946년 기록에 따르면, 가해자는 조선인 28명, 소련인 8명, 중국인 6명, 미국인 3명, 대만인과 필리핀인이 각 1명이었다고 하며, 강간 장소는 조선반도가 38건으로 가장 많았고 만주 4건, 북지北支 3건이었다. 1947년에 폐쇄되기까지 후츠카이치 보양소에서는 약 4,500건의 중절수술이 실시되었다고 한다(일본 위키피디아). 2005년에 한국에서도 번역, 소개된 요코 카와시마 왓킨스Yoko Kawashima Watkins의 자서전 『요코 이야기So Far from the Bamboo Grove』도 소련군과 조선 공산당군에 의한 일본인 폭행과 강간을 기록하고 있다.

31) 태평양전쟁 종전 이후 연합국 점령군에 의한 일본인 일반 여성에 대한 강간사건을 방지하고자 일본 정부는 연합군을 위한 위안소를 설립했는데, 여기에 총 5만 여명의 여성(대부분 매춘부)이 모였다고 한다. 이것이 특수위안시설협회Recreation and Amusement Association(RAA)다. 당시 진주군을 상대하는 일본인 위안부는 '팡팡パンパン' 등으로 불렸다.

32) 위안부라고 하면 오늘날은 보통 일본군 위안부를 떠올리지만, "위안부"라는 명칭은 1980년대까지 미군이나 한국군 등 군인을 대상으로 한 매춘부의 일반명사로 사용되었으며, 이는 당시 신문철이나 판결문만 확인해도 쉽게 알 수 있다. 미군과 한국군을 대상으로 하는 위안부는 한국전쟁 당시부터 존재했으며, 한국 정부는 90년대까지도 알게 모르게 이를 관리했다. 베트남전쟁 당시에 미군도 미군 캠프에 소위 '레크레이션 센터'를 두었고, 수십여 명의 베트남 여성들이 개별 침실에서 미군들을 맞이하고 군의관들이 위생을 감독했다. 이곳은 '디즈니랜드'라고 부르기도 했었는데, 여단장이 감독하고 펜타곤까지 묵인했다. 2차 세계대전 중에는 독일도 군위안소를 운영했으며, 1942년에는 500여 개에 달했다.

이에 대해 아베 수상은 2007년 3월 5일, 미 하원의 결의에 대해서 "사실인식이 틀렸다", "결의가 채택되어도 나는 사죄하지 않는다"면서 다음과 같이 국회에서 답변했다.

오카와 토시오小川敏夫 **(민주당 의원)**: 고노 담화에 대한 생각은?

아베 신조安倍晋三 **(수상)**: 기본적으로 계승한다.

오카와: 최근 위안부의 모집에서 '강제성'은 없었다고 발언했다.

수상: '협의의 의미'에서의 강제성을 뒷받침하는 증언은 없었다. 관헌이 집에 억지로 들어가 유괴하듯이 끌고 가는 강제성은 없었다.

오카와: 미 하원에서 옛 위안부가 강제가 있었다고 증언하고 있다.

수상: '위안부 사냥'과 같은 관헌에 의한 강제적 연행이 있었음을 증명하는 증언은 없다. 중간에서 업자가 사실상 강제를 하고 있었던 경우도 있었다는 의미에서, 광의의 해석에서의 강제성이 있었다. 미 하원의 결의안은 사실오인이 있다.

오카와: 사실오인이기 때문에 미 하원이 나쁘고, 일본은 일절 사죄하지 않고, 결의안을 무시해도 되는가?

수상: 결의가 채택되었다고 해서 우리가 사죄하는 것은 아니다. 결의안은 객관적 사실에 기초하고 있지 않고, 일본 정부의 지금까지의 대응을 근거로 하고 있지도 않다. (산케이신문, 2007년 3월 6일)

또 아베 내각은 3월 16일에 "정부가 발견한 자료 중에서 군이나 관헌에 의한, 이른바 강제연행을 직접 나타내는 듯한 기술은 발견된 바가 없었다"라고 하는 답변서를 내각 차원에서 결정하였다.

실은 아베 신조 씨는 앞에서 언급한 바와 같이 '역사교육을 생각하는 모임'의 사무국장으로서 위안부에 대한 강제연행이 있었는지 없었는지 하는 사항에 대해서 그 모임의 관계자를 불러 쭉 청문을 진행했었다. 나도, 요시미 씨도, 후지오카 씨도 불려갔고, 그래서 아베 신조 씨는 권력에 의한 강제연행은 없었다는 것을 분명하게 인식하고 있었을 것이다. 일본 국회에서도 그러한 입장에서 고노 담화를 다시 살펴봐야한다는 질의를 했었던 사람이다.

이것과 병행하여 북조선에 의한 일본인 납치문제에서도 동일하게, 납치가 있었는지 없었는지 하는 논쟁이 있었는데, 아베 신조 씨는 일단 납치가 있었다는 입장에서 북조선에 압력을 넣을 것이라고 말해왔고, 실제로 나중에 북조선이 납치를 인정하고서 5명이 돌아오는 일이 있었다. 그 결과 아베 정권이 탄생하게 되었다. 위안부 문제로 일본을 규탄하려는 세력의 입장에서 보면, 어둠을 돌파하려고 하는 세력이 정권을 잡은 셈이고 상당히 위기감을 느끼고 있었을 것이다. 특히 아사히신문 등은 필사적이었다. 그래서 그들은 늘 아베의 역사관이 문제라고 말해 왔다.

총재 선거 무렵부터 아사히신문은 가토 고이치加藤紘一 씨 등을 들어 아베 비판을 반복했다. 그들이 말하길 "아베의 역사관으로는 일미관계도 나빠진다", "아베는 도쿄재판을 부정하고 있다", "야스쿠니 참배는 도쿄재판의 부정이 되어 미국도 그것을 우려하고 있다", 그래서 "종전 이전의 일본을 긍정하는 것으로서 중국과의 관계만 아니라 미국과의 관계조차 위태롭게 할 역사관을 아베는 갖고 있다", 게다가 "야스쿠니신사의 유슈우칸遊就館(야스쿠니신사 내에 있는 전쟁박물관)의 전시에 대해서 미국도 이상하다고 생각할 것이다" …… 아사히신문이 이러한 아베 비판을 줄곧 해왔다.

그런 가운데 수상 취임 뒤부터 고노 담화를 어떻게 보고 있는 것인가 하는 질문공세가 있어왔고, 이에 대해 아베 수상은 고노 담화를 계승한다고 말하고, '광의의 강제'는 있었을지라도, '협의의 강제'는 증명된 바가 없다고 말했던 것이다.

미국 보수파에게 '위안부=성노예'설이 침투

그러자 미국의 신문이 일제히 아베는 지금까지의 일본의 수상과 다르다면서, 고노 담화에서 일본이 사죄했음에도 불구하고 이를 뒤집어 엎으려 하고 있다고 조목조목 보도했다.

일본인 납북자 문제에 대해서는 자국민의 인권을 말하면서 일본의 과거, 무시무시한 인권침해를 한 것에 대해서는 묵인하고 있다는 소리가 높아졌다. 즉 "아베 수상이 하려고 하는 것은 보편적인 인권에는 들어맞지 않는 것", "네오나치와 같은, 역사수정주의자라는 것"이다. 아베와 미국은 가치관이 일치하지 않는다고 하는 방향의 캠페인인데 나는 이것은 간단하게 볼 일이 아니라고 생각했다.

특히 심각한 것은 시마다 요이치島田洋一 (후쿠이福井 현립대학 교수)가 2, 3년 전부터 계속 경고해오고 있는 것처럼 미국의 보수파까지도 역사문제에 대해서 대단한 오해를 하고 있었다는 것이다. 그들조차 '섹스슬레이브(성노예)'가 있었다고 생각하고 있었다. 납북자 문제에서는 극히 적극적으로 일본의 운동을 도와주고 있는 미국의 보수파 사람들조차 역사문제가 다뤄지면 위안부에 대한 강제연행이 있었다고 믿는다는 것이었다.

그들 미국 보수파 중 일부는 이렇게 말하는 사람조차 있다고 했다.

"히로시마廣島·나가사키長崎의 원폭투하에 대해 비판이 있지만, 그것은 올바른 것이었다. 왜냐하면 그 순간에도 위안부에 대한 강간은 계속되고 있었기 때문에 그 강간을 멈추게 하기 위해서 히로시마·나가사키의 원폭은 유효했던 것이다."

미국 보수파가 신뢰하는 북조선 전문가가 2004년에 낸 책 속에도 다음과 같은 '위안부 강제연행·학살론'이 쓰여져 있다. 전 미 육군 그린베레의 고든 쿠쿨루Gorden Cucullu 씨가 낸 책 『탄생시점에 갈라져-왜 북조선은 사악하게 자랐는가Seperated at Birth: How North Korea Became the Evil Twin』이다. 시마다 요이치 교수가 「겐다이코리아」 2005년 9월호에 소개하고 있는 해당 부분을 소개한다.

우선 위안부는 'Body Donation Corps'(육체 기증 부대)라고 불렸다고 한다. 일본 군인들은 상관으로부터 그녀들을 가능한 한 야만적이고 비인간적으로 취급하라는 명령을 받았으며, 친구관계 또는

연애관계가 되는 것은 엄금했다고 한다. 그러면서 그 뒤에, 다음과 같은 내용이 이어진다(원저 89~91쪽)

> 이 행위를 일층 꺼림칙한 것으로 만드는 것은 일본 측이 의도적으로 젊은 여성, 그보다는 12세부터 16세까지의 소녀를 위안부로 삼으려 한 사실이다. 일본 측이 이 연령층을 노린 것은 엄격하고 다소간 청교도적인 한국 사회에서는 이 연령의 소녀들은 우선 틀림없이 처녀이며, 따라서 성병에 걸리지 않았다고 알고 있었기 때문이다. 근대적 의학과 항생물질 이전의 시대에 있어서는 많은 경우 역병은 전상戰傷 이상으로 두려운 것이었다. 그래서 성병은 쇠약을, 게다가 치명적인 결과까지 초래했다. 따라서 여성을 납치하기 위해 송출된 일본의 부대는 가능한 한 젊고 건강한 여성을 목표로 했다. 여성은 일본에 의해 정복된 사실상 모든 나라, 지역으로부터 이동식 매춘시설로 보내졌는데, 압도적으로 다수를 점한 것은 한국인이었다. 20만 명에 가까운 한국 여성이 납치되어 위안부로 송출되었던 것이 아닌가 생각된다.
> 대부분의 위안부가 살아서 종전의 날을 맞이할 수 없었다. 대단히 많은 수가 학대와 병사로부터 옮은 병에 의해 죽었다. 고향에 돌아가도 환영받지 못할 것이라는 사실을 잘 알고 있었기에, 그런 상황에서 결국 자살한 사람도 있었다. 이들 여성에게 어차피 돌아갈 곳은 없었다. 길은 정확히 거기에서 끊겼다. 많은 경우, 철수에 직면한 일본군은

그녀들을 그곳에서 살해했다. 말하자면 증거를 인멸한 것이다.

슬픈 일이지만, 예견할 수 있는 대로, 겨우 살아남은 여성들은 고향에서 받아들여지지 않았다. 그녀들은 한국의 남자들이 사회에서의 남자의 가장 기본적이고 동시에 본질적인 책무, 즉 여성을 지킨다는 책무를 수행할 수 없었다는 것을 나타내는, 살아 있는, 눈에 보이는 상징이었다. 책무를 다하지 못한 한국의 남자들은 일본에 대해 분노의 마음을 품었지만, 그와 동시에 불합리하게도 여성 당사자들에게도 분노의 창끝을 겨눴다. 그 결과, 위안부에 얽힌 모든 문제는 대체로 수모를 당하지 않은 한국인과 강하게 사실을 부정하고 지금도 계속 그렇게 하고 있는 일본인에 의해 암암리에 무시되어 왔다. 몇 사람의 살아남은 여성들이 60세를 넘어 이제 그 고통을 봉하지 않고, 큰, 정당한, 그리고 오래 억압된 채 지내 온 그 목소리를 높이는 것에 의해, 비로소 사건이 일반 사람들에게 알려지게 되었다.

미국 보수파 학자 가운데 이렇게 쓰는 사람까지 나왔다. 물론 미국의 보수파 사람들도 끝까지 파고들어 논의를 해보면 히로시마·나가사키에 대한 원폭투하가 정말로 정당한 일이었는지를 고민할 정도로 과거사에 대해 떳떳하지 못함이 있었던 것이 사실인데, 일본의 좌익이 제공하고 있는 위안부 섹스슬레이브 설說이라는 것은 바로 이에 면죄부를 주기 때문에, 고마운 부분도 있다는 것이다. 시마다 교수의 설명은 상황이 바로 여기까지 와 있다는 것이다.

앞에서 서술한 바와 같이 2006년 9월에 하원 외교위원회는 위안부 결의를 통과시켰다. 이 위원회의 위원장은 하이드 씨로, 2006년의 선거로 은퇴한 사람인데, 이 사람은 보수파 중진으로 북조선에 대해서 비판적인 사람이다. 탈북자 문제라든지 북조선의 인권문제에 관심이 있고, 납북자 문제에도 대단히 큰 관심이 있어서 2006년 4월에 요코다 메구미橫田めぐみ 양의 어머니가 미국 하원 공청회에서 증언한 데는 이 하이드 위원장의 진력盡力이 컸다.

'가족회'(북조선에 의한 납치피해자 가족 연락회北朝鮮による拉致被害者家族連絡会), '구출회'(북조선에 납치된 일본인을 구출하기 위한 전국협의회北朝鮮に拉致された日本人を救出するための全国協議会)가 미국을 방문하면 이 사람은 언제든지 만나주었다. 하원의 국제관계위원장이라는 자리는 세계 여러 나라들의 외교문제를 취급하는 자리이기 때문에 세계 각국에서 온 의원 등이 만나러 오는데, 그는 보통의 의원급 인사는 절대 만나주지 않았다. 외무대신 수준의 사람밖에 만나주지 않았다. 그런 사람이 북조선에 의한 일본인 납치가족이 찾아왔다고 하면, 일 년에 두 번 정도 만나주었던 것이다. 그리고 실은 2005년 7월 11일에 하원에서 채택된 '일본인·한국인 납북 비난 결의'도 하이드 위원장이 주 제출자였다.

'가족회'의 마쓰모토 테루아키增元照明 사무국장과 '구출회'의 시마다 요이치島田洋一 부회장 등이 2005년 4월에 미국을 찾아갔고 언제나처럼 하이드 위원장을 만나러 갔다.

그는 "무언가 해줄 것은 없겠습니까?"라고 말했고 시마다 교수가 "

납북자 문제를 정확히 해결해야 한다는 의회결의를 해주시겠습니까?" 하고 말하자 "알았습니다. 단, 국무부에는 말하지 마세요. 국무부는 그런 것을 싫어하기 때문에..." 하고 말했다.

하이드 의원의 보좌관으로 데니스 핼핀Dennis Halpin 씨라는 이가 있었는데, 그와 시마다 교수가 돌아오고 나서도 연락을 취하고 있었다.

요코다 메구미 양은 13살에 납북되었다. 그리고 일본 정부는 납북을 아직 공식적으로 인정하지 않았지만, 60년대에 13살에 납북된 테라코시 타케시寺越武志라는 소년이 있었다. 그래서 데니스 핼핀 씨는 13살의 남·녀가 납치되었다고 쓰고 싶은데 어떤가 하고 말했다. 일본도 아직 공식 인정하지 않고 있는 것을 미국 쪽이 먼저 인정하고 문제를 제기하려 했던 것이다. 한국에서의 납치에 대해서도 관심을 가졌었고 그래서 결의안이 나와 채택되었다.

우리는 미국을 우군으로 하지 않으면 안 된다고 생각했기 때문에, 우선은 미국의 의원들에게 사실을 알려주려고 납북자 문제에 대해서 영어로 자료를 만들고 2001년부터 미국을 방문하기 시작했다.

처음에는 의원 본인은 만날 수 없었기 때문에 보좌관을 만난다든가, 의회조사국에 가서 의원이 읽는 자료를 만드는 사람들에게 우선 우리의 영어 자료를 주는 것으로 시작하고, 마지막에는 공청회에서 증언할 수 있도록 대통령이 있는 곳까지 갔던 것이다.

좌파 그룹도 미국 의원에게 영향을 미치려

그러나 '위안부=성노예'파 사람들도 시간을 들여 그러한 일을 하고 있었다.

핼핀 씨도 인권문제에 관심이 있는 사람이었는데, 그의 부인은 한국인이었다. 이 핼핀 씨, 그리고 하이드 위원장의 집에 그들은 위안부 사죄 결의를 갖고 들어간 것이다. 좌익의 위안부=성노예파도 우리가 한 일과 마찬가지의 일을 하고 있었던 것이다.

그에 더해서 재미한국인좌파 그룹이 있었다. 한국은 김대중, 노무현으로 좌익 정권이 이어져 좌파가 비대화하고 있었다. 그리고, 그 뒤에는 실은 중국 정부와 가까운 재미화교 그룹이 또 있었다. 그들은 난징사건南京事件 등과 관련한 캠페인을 하고 있는 그룹이다.[33]

이 10년 동안, 일본의 역사문제를 미국에서 문제 삼으려고 하는 세력이 생기고 있었고, 이 사람들은 미국의 재판소에 과거 한국, 중국 관련

---

[33] 한국에서는 통상 '난징대학살'로 불리는 일본과 중국의 전쟁 중에 벌어진 이 사건과 관련하여, 일본에서 통용되는 공식명칭은 다소 중립적으로 들리는 '난징사건'이다. 이 사건의 실체와 관련하여 일본 학계에는 다양한 논의가 있다. 전쟁 와중에 민간인들이 죽거나 다친 경우가 있겠지만 전시국제법상 불법으로 학살된 이는 한 명도 없다고 주장하는 사람부터, 한국에서도 대대적으로 받아들이고 있는 것과 같이 30만 명이 불법적으로 무고하게 학살되었다고 주장하는 학자까지 대단히 다양하다. 다만, 당시에 실제로 살해된 이들은 민간인이 아니라 대다수가 게릴라, 포로였다는 점은 자주 지적되고 있는 사항이다. 또한 그 피해 규모와 관련해서는, 중국 국민당의 프로파간다에 의한 과장에 더해 전쟁 이후에는 중국 공산당 프로파간다의 과장까지 더해졌다는 점은 오늘날 관련 연구자들이 일반적으로 인정하고 있는 바이다.

징용노동자 문제로도 소송을 제기했다. 미국에 진출해 있는 일본 기업을 대상으로 하여 그들이 보상금을 지불토록 하는 일을 하고 있었던 것인데, 이러한 운동의 선도자 역할을 하고 있던 사람 중 하나가 마이크 혼다Mike Honda 의원이었다.34)

캘리포니아 주에서는 99년 8월, 당시 주 의원이었던 혼다 씨가 제안한 보상금을 지불해야 한다는 주 의회 결의가 통과되고, 2001년 3월에는 지불해야 한다는 연방의회의 법안이 하원에 제출되었다. 미 국무부 등은 샌프란시스코 강화조약으로 그 문제는 끝났다는 입장에 서 있었다. 이것이 미국 정부의 견해였다.

그래도 그들은 새로운 법률로 조약의 해석을 바꿔 보상금을 지불하게 만들려고 하였다. 하지만 이 때 9·11테러가 일어나면서 일미관계가 매우 중요해졌고 그 움직임은 거기에서 멈춰 있었던 것이다.

그러나 일본을 전전戰前의 나치 독일과 동일하게 위치지우면서, 조약으로 끝난 보상금을 지불하라고 하고, 그리고 수상에게도 사죄를 요구하는 그룹이 미국에서 상당수 생겼다.

위안부 문제는 한국계가 중심이었지만 혼다 의원은 이전부터 이 문제에 몰두하고 있었다. 산케이신문 보도에 의하면 그는 중국인 그룹으로부터

---

34) 마이크 혼다 의원에 대해서는, 그가 재미 중국계 반일 조직인 '세계항일전쟁사실유호연합회 Global Alliance for Preserving the History of WWII in Asia'(약칭 '항일연합회')로부터 헌금(정치자금)을 받은 사실로 인해 논란이 일기도 했다. 항일연합회의 본부도 마이크 혼다 의원의 지역구내에 있다. 항일연합회는 아이리스 장Iris Chang의 저서인 『난징의 강간Rape of Nanjing』의 선전과 판매를 돕는가 하면, 위안부 문제와 야스쿠니 신사 문제 등도 계속 문제로 삼아왔다. 한국의 정대협이 북한 공산당과의 연계성을 지적받는 것과 마찬가지로, 항일연합회도 중국 공산당과의 연계를 계속 지적받고 있다.

제6장_ 일본 비난이 시작되다!

많은 헌금을 받고 있는 사람인데, 문제의 심각성은 또 다른 곳에 있었다.

앞에서도 서술하였듯이 시마다 교수가 2, 3년 전부터 지적한 것은 미국의 보수파 가운데 '위안부=성노예'설이 확산되고 있다는 것이었다.

의회의 결의라는 것은 굉장히 많다. 특별히 구속력이 있는 것은 아니다. 따라서 무엇을 심의할 것인가 하지 않을 것인가 하는 것은 위원장의 권한으로 결정할 수 있게 되어 있다. 2006년 9월, 하이드 위원장이 주도하여 위안부 결의가 민주당, 공화당의 만장일치로 위원회를 통과해버렸다. 즉 하이드 위원장의 집에까지 성노예파가 찾아가고 있다는 것이 심각한 문제였다.

이전의 결의도, 이번의 결의도 민주당 일부 의원만이 찬성한 것이 아니었다. 공화당도 찬성한 것이다. 게다가 찬성의원이 점차 늘어나고 있었다. 보수파로서 북조선의 인권문제를 문제 삼고, 반공적인 입장에 서서 이점에서는 아베 정권의 정책을 지지하는 사람들도 포함하여 모두가 찬성으로 돌아서고 있었던 것이다. 그것이 끔찍하게 심각한 문제였던 것이다.

북조선은 지금 유엔을 비롯하여 이러저러한 곳에서 이렇게 말하고 있다.

"일본은 납북자 문제를 정치적으로 이용하고 있다. 정말로 인권을 말하려 한다면, 20만 명의 성노예 문제야말로 먼저 해결해야 할 것이 아닌가."

이것은 일본에 대해서만 아니라 국제사회에서도 언제든 말하고 있었던 것이지만, 이 북조선의 거짓말에 미국의 의회가 보증서를 써주게 되는 상황에까지 온 것이다.

2006년 10월에 나를 포함해 '가족회'의 이이즈카飯塚 부대표, 마쓰모토 사무국장, 그리고 '구출회'의 부회장인 시마다 교수, 4명이 뉴욕으로 갔다. 유엔 안전보장이사회의 상임이사국과 납북자 문제가 명백해진 12개 국가의 대표부를 방문하여 이 문제의 심각성을 호소하려고 했다. 그리고 안전보장이사회에서 더욱 강한 제재를 하도록 요구하면서, 유엔 총회에서 북조선 인권비난 결의안이 심의되고 있는데 그 속에 납북자 문제도 포함되어 있기 때문에 그 결의안이 다시 통과될 수 있도록 부탁하고자 했던 것이다. 그 가운데 하루 동안의 시간을 얻어서, 유엔 총회에서 결의안을 심의하는 것을 방청하는 기회를 가질 수 있었다.

극히 졸렬한 일본의 외교

유엔 총회에서 채택되는 것은 그 아래의 위원회에서 우선 심의한다. 위원회라고 해도 전 가맹국이 참가하는 큰 조직이지만, 제3위원회가 인권문제 등을 취급한다. 그 제3위원회에서 전체 가맹국이 앉아 있는 곳에서 그 논의를 방청했다.

거기에서 우선 일본이 발언했다. 일본 대사가,

"여기 가족들도 와있습니다만, 아직 납북자 문제는 해결되고 있지 않습니다. 북조선은 가짜 유골을 보내왔습니다. 그리고 교섭에도 응하지 않습니다."

고 호소하는 것이었다. 이에 대해 북조선이 반론권을 행사하여 반론했다.

"김정일 장군의 배려 하에 이미 납북자 문제는 해결되었습니다. 살아 있는 모든 사람을 돌려보냈고, 그것으로 끝난 것입니다. 그런데 일본은 더 심한 인권침해를 했으면서, 아직 해결하려고 하지 않고, 이미 해결된 문제는 해결하지 않는다고 격렬하게 말하고 있는 것입니다. 이것이 일본의 방식입니다."

이렇게 말하고 800만 명의 강제연행, 200만 명의 학살, 20만 명의 성노예 문제가 미해결이라고 우리가 보고 있는 앞에서 단언하는 것이었다.

이것을 유엔의 가맹국이 모두 앉아서 듣고 있었다. 이것에 대해 또 한 차례, 일본이 반론했다. 그것은 듣고 나는 그야말로 정이 떨어졌다. 반론의 논리 구축이 완전히 엉망이었던 것이다. 일본의 반론 방식은 이랬다.

"20만 명이라는 것은 숫자가 지나치게 많습니다. 그리고 일본은 과거에 이 문제로 몇 차례나 사과했습니다."

이런 것으로는, 이 말을 듣고 있는 사람들로서는 "20만 명은 지나치게 많습니다"라고 하니 10만 명 정도였던 것인가 하고 생각해버리지 않을까? 게다가 사죄했다고 했으므로 이미 성노예는 있었던 일이라고 그들이 생각하는 것도 당연하다.

이래서는 북조선의 주장도 일리가 있다고 생각할지도 모르는 반론의 방식인 것이다. 이 반론에는 92년이래 일본에서 우리들이 전개해 온 논쟁의 성과가 전혀 담겨져 있지 않은 것이다.

미국 매스컴의 아베 때리기·일본 때리기

하원에서의 위안부 결의와 관련된 미국 신문의 아베 비판은 위안부 문제와 납북자 문제를 나란히 놓고서 납북자 문제에 대한 아베의 자세도 의심하는 듯한 기사까지 나오고 있었다. 미국의 신문이 북조선의 반론과 동일하게 일본을 비난하고 있었다. 예를 들면 2007년 3월 24일자 워싱턴포스트 사설은 다음과 같이 썼다.

납북자 문제에 대한 일본의 요구에 대하여 좀처럼 응하려고 하지 않는 북조선에 대해 아베가 초조함을 느끼고 있는 것은 모르는 바가 아니다. 그러나 소리높여 북조선을 비난하면서, 제2차 대전 중 적어도 십 수만 명의 조선 여성을 납치하여 그녀들을 강간하고 성노예로 삼은 일본 자신의 국가범죄에 대해서는 단지 그 책임을 회피할 뿐, 그러한 사실이 있었다는 사실조차 부정하려고 하는 아베의 태도는 그저 이해하기 어렵다는 것을 넘어서 불쾌하기 짝이 없다고 말하지 않을 수 없다.

왜 이런 식이 되어 버린 것인가? 그것은 미국이 반일적이기 때문이라든가, 미국이 자신들의 도쿄재판사관東京裁判史觀이 옳다고 생각하고 그것을 일본에 강요하려고 하기 때문이라고는 생각하지 않는다.

그것이 아니라, 큰 목소리로 말하고 싶은 바인데, 그것은 이 문제로 일본이 정확히 반론하지 않았기 때문이다.

이 책의 전반부에서 본 바와 같이, 일본 국내에서의 논쟁에서는 아직 완전하지는 않지만 나는 우리 쪽이 이긴 것이라고 생각한다. 사실관계에 대해서 말한다면, 한국에 대한 속죄파조차 '협의의 강제연행'이 있었다고는 도저히 말할 수 없게 된 것이다.

그런데 세계에서는 거꾸로 "협의의 강제연행이 있었다", "성노예가 있었다"고 하는, 북조선이 열을 내며 하는 주장이 확산되고 있는 것이다. 유엔의 보고서에도 나오고 있다. 이에 대해 일본의 외교당국이 해야 할 것은 사실이 아닌 것을 말하면 "그렇지 않다. 그것은 틀렸다"고 반론하는 것이다.

일본은 '협의의 강제연행'은 인정한 바 없다. 그것은 사실이 아니다. "당시는 빈곤에 의한 인신매매가 있었고, 여성의 인권이 침해되었다. 지금의 인권감각으로 생각하면 그 희생자가 동정할만 했기 때문에 사죄한 것이다"라는 일본 정부의 입장을 확실히 말해야 한다. 그런데, 그렇게 말하지 않고 "일본은 사죄했습니다. 아시아여성기금을 만들어 돈을 주었습니다"라고 하는 선전만 하고 있다.

정확히 사실관계에 깊이 천착하여 반론하지 않기 때문에 혹시 북조선이 말하고 있는 성노예라는 것도 사실이 아니냐는 식으로 외국에서 생각하게 만들고 오해를 확산시킬 뿐인 것이다.

미국 매스컴의 아베 수상에 대한 비판에는 다음과 같은 사정도 있다. 앞에서 보았듯이 2006년 9월에 이전의 미국 의회 위안부 결의가 위원회를 통과한 전후로부터 일본 외무성은 수상의 강한 의향을 받아들여 하원 본회의에서의 채택을 저지하기 위해 움직였고, 결국 본회의에 상정되지 않은 채 회기가 종료되었다.

그러나 2007년 1월, 중간선거 뒤에 새로운 미국 의회가 시작되자 마이크 혼다 의원이 또 위안부 결의안을 제출했다. 이것에 대해서도 일본 외무성은 2월과 3월, 상당히 열심히 미국의 의원들에게 로비하였다.

2월에는 가토 료조加藤良三 주미대사의 명의로 미국의 각 의원들 앞으로 서한을 보냈다. 게다가 가토 대사는 기자회견을 열고서 사실오인이 있기 때문에 결의에 반대한다고 강조했다. 그런데 그 사실오인이라는 것이 무엇인가 하면, 일본 정부에 사죄하라고 요구하고 있는데 실은 역대 일본의 수상은 이미 몇 차례나 사죄했다는 것이다. 그러면서 서한에 동봉하여 고노담화, 아시아여성기금과 역대 총리의 사죄의 말에 대한 자료를 보내주었던 것이다.

말하자면 '우리가 이렇게 사죄했는데 아직도 사죄할 필요가 있는가' 하는 식의 반론인 것이다.

사실오인이 있다고 하는 것이, '위안부는 성노예가 아니며 권력에 의한 강제연행은 없었다'고 하는 우리들이 논쟁해 온 그 내용이 아니라, 그저 일본 정부는 이미 사죄했다는 것이다.

이 서한이 마침 화제가 되었는데, 앞서 쓴 대로 3월 5일에 아베 수상이 일본 국회에서 명확히 잘라 말했다.

"관헌이 집에 억지로 들어가 유괴하듯이 끌고 갔다고 하는 강제성은 없었다. '위안부 사냥'과 같은 관헌에 의한 강제적 연행이 있었다고 증명하는 증언은 없다. 미 하원의 결의안은 사실오인이 있다."

"결의가 채택되었다고 해서 우리가 사죄하는 것은 아니다. 결의안은 객관적 사실에 기초하고 있지 않으며, 일본 정부의 지금까지의 대응도 근거로 하고 있지 않다."

미국 의회에 대해서는 가토 대사는 역대 수상이 지금까지 위안부 문제로 사죄했다고 말했지만, 새로운 수상인 아베 수상은 결의안에 관련 사실관계에 대한 오인이 있기 때문에 사죄하지 않겠다고 말했다.

그렇다면 대사가 말해온 것과 다르지 않은가. 아베는 지금까지의 수상과는 다르다니 지금까지의 일본의 태도를 뒤집으려고 하고 있는 것이 아닌지 의심을 받게 됐고, 결국 결의가 필요할지도 모른다는 상황이 되어버려서 거꾸로 급히 찬성자가 늘어나 버렸다.

게다가 그에 따라 미국 미디어의 비판도 많아졌다. 아베 수상만 사실에 천착하여 반론하고, 외무성은 사실에 천착하여 반론을 하지 않기 때문에, 역으로 아베 수상이 지금까지의 방침으로부터 이탈하여 역사수정주의적이라고 저들이 말하기 시작하는 것이 아닌가. 과거 군국주의를 찬미하고 있다는 식으로 생각하도록 서투른 방식으로 외무성은 행동한 것이다.

대책을 취하기는 취한 것이지만, 그 대상이라는 것이 지금까지와 동일하게 사실관계를 파고 들어가지 않는 대책이었기 때문에, 역으로 불에 기름을 붓는 결과가 되어버린 것이다.

일본에 대한 비난 결의를 방지하기 위해

이 문제에 대하여 결의 자체는 통과되었어도 구속력도 없고, 연간 수천 개가 제출되는 결의의 하나에 불과하기 때문에 지나가게 내버려 두어도 되지 않겠는가 하는 논의도 있다. 그러나 이것도 기록으로 남고 그래서 북조선은 유엔의 장場 등에서 그것을 이용하여 "미국 의회에서도 결의한 대로"라며 일본 규탄을 강화할 것이다.

따라서 그 결의 자체를 가볍게 봐서는 안 된다. 그리고 더 심각한 것은, 조금 전부터 반복하고 있는 바와 같이, 결의에 쓰여 있는 성노예설을 미국에서 보수파까지도 포함하여 널리 믿게 됐다는 것이다. 오해가 퍼져 버린 것이다.

그러므로 신속히 '위안부 문제'에 관한 국제적 오해를 해소하기 위해 대응을 진행해야 할 것이다. 나는 마이크 혼다의 결의가 제출된 이래, 이러저러한 곳에서 다음과 같은 제언을 계속하고 있다.

'위안부 문제'에 관한 국제적 오해를 푸는 대응안

위안부 문제에 관한 현 시점에서의 일본 정부의 인식을 나타내는 새로운 관방장관 담화라든가 수상 담화를 내고, 그 연장선에서 위에서 말한 거짓말을 바로잡기 위한 대규모의 대외 홍보활동을 정부, 의회, 민간이 협력하여 조직적으로 전개해야 한다.

새로운 담화에서는 고노 담화를 "설명부족으로 오해를 초래하기 쉬운 표현이 포함되어 있고, 그 후의 조사, 연구의 진전에도 부합하지 않는 낡은 것"으로 위치지워야 한다.

새로운 담화를 내야 하는 이유로는 고노 담화 이래 조사연구가 진행되었다는 것과 유엔 인권위원회 보고서와 미 의회 결의 등 국제적 관심이 계속 이어지고 있다는 것에 대해서 서술한다.

'협의의 강제 = 권력에 의한 강제연행'이라는 사실은 입증된 바가 없다는 점을 강조하면서, 고노 담화가 '광의의 강제 = 본인의 의사에 반하여 위안부가 된 경우'의 사람들에 대해서는 일단 동정과 유감의 뜻을 표명한 것은 변화가 없다는 것도 정확히 서술한다.

대외 홍보활동 가운데는 일본은 자유, 민주주의, 인권, 법치라는 인류의 보편적인 가치관에 입각한 나라라는 것을 강조한다.

사실무근의 반일선전의 배경에는 일미日米이간을 노리는 좌익 전체주의 세력의 정치공작이 있다는 것을 분명히 한다.

일본 극우세력의 군국주의에 대한 찬미라고 하는 중상모략을 피할 수 있도록 노력하는 것도 매우 중요하다.

일본이 정부, 민간 쌍방에서 납북자 문제를 비롯한 북조선 인권문제에 대응하고 있고, 김정일 정권과 그를 지지하는 중국 공산당이야말로 현재 중대한 인권침해를 계속하고 있다. 그들이 과거의 역사를 가지고 나와서 일본에 대한 비난을 계속하는 것은 자신들이 현재 하고 있는 인권침해를 가장 강하게 비난하는 것이 아베 정권과 일본의 보수파라는 것을 알고 있기 때문이라고 호소해야 한다.

또 하나, 대외홍보에 있어서는 "일본 정부는 과거에 한 번도 공권력에 의한 위안부 연행의 존재를 인정한 적이 없다", "고노 담화에서도 공권력에 의한 연행은 인정하지 않았다"는 것을 거듭하여 강조해야 한다.

고노 담화는 한일관계가 더욱 악화되는 것을 염려한 일본 정부가 대한對韓 융화를 위해 낸 영합적이고 동시에 애매하기 짝이 없는 '타협의 문서'였다.

한국으로부터의 "누가 뭐라고 해도 강제연행이 있었다고 무조건 인정하라"는 불합리한 요구에 직면하여, 그에 대해 반론하는 것이 아니라, 오히려 일방적으로 떠밀리는 형태로 내놓은 것이 이 담화이다(이시하라 노부오石原信雄 증언).

그러므로 신속히 새로운 담화를 내야겠지만, 거듭 확인하여 둘 것은 고노 담화에서조차 권력에 의한 강제연행은 인정한 바가 없다는 것이다. 이 책의 전반부에서 자세하게 논했는데, 고노 담화의 위안부 모집에 관한 표현은 아래와 같았다.

"위안부의 모집에 관해서는 군의 요청을 받은 업자가 주로 이를 맡았으나 그런 경우에도 감언甘言, 강압强压에 의하는 등 본인들의 의사에 반해 모집된(1) 사례가 많았으며 더욱이 관헌官憲 등이 직접 이에 가담한(2) 적도 있었다는 것이 밝혀졌다. 또 위안소에서의 생활은 강제적인 상황하의 (3) 참혹한 것이었다."

고노 담화가 인정한 강제는 (1)과 (3), 즉 "업자에 의한 본인의 의사에 반하는 모집", "위안소에서의 생활", 이 두 개이며, 이것이 이른바 '광의의 강제'이다.

공권력에 의한 조직적인 강제연행이 '협의의 강제'이고, 그것은 인정하고 있지 않다. "협의의 강제라는 것은 입증된 바가 없다"고 하는 아베 수상의 국회 답변은 이것을 주장한 올바른 것이다.

단, (2)의 표현은 읽는 방식에 따라서는 '권력에 의한 강제연행 = 협의의 강제'를 인정한 것이라고 오해받기 쉬운데, 고노 담화를 낸 내각관방의 공식 설명에서는 이 표현도 권력에 의한 강제연행을 인정한 것이 아니다.

'일본의 앞날과 역사교육을 생각하는 젊은 의원의 모임'이 편집한 책 『역사교과서에 대한 의문 歷史敎科書への疑問』을 보면 외정심의실 담당자의 증언으로 명확히 되었으며, 이것은 자바섬에서 있었던 일부 군 파견기관에 의한 전쟁범죄의 사례를 가리키고 있음에 지나지 않는다. 관계자는 종전 후 연합국에 의한 전범재판에서 사형, 징역형 등에 처해졌다.

본래 동맹국인 미국 의회에서 사실에 현저히 반하는 이러한 결의가 제출된 사태는 지금까지 외무성이 전개해 온 대외홍보가 일본 국내의 좌익과 반일 매스컴, 중국 공산당이나 북조선, 한국 좌익이 전개하고 있는 거짓말에 기초한 반일 모략선전에 대한 대응으로서 유효하지 못했다는 증거다.

우리 일본의 보수진영에서도 미국의 보수파 지식인, 정치가들의 역사관을 깊이 파고 들어가 그들과 심도 있는 수준에서의 대화를 해야만 한다. 미국 등 해외 주요국 보수파와 함께 하는 네트워크를 세우는 것이 요구된다. 그를 위해 미국의 헤리티지연구소 등에 필적하는 민간의 보수 싱크탱크를 일본에서도 신속히 정비할 것을 강력히 호소하고자 한다.

2007년 4월 수상 방미의 성과는

아베 수상은 2007년 4월 26일과 27일, 미국을 방문했다. 위안부 문제로 미국 매스컴이 격한 아베 비판을 하고 있는 중의 방미였다. 위안부 문제에 관한 국제적인 오해를 푼다고 하는 관점에서 아베 방미를 긍정적으로 평가하고 싶다. 일미동맹 강화라는 본래 이루어야 할 방미의 목표를 충분히 달성하면서 위안부 문제를 회피하지 않고, 현시점에서 수상의 입장에서 말해 둬야 할 것을 정확히 말했기 때문이다.

수상은 워싱턴 도착 후, 우선 의회를 방문하여 공화, 민주 양당의 지도적인 의원 11명과 회담했다. 그 구성원은 하원 민주당 최고인 낸시 펠로시 하원의장, 상원 민주당 최고인 해리 리드 원내총무, 상원 공화당 최고인 미치 맥코넬 원내총무를 비롯하여 마이크 혼다 결의를 다루는 톰 랜토스 하원 외교위원장, 일본계인 다니엘 이노우에 상원의원, 공화당의 존 베이너 하원 원내총무 등이 포함되고(상원은 부통령이 의장을 겸하기 때문에 하원에서 의원 중 최고위급은 양당 원내총무가 된다), 낸시 펠로시 의장이 "이만큼 의회 지도자가 모인 것은 수상에 대한 경의의 표현입니다" 하고 말할 정도로 호화로운 얼굴들이었다. 보도에 따르면, 수상은 위안부 문제에 대해 "내 의견과 발언이 똑바로 전해지고 있지 않다. 나는 신산(辛酸)한 삶을 산 옛 위안부 여러 분들에게 개인으로서 또 수상으로서 마음으로부터 동정과 아울러 그러한 지극히 고통스러운 상황에 놓여졌던 것에 대해서 미안하다는 마음으로 가득 차 있다", "20세기는 인권침해가 많았던 세기이며, 일본도 무관하지 않았다. 21세기가 인권침해가 없는, 보다 좋은 세기가 되도록 일본으로서도 전력을 다하고 싶다"고 말했다.

또 부시 대통령과의 회담에서도 위안부 문제를 언급하고, "위안부였던 여러 사람들이 대단히 어려운 상황 속에서 괴롭고 어려운 일을 겪었다. 고통스러운 경험을 한 것에 대해 인간으로서 미안하게 생각한다. 20세기는 인권이 모든 지역에서 위협받은 시대였다. 21세기를 인권침해가 없는 훌륭한 세기로 만들기 위해 나도 일본도 큰 공헌을 하기를 원한다"고 말했다.

이 두 개의 발언은 거의 동일하고 사전에 준비된 것이다. 나는 최초로 미국 의회를 방문한 그 자리에서 수상 본인 쪽에서 스스로 위안부 문제를 가지고 나온 것에 우선 놀랐다. 피하지 않고 맞서는 자세가 여기에서 나오고 있다.

그리고 보도된 발언을 검토해 보았다. 편의상 2개의 발언을 종합하여 내용을 정리하고 일련번호를 붙여보았다.

① 내 의견과 발언이 똑바로 전해지고 있지 않다.
② 위안부였던 여러 사람들이 대단히 어려운 상황 속에서 괴롭고 어려운 일을 겪었다. 고통스러운 경험을 했다.

③이에 대해서 인간으로서, 수상으로서 마음으로부터 동정하고 있다.

④ 그러한 지극히 고통스러운 상황에 놓여졌던 것에 대해서 미안하다는 마음이 가득하다.

⑤ 20세기는 인권침해가 많았던 세기이며, 일본도 무관하지 않았다.

⑥ 21세기가 인권침해가 없는, 보다 좋은 세기가 되도록 일본으로서도 전력을 다하고 싶다.

이렇게 정리해보면 아베 수상의 발언은 잘 고안되었다고 생각한다.

①에서 요즈음 미국 매스컴 등의 비판에 대해 이의를 말하고 있다. 그 뒤에 고노 담화에서 일본 정부가 인정한 '광의의 강제', 즉 위안부의 주관적인 마음으로, ②위안부는 괴롭고 어려운 일을 겪고 고통스런 경험을 했다, 즉 '광의의 강제'는 있었다고 말하고, ③이에 대해서 동정을 표명했다. 여기까지는 당연한 것이다.

문제는 다음의 ④에 있다. "미안하다"고 사과한 부분이다. 수상은 국회에서 미 의회가 결의를 채택해도 사죄하지 않는다고 명확히 말하였다. 그것과 여기에서의 "미안하다"고 하는 표명은 모순이 아닌가. 나는 꼭 모순되지는 않는다고 생각한다.

왜냐하면 미안하다고 하는 대상이 "위안부였던 여러 사람들이 괴로운 상황에 놓여진 것"으로 한정되어 있기 때문이다. 당시 빈곤 등의 이유로 위안부가 될 수밖에 없었던 상황이 있었으며, 당시 일본의 위정자들도 그게 좋은 상황이라고는 생각하지 않았을 것이고, 그런 의미에서 일본의 수상으로서 "미안"한 "마음"이 든다고 한 것이다. 역시 이쪽의 주관적인 생각의 표명이다. 악업과 범죄행위 등을 인정한 "사죄"는 하지 않았다고 해석할 수 있다. 그러므로 "사죄하지 않는다"고 하는 답변과 모순은 없다고 할 수 있다.

⑤, ⑥의 표현은 나름 고려된 것으로서 일본의 자기주장으로 이해할 수 있다. 즉 ⑤의 "20세기는 인권침해가 많았다"고 하는 것은 미국을 포함한 세계 속에 많은 인권침해가 있었다는 것을 의미하고 있다. 특히 "일본도 무관하지 않았다"는 화법은 위안부 문제도 당시 세계에 다수 있었던 인권침해의 하나로 당연히 20세기를 살았던 일본과 타국도 마찬가지로 그러한 것에 "무관하지 않았다"고 하는 자기주장을 포함한다.

그리고 ⑥에서는 이미 20세기 후반에 빈곤을 추방함으로써 위안부와 같은 인권침해를 없앨 수 있었던 일본으로서는, 북조선과 중국의 독재정권 하에서 지금도 계속되는 인권침해를 없애기 위해 "전력을 다하고 싶다"고 결의를 밝히고 있다.

부시 대통령에게 내가 이해한 바와 같은 아베 수상의 문맥과 주장이 전달된 것일까? 수뇌회담에서의 문답에서 아베 수상이 부시 대통령에게 위안부 문제의 진실을 어디까지 정확히 전한 것일까? 이것은 당사자에게 듣지 않으면 안 될 것이다.

기자회견에서 부시 대통령은 위안부 문제에 대해 다음과 같이 말했다.

"ⓐ 위안부 문제는 역사의 아픈 사건이다. ⓑ 수상의 사죄를 받아들인다. ⓒ 또 수상의 솔직한 설명에 감사한다. ⓓ 우리 두 사람이 할 일은 과거로부터 배워 (e) 미래를 향해 나라를 이끌어 가는 것이다."

이 (a)는 아베 발언의 ②, ③과 꼭 일치하는 인식의 표명이 된다. (b)는 ④에 대한 것이다. 단, 아베 발언의 ④는 부시 대통령과 미국에 대한 "미안한 마음"이 아니지만, 왜 부시 대통령이 "받아들인다"고 하는 말을 사용했는지는 알기 어렵다.

그러나 사죄를 받아들인 뒤에 (c)의 "감사"가 오기 때문에 다음과 같은 부시 대통령의 의견을 이해할 수 있다.

(b)의 "사죄를 받아들인다"는 미국 내에서의 아베 비판과 관련하여 아베의 진의를 알고 미국은 아베를 비판할 일이 아니라고 하는 의미의 "받아들인다"이고, (c)는 아베가 위안부 문제의 진실을 정확히 설명한 바에 대한 "감사"인 것이다.

(d) "우리 두 사람이 할 일은 과거로부터 배워"라는 부시 대통령의 발언은, 아베 발언의 ⑤ "20세기는 인권침해가 많았던 세기이며, 일본도 무관하지 않았다"는 과거 인식에 대응하고, (e) "미래를 향하여 나라를 이끌어 가는 것이다"라는 부시 대통령의 발언 역시 아베의 발언 ⑥ "21세기가 인권침해가 없는, 보다 좋은 세기가 되도록 일본으로서도 전력을 다하고 싶다"와 꼭 일치하고 있다.

이와 같이 보면, 부시 대통령은 위안부 문제에 대한 아베 수상의 설명을 듣고 마음으로부터의 지지를 표명했다고 읽을 수 있는 것이다.

또 의원들과의 회의에서는 일본계 다니엘 이노우에[Daniel Inouye] 상원의원(민주당)은 "유감인 것은 위안부 문제를 둘러싼 미국 내의 움직임이다.

지금까지 7명의 일본 수상이 사죄를 했다"고 대답했다. 위안부 문제에 대한 다른 의원으로부터의 언급은 없었다고 한다.

그리고 특기할만한 것은 위안부 결의안을 심의했던 미 하원 외교위원회의 톰 랜토스 위원장이 "일본은 안보 면에서도 대국에 걸맞는 역할을 해야 할 것이다. 그를 위해 헌법을 개정하려고 하는 아베 수상의 방침을 강력히 지지하고 있다"고 말한 것이다.

미국 측의 일본국 헌법에 대한 태도의 변화를 벌써 20년 이상씩이나 추적해 온 산케이신문의 후루모리 요시히사古森義久 기자가 "아, 역사란 이렇게 변해가는 것인가"하고 감개무량함을 느꼈다고 적고 있는데, 민주당의 리버럴 파派로 보이는 톰 랜토스 위원장이 일본의 개헌에 반대하지 않는다고 명확히 말한 것은 미국 내에서 자신들과 같은 가치관을 가진 일본에 대한 신뢰가 전에 없이 높아지고 있다는 증거다.

위안부 결의와 3월 말의 미국 매스컴에 의한 아베 비판의 논지로부터라면, 과거 일본의 침략행위를 미화하는 역사수정주의자인 아베 수상이 이끌고 있는 일본의 개헌에는 반대해야 할 터이다. 그것을 고려할 때, 미국의 의원들에게도 아베 수상의 진의는 정확히 전해졌다고 생각된다.

이렇게 보면, 워싱턴에서의 위안부 문제에 관한 아베 발언은 높은 평가를 해주어도 좋다고 나는 생각한다.

또 하나, 간과할 수 없는 것은 방미에 동행한 아베 수상의 측근인 시모무라 하쿠분下村博文 관방부장관이 4월 26일 오후, 워싱턴 시내에서 개최되고 있던 '북조선 제노사이드 전시회'를 방문했다는 것이다.

이 전시회는 미국에서 북조선 인권문제에 대응하는 단체, 활동가의 전미全美 협의체인 '북조선자유연합'North Korea Freedom Coalition'(수잔 솔티Suzanne Scolte 대표)이 주최하는 연례年例 '북조선 자유 주간' 행사로 '가족회'와 '구출회'의 대표는 매년 참가하고 있다.

전시 내용은 일본인 납북 피해자의 사진과 관계자료, 조중朝中 국경지대와 북조선 내에서 촬영된 탈북 여성과 아동들의 비참한 상황을 표현하는 사진 패널, 괴로운 생활 모습을 나타내는 소지품, 자유에 대한 소망을 기록한 편지, 영상자료 등이었다. 당일의 모습은 현장에 있던 시마다 요이치 교수의 보고에 의하면 다음과 같았다.

워싱턴 시 중심부의 전시장을 방문한 시모무라 부장관을 방미 중이었던 '가족회' 마쓰토모 사무국장, 납북피해자, 마츠키 카오루松木薫 씨의 누나 사이토 후미요齋藤文代 씨, 시마다 요이치 '구출회' 부회장을 비롯하여 한국계 미국인인 인권운동가 남신우 씨('북조선자유연합' 부대표), 방미 중인 탈북자 대표, 연방의원 유지有志 등의 스태프들이 모두 나와서 환영했다.

남 부대표의 안내로 시모무라 부장관은 신중히 전시물을 둘러보고 참가자 모두와 함께 북조선에서의 공개처형 영상(약 10분)을 집중하고 관람하였다. '일본인 납북 코너' 앞에서는 특정 실종자를 가족으로 둔 '워싱턴 납치연락회' 대표 아노 이즈미淺野泉 씨 부부가 미국에서 벌이는 활동 등에 대해 설명했다.

그 후 탈북자 대표들이 기념촬영을 원하여 시모무라 부장관을 한가운데

두고 사진을 몇 장이나 촬영했다. 헤어질 때 "찾아주셔서 마음으로부터 감사한다"고 하면서 부장관과 악수했던 남 씨가 예상치 못하게 눈물을 흘리는 장면도 있었다.

남 씨와 수잔 솔티 탈북자연합 대표, 탈북자 대표 등에게서 들은 시모무라 부장관 방문에 대한 평가는 이하와 같았다.

"한국 정부 사람은 여러 번 불러도 답변조차 보내오지 않는다. 다시, 한국 정부에 대한 분노가 끓어오른다. 일본은 노무현 등과 상대할 필요가 없다."

"현재 조중 국경지대에서 탈북여성이 성노예가 되고 있는 사실을 보고도 못 본채하고 있는 일당이 위안부 문제 등 과거의 이야기를 갖고 나와서는 선한 사람인채하는 것은 위선의 극치로 용서하기 어렵다."

미국인들은 정확히 설득하면 진실을 알 수 있는 사람들이다. 그런데 지금까지 일본 정부는 그것을 하지 않았기 때문에 내외의 위안부=성노예파가 착착 모략선전을 전개하고, 오셀로게임처럼 본래 이쪽의 아군이어야 할 백白이 흑黑으로 바뀌고 있는 것이다. 그러나 이것은 완전히 고정되어 있는 것은 아니라 또 한 번 되돌릴 수 있다.

위안부 문제를 둘러싼 국제적 오해를 풀기 위한 관민 합동의 대응이 지금이야말로 요구되는 것이다.

앞에서 나는 아베 수상의 방미를 높이 평가했는데, 그것은 미국에 대한 당면한 작업이라는 점에 한정된 것이다. 다음으로 아베 정권이 해야 할 것은 '협의의 강제연행은 없었다'고 하는 점을 명확히 하여 알기 쉬운 일본 정부의 견해를 내놓는 것이다. 그것을 각국어로 번역하여 홈페이지 등에서 조용하게, 하지만 착실하게 홍보하여야 할 것이다.

계속 거짓말을 까밝히고 진실을 주장한다

이 책을 쓰기 위해 자료를 모으고 있을 때, 매우 흥미로운 강연기록을 읽었다. 요시미 요시아키 교수가 2002년 7월 후쿠오카에서 했던 '일본군 '위안부' 문제의 연구성과 – '위안부' 제도 합법론을 타파하기 위해日本軍'慰安婦'問題の研究成果-'慰安婦'制度合法論を打ち破るために'라는 제목의 강연이다(앞의 「전쟁과 성戰爭と性」 제25호). 거기에서 위안부 제도와 공창 제도의 같은 점과 다른 점과 관련하여 요시미 교수는 다음 4개 분류를 내놓았다.

  A. 양자는 동일한 것으로 "상행위이며, 합법이고, 인정될 수 있다"
 → '새로운 역사교과서를 만드는 모임'
  B. 양자는 전혀 다른 것이고, '위안부' 제도는 용납될 수 없다.
 → 초기의 한국 운동단체 '한국정신대문제대책협의회'
  C. 양자는 허용되지 않지만 '위안부 제도'는 공창 제도보다 악질이다.
 → 요시미 요시아키 교수
  D. 양자는 같은 성격이고, 모두 용납될 수 없다.
 → 페미니즘 여성사가女性史家

D의 입장의 여성사학자들은 요시미 교수가 A의 입장을 비판함에 있어서 위안부는 공창과 다르다고 강조하고 있는데, 이는 공창제를 미화하는 것이 된다고 비판했다.

D의 입장에서는 "본인이 자유의사로 그 길을 선택한 것처럼 보일 때도 매춘은 실은 무언가의 강제의 결과인 것이다"라고 하여 위안부도 공창도 모두 성노예라고 한다.

이야기가 여기까지 진행되면 A로 분류되는 입장으로 요시미 교수 등은 근접하여 오는 것으로 보인다. A의 입장은 공창도 위안부도 "당시의 시대 배경 속에서는 인정될 수 있지만, 비참한 일로서 동정한다"고 주장하고 있음에 지나지 않으며 "지금도 인정될 수 있다"고까지는 말하지 않는다.

아베 수상의 워싱턴에서의 발언도 정확히 그것을 말하고 있는 사실은 이 책에서 검토해온 바와 같다.

그리고 위안부도 공창도 모두 허용되지 않는다고 한다면 왜 당시 일본에도 세계의 많은 국가에도 있었던 공창 제도를 요시미 교수 등은 문제 삼지 않는 것인가?

이 책 제1부에서 상세하게 썼지만 아사히신문과 요시미 교수 등의 움직임으로 위안부 문제가 급부상한 1992년, 당시의 미야자와 수상은 노태우 대통령에게 여덟 번을 사죄했다.

나는 그때 외무성의 담당관에게 수상이 무엇에 대해 사과한 것인지, 권력에 의한 강제연행이 있었던 것에 대해 사과한 것인지, 빈곤 때문에 인신매매를 당한 피해자에게 사죄한 것인지, 만약 후자라면 왜 '요시와라'

의 일본인 공창公娼에게는 사죄하지 않는 것인지를 따졌다.[35]

외무성은 이후에 조사한다고 답했다. 그로부터 시간이 흘러, 권력에 의한 강제연행을 말하는 사람은 없어지고, 요시미 교수 등은 위안부와 공창도 동일하다고 말하기 시작했다. 그런 것은 우리들도 모두 알고 있었다. 당신들 때문에 일본의 명예가 얼마만큼 손상되었는지 알고 있는가 하고 강한 분노를 느끼고 있다.

실제로는 하지 않은 노예사냥과 같은 위안부 징용을 했다고 격렬하게 소리치고, 한국까지 가서 사죄하는 직업적 거짓말쟁이. 스스로 기생으로 인신매매됐다고 말하는 나이 든 여성을 "정신대로 강제연행이 된 위안부"라고 아무렇지도 않게 거짓말 기사를 쓰는 신문기자. 그것이 발각이 되도 책임을 묻지 않는 무책임한 신문사. 기생 출신의 노인 여성과 2만 6천 엔의 거금을 저축한 노인 여성을 앞세워 일본을 고소하는 후안무치한 변호사. 매년 스스로 유엔 인권위원회에 가서 "위안부는 성노예"라고 하는 기발한 궤변을 보고서로 쓰게 한 자학적 NGO 활동가. 이들 모두가 일본인이다.

거짓말로 시작하고, 궤변이 난무하고, 마침내 미국 의회에서 일본을 규탄하는 결의가 채택되었다. 이들을 추동하고 있는 것이 '반일' 일본인이다.

그들은 국제사회에 방대한 네트워크를 구축하고 꾸준히 자료를 모으면서 국제법적 궤변을 개발한다. 그러면서 우리들의 조국, 그리고

---

[35] 요시와라吉原는 에도시대 에도 교외에 만들어진, 막부가 공인한 매춘 업소가 모여 있는 유곽 지역의 이름이다. 현재의 도쿄도東京都 다이토구臺東區에 있었다. 공창제公娼制에 의한 유곽거리 중 가장 대표적인 것으로 1946년 공창제가 폐지되기까지 영업하였으며, 그 뒤 사창가私娼街로 바뀌었다가 1958년에 매춘방지법으로 모두 폐업하였다.

그들의 조국, 이 아름다운 나라 일본을 계속 폄훼하고 있다. 이 사람들의 '반일 집념'이야말로 우리들의 적이다.

그들이 요즘 얼마나 심각한 거짓말을 계속하고 있는가를 사실에 기초하여 정확히 국제사회에 호소하는, 그 일을 한다면 우리는 반드시 이길 수 있다. 왜냐하면 그들은 거짓말쟁이이기 때문이다.

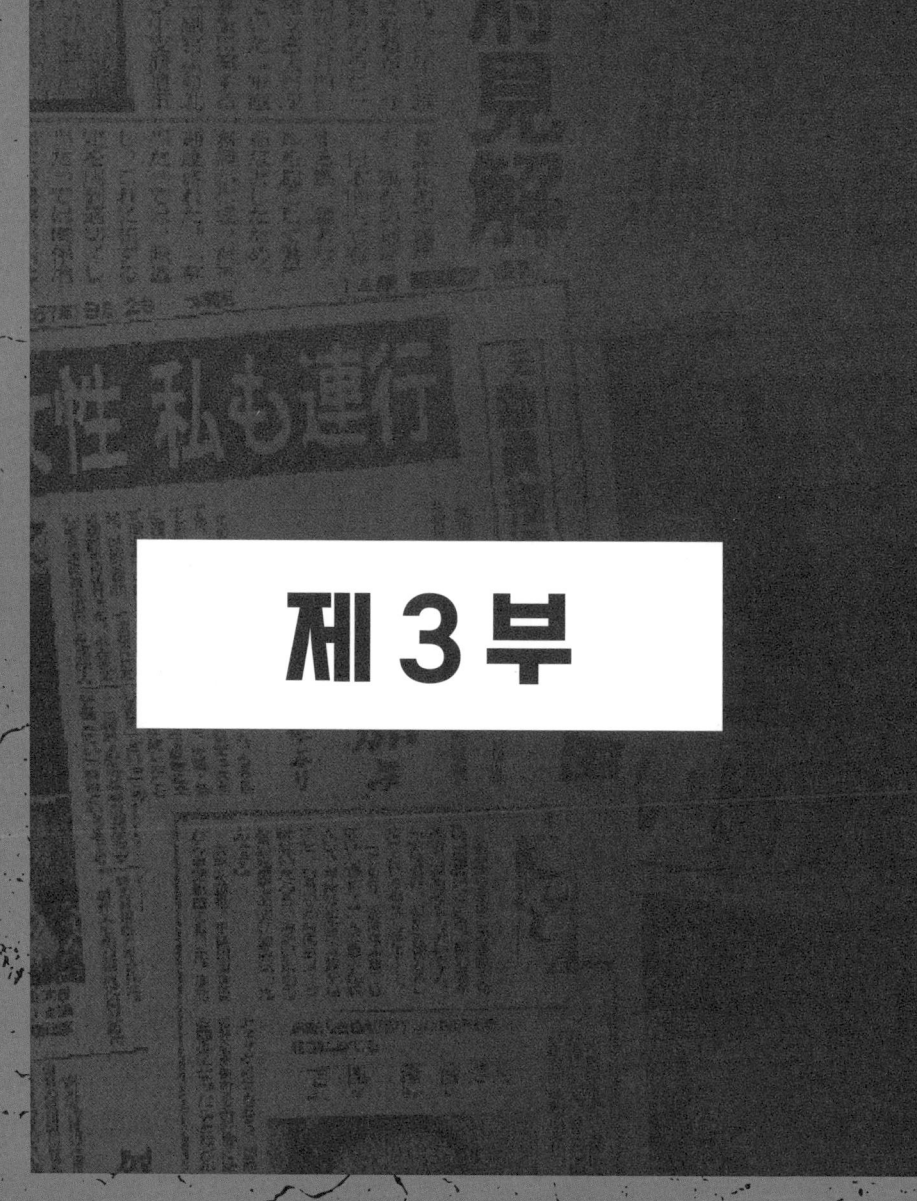

제 3 부

한국에서 다시 타오른 위안부 '반일'의 잔상

7장

사기가 적발된 유족회 회장

배후조종자 여인의 체포

"양순임 유족회 회장의 사기가 적발되었습니다."
"1991년 8월 기생으로 인신매매된 할머니를 여자정신대로 연행되었다고 오보를 내어 일한日韓관계를 엉망으로 만든 아사히신문의 우에무라 다카시植村隆 기자의 장모군요."

2011년 4월말, 서울에서 구로다 가쓰히로黑田勝弘 산케이産經신문 서울 지국장과 나눈 대화다. 구로다 지국장은 5월 9일자 산케이신문에 이하와 같은 기사를 썼다.

'대일보상요구'로 3만 명을 속이다, 한국의 단체 간부들 적발

서울시경 당국은 최근 일본통치시대의 전시동원 피해자에 대해 일본 정부 등으로부터 보상금을 받아준다며 변호사비용 등의 명목으로 회비 15억 원(약 1억 2천만엔)을 사취詐取한 단체 간부들 39명을 사기 혐의로 적발했다고 발표했다. 피해자는 3만 명에 이른다.
적발된 것은 '태평양전쟁희생자유족회', '민간청구권소송단' 등 대일 요구와 반일집회, 데모를 전개해온 단체. 오래전부터의 활동가로 일본에서도 알려진 양순임 유족회 회장(67세)도 범죄혐의를 받고 있고, 대일배상 요구 운동에 브레이크가 걸릴 듯하다.

발표에 따르면, 양순임 등은 유족회와 소송단 등 각종 단체를 조직하여 회원을 모집. 그때 "동원 희생자가 아니라도 당시를 살았던 사람이라면 누구라도 보상을 받을 수 있다"는 등 거짓말을 한 예도 있고, 회원을 모집하면 수당을 지급하고 있었다고 한다.

경찰 발표에서는 양 회장 등은 서울에서의 일한日韓 친선 축구 시합 스탠드에 약 500명의 회원을 동원하여 일본 정부에 사죄와 보상을 요구하는 플래카드를 내거는 "위장활동"을 해왔다고 한다.

(밑줄은 필자. 이하도 마찬가지다)

밑줄 부분 "오래전부터의 활동가로 일본에서도 알려진 양순임 유족회 회장(67세)도 범죄혐의를 받고 있고"라는 부분은 사정을 아는 나와 같은 전문가는 곧바로 감각적으로 알 수 있는 서술이지만, 대부분의 독자는 배경과 의미를 알 수 없을 것이다. 나는 1992년 2월에 양순임 유족회 회장을 만났다. 그때의 경위는 이 책 제2장에 쓴 대로다.

냉정한 한국 경찰의 경고

양순임 씨가 어떠한 용의로 적발되었는지 정리해두자. 내 손에 "태평양전쟁 강제동원 희생자 보상금 명목으로 3만 명을 상대로 15억 원 사기의 피의자 39명 검거"라는 제목의 서울지방경찰청이 4월 22일에 발표한 브리핑 자료가 있다.

그것을 소개하면서 해설을 더하겠다. 자료의 첫머리에 다음과 같은 사건의 요약이 있다. 다음과 같다.

> 서울지방경찰청 광역수사대는 태평양전쟁 강제동원 희생자에 대한 보상금을 받도록 해주겠다고 하여 각종 일제강점기 관련 단체를 설립하고 변호사 선임 비용 등의 명목으로 3만 명 남짓으로부터 15억 원 상당을 사취한 Y모 씨(67세)(양순임 씨) 등 39명을 불구속입건했다.
>
> 수사 결과, Y모 씨는 OO유족회 대표로서 TV 뉴스의 인터뷰 등에 출연한 점을 전면에 내세워 변호사 선임 비용 등에 사용해야 한다며 1인당 3만~9만 원을 모집책을 통해서 사취해왔던 것이 확인되었다.
>
> 경찰은 태평양전쟁 강제동원 희생자에 대한 보상은 '태평양전쟁 강제동원 희생자에 대한 지원 법률'에 의해서만 이루어지므로 이 이상의 추가 피해가 발생하지 않게 해달라고 요청함과 함께, 사취금 중에서 구좌에 남아 있는 1억 5천만 원에 대한 몰수·보전을 신청할 예정이다.

여기에서 언급되고 있는 '태평양전쟁 강제동원 희생자에 대한 지원 법률'이란 한국에서 2007년 12월에 제정되어 2008년 6월 11일에 시행된 '태평양전쟁 전후 국외 강제동원 희생자 등 지원에 관한 법률'을 가리킨다 (또 동 법률은 2010년 3월 22일에 사할린 잔류자에 대한 지원 조항 등을 보완하여 '대일항쟁기 강제동원 피해조사 및 국외 강제동원 희생자 등 지원에 관한 특별법'으로 개칭되었다. 법의 취지는 동일하므로 여기에서는 보완·개칭 전의 법률을 소개한다).

동 법은 "이 법은 1965년에 체결된 '대한민국과 일본국 간의 재산 및 청구권에 관한 문제 해결과 경제협력에 관한 협정'과 관련하여 국가가 태평양전쟁 전후 국외 강제동원희생자와 그 유족 등에게 인도적 차원에서 위로금 등을 지원함으로써 이들의 고통을 치유하고 국민화합에 기여함을 목적으로 한다"(제1조)고 하여, 군인, 군속, 노무자로서 국외 동원되어 사망했다든가 행방불명이 된 자의 가족에게는 2천만 원, 부상에 의해 장애를 입은 자에게는 장애의 정도에 따라 최고 2천만 원, 일본의 정부와 민간에게 급여, 수당, 조위금 등의 미수금 등이 있는 자에게는 1엔을 2천 원으로 환산하여 각각 위로금을 지급하도록 정하고 있다.

'대한민국과 일본국 측의 재산 및 청구권에 관한 문제해결과 경제협력에 관한 협정'이란 한일간 외교회복 때에 체결된 협정으로 무상 3억 달러, 유상 2억 달러의 자금을 일본이 한국에 제공하고 그것으로써 한국과 일본이 "(재산 및 청구권에 관한 문제를) 완전하고 최종적으로 해결된 것으로 되는 것을 확인한다"(제2조)고 규정하고 있다.

주의 깊게도 그때 양국이 확인한 '동 협정에 대해 합의된 의사록'에는 협정의 제2조 1항에 관해 "완전하고 최종적으로 해결된 것으로 되는 양국 및 그 국민의 재산, 권리 및 이익, 그리고 양국 및 그 국민 간의 청구권에 관한 문제에는 일한조약에 의해 한국 측으로부터 제출된 '한국의 대일청구요강'(이른바 8개 항)의 범위에 속하는 모든 청구가 포함되고, 따라서 동 대일청구요강에 관해서는 어떠한 주장도 할 수 없다는 것이 확인되었다"고 명기되어 있다.

여기에서 말하고 있는 '한국의 대일청구요강' 8개 항에는,

"5. 한국 법인 또는 한국 자연인의 일본국 또는 일본국민에 대한 일본 채권, 공채, 일본은행권, 피징용인의 미수금, 보상금 및 기타의 청구권의 변제를 청구한다. 본 항의 일부는 하기의 항목을 포함한다.

(1)(2) 생략, (3) 피징용 한인 미수금, (4) 전쟁에 의한 피징용자의 피해에 대한 보상, (5) 한국인의 대일본 정부 청구 은급恩給 관계 기타, (6) 생략, (7) 기타

6. 한국인(자연인 및 법인)의 일본 정부 또는 일본인(자연인 및 법인)에 대한 권리의 행사에 관한 항목"

이 들어 있다.

따라서 만일 옛 위안부에 대한 동원이 징용 등의 강제력이 있는 것이었고 보상청구가 법적으로 요구된다고 가정하더라도, 그 권리는 이미 완전하고 최종적으로 해결됐다는 것이 저 8개 항 속에 포함되어 있다고 밖에 읽을 수 없는 규정으로 되어 있는 것이다.

실은 나는 일본의 외교관으로부터 5항의 "(7) 기타"에 관해 교섭의

자리에서 한국 측이 "금후 일어날 수 있을지도 모르는 제 문제"라고 주장하고 있었다는 귀중한 증언을 들었다. 여기서 나중에 서술하는 것과 같이, 한국 정부는 지금 위안부 문제는 한일교섭에서 나오지 않았기 때문에 청구권협정의 3억 달러와는 별도로 보상을 청구할 수 있다고 하는 입장을 취하고 있지만, 이 증언이 사실이라면 놀랄 정도의 '일구이언一口二言'을 하고 있다고 밖에 말할 수 없다. 외무성은 아직 공개하지 않고 있는 당시의 교섭 기록을 점검하고 그러한 한국의 주장이 실제로 존재했는지 어떤지, 존재했다면 그것을 공개하여 한국 정부에 엄중히 반론해야 할 것이다.

게다가 이것도 역시 내가 반복하여 주장하고 있는 바와 같이, 일본통치시대의 한국인들의 개인적 보상은 한국의 국내 문제다. 개인보상금도 포함하여 일본으로부터 받은 무상 3억 달러, 유상 2억 달러의 사용 방법은 한국이 독립국으로서 자주적으로 결정했다. 당시의 일본 외환보유고는 18억 달러였는데, 한국의 외환보유고는 1억 3천만 달러였고 무역적자가 2억 9천만 달러였기 때문에 이를 통해 5억 달러라는 자금의 규모를 알 수 있다.

일본은 1966년부터 75년까지의 10년에 걸쳐 동 자금을 분할하여 제공했다. 한국 정부는 그것을 포항제철, 소양강 다목적댐, 경부고속도로, 농업근대화, 중소기업육성 등에 투입했고, 한국 정부의 계산에 의하면 10년간의 경제성장 기여율은 평균 20%, 경상수지 개선효과가 연평균 8%라고 하는 빛나는 실적을 남겼다(한국 정부 발행『청구권자금백서』, 또한 동 백서의 주요 부분은 필자의 책『일한오해의 심연日韓誤解の深淵』에 번역해 두었다).

민간인에 대한 보상은 군인·군속·징용노무자로 사망한 자의 직계가족 약 9,500명에게 30만 원씩 지불되었을 뿐이고, 부상자를 포함한 생존자에게는 보상이 없었다. 그런 의미에서 한국의 경제발전에 희생이 되었다고 말할 수도 있겠지만, 자금을 어떻게 사용할 것인가는 독립국가로서 한국 정부가 독자적으로 결정한 것이다. 한국 정부는 일본통치시대의 한국인 피해자를 포함한 전체 국민이 절대적 빈곤으로부터 해방되기 위해 일본으로부터의 자금을 실로 유효하게 사용했고 그 정책은 목표를 달성했다.

나는 20년 전부터 이 점을 지적하고, 전후보상은 한국 정부가 자국민 피해자에 대해 행해야 할 일이지 일본을 상대로 그것을 요구하는 재판은 넌센스라고 반복하여 주장해왔다. 2007년에 그것을 실현하는 법률이 한국에서 성립했다. 이 사실은 일본에서는 그다지 알려지지 않은 것으로, 여기에서 강조해 두고 싶다. 또 옛 위안부에 대해 한국 정부가 지원금을 지급하는 법률인 '일제하 일본군 위안부에 대한 생활안정 지원법'도 1993년 6월에 제정되었다.[36]

---

[36] '일제하 일본군 위안부에 대한 생활안정 지원법'은 그 지원 대상자를 당시 위안부에 대한 국민적 인식에 따라 "일제에 의하여 강제동원되어 일본군 위안부로서의 생활을 강요당한 자"로 규정하였다. 동 법은 제1조에서 "국가가 인도주의정신에 입각하여 이들을 보호하고 지원함"을 목적으로 한다고 하였다. 이 법은 가장 최근에는 2018년에 개정되었으며, 명칭도 '피해자'라는 개념을 새로이 덧붙여 '일제하 일본군위안부 피해자에 대한 보호·지원 및 기념사업 등에 관한 법률'(약칭 '위안부피해자법')로 바뀌었다. 개정 법률에서는 '일본군위안부 피해자'를 "일제에 의하여 강제로 동원되어 성적(性的) 학대를 받으며 위안부로서의 생활을 강요당한 피해자"로 규정하고 있다. 동 법은 "일본군위안부 피해자의 명예 회복과 진상 규명을 위한 기념사업을 수행함으로써 이들의 생활 안정과 복지 증진을 꾀하고 국민의 올바른 역사관 정립과 인권 증진에 이바지함"을 목적으로 한다고 하고 있다.

이 법률이 있는 이상, 전후보상을 명목으로 일본을 상대로 재판을 일으켜도 이길 리가 없고, 민간단체인 유족회 등의 회비를 거둬 싸우지 않아도 자격만 있다면 한국 정부로부터 위로금은 나오는데, 양순임 씨는 회비와 변호사 비용 등을 걷었다. 그래서 이번에 서울경찰청은 이러한 양순임 씨 등의 활동에 사기 혐의가 있다고 지적한 것이다. 그것뿐만이 아니라 서울경찰청은 "일제시대 때 피해사실이 있으면 법에 기초하여 위로금이 나오기 때문에 일본으로부터 보상금을 받아주겠다고 말하는 등의 사기꾼에게 속지않기 바란다"고 하는 경고까지 내놓았던 것이다.

20년 전, 우에무라 기자와 아오야나기 씨, 다카기 변호사 등 반일 일본인과 양순임 씨 등에 의해 엉망이 된 한일관계가 상식에 준하는 형태로 가까스로 일부 정상화되었다고 말할 수 있지 않을까.

반일이 장사로

다시 한 번, 서울경찰청의 브리핑자료로 돌아간다. 사건의 개요로서 다음과 같은 설명이 있다.

> Y모 씨(67세)는 J모 씨(64세), L모 씨(41세) 등과 태평양전쟁 강제동원 희생자 보상금을 받도록 해주겠다고 하면서 OO추진위원회, OO민간청구권 소송단 등 각종의 형식적인 일제강점기 관련 단체를 만들어 변호인 선임 비용, 유족회 등록비 등의 명목으로 금전 사취를

공모하고, 2010년 3월경 서울시 종로구 소재 OO민간청구권 소송단 사무소에서 피해자 L씨(48세)에게 "태평양전쟁 강제동원 관련의 보상금을 소송 또는 교섭을 통해 2천만 원 가량 받게 해준다"고 속여 변호사 비용과 유족회 등록의 명목으로 9만 원을 사취하는 등, 2010년 3월부터 2011년 1월까지 36명의 모집책을 통해 전국적으로 3만 명 정도의 피해자로부터 15억원 상당을 사취했다.

사기의 주모자가 양순임 씨 등 3명이고, 그 아래에 36명의 모집책이 전국에서 3만명을 속였다는 것이다. 지금까지도 같은 종류의 사기사건은 피해자의 고발에 의해 개별적으로 입건되고 있지만, 이번은 주모자 3명과 모집책 36명으로 합계 39명이 함께 입건된 것이다.

자료에 의하면, 양순임 씨 등은 36명의 모집책에게 한 사람을 모집하면 2만원의 수당을 주었다고 한다. 돈이 좋아서 일부 모집책은 "강제동원 희생자가 아니라도 그 시기에 살았다든가, 대한민국 국민이라면 누구나 보상이 가능하다고 적극적으로 속여 가입을 권유하고 명의만 빌려주면 회비는 자신이 대신 내고, 뒤에 보상금이 나오면 50%씩 나누자는 계약서를 작성하는 일도 있었다"고 한다.

하지만 36명이 3만 명으로부터 15억 원을 모았기 때문에 한 사람의 모집책이 평균 830명으로부터 5만 원씩을 사취했다는 계산이 된다. 5만 원의 회비로 2천만 원을 받는다고 속인 것이다. 그 5만 원내에서 2만 원은 모집책이 가졌기 때문에 양순임 씨 등은 3만 원의 이익을 얻고 있었던 것이다.

이만큼 다수의 피해자가 나온 배경에는 양순임 씨가 운동가로서의 지명도가 높다는 사실이 있었다. 양순임 씨는 그것을 유지하기 위해 이러저러한 퍼포먼스를 계속하고 있었다.

피의자들은 소송을 대행하는 단체의 이름을 OO권익문제연구소(2007년 7월~2008년 5월), OO추진위원회(2009년 8월~9월), 대일對日OO소송단(2010년 2월~9월), 대일OO희생자회(2010년 9월~) 등으로 이름을 계속 바꿔 지능적으로 돈을 모아왔다.

2010년 10월 12일, 상암경기장에서 개최된 한일 친선 축구대회 때는 일본의 사죄를 요구하는 플래카드를 건 집회와 시위를 하고, 또 일본 정부에 대해 보상금을 지급하라고 하는 성명서를 제출하는 등 보상 활동으로 위장했지만, 형식적인 자문변호사 선임 이외에 회원 모집 때 약속한 대일소송 등은 전혀 진행한 사실이 없었다.

이전과 마찬가지로, 한국 정부가 위로금을 주는 법률이 생긴 뒤에도 일본 정부로부터 돈을 받는다고 속여서 회비를 모으고 있었다. 정확히 반일행위를 직업으로 하고 있었다.

놀랍게도 양순임 씨는 TV에서 사기를 조심하라고 하는 발언도 하였다(Y모 씨는 지원법률의 시행 직전, OO유족회 대표로 TV 뉴스(2008년 8월 5일) 등에 나와 "유족에 대한 보상 신청 대행을 구실로 한 사기를 조심하라"고 인터뷰에서 답하는 등 지명도를 이용하여

모집책과 피해자를 안심시켰다).37)

---

37) 양순임 씨는 2013년도에 구속기소됐으나 2014년에 최종 무죄를 선고받고 석방되었다. 하지만 이에 대해서 논란이 없지 않다. 그녀와 공모한 혐의로 구속기소됐던 장 모※ 씨에게만 5년 6개월(2심)의 실형이 선고되었기 때문이다. 1심 재판부는 양순임 씨에게 무죄를 선고하면서도 "양 씨는 장 씨의 종전 행태에 비춰 그가 사기 행각을 벌일 수 있다는 점을 예상하고 이에 대한 통제·예방 장치를 마련할 필요가 있었다"면서 "이런 조치를 하지 않아 결과적으로 유족회 이름을 장 씨에게 빌려줘 범행의 명분을 제공했다. 도덕적, 민사적 책임을 추궁할 여지는 있다"고 하였다.

8장

한국 헌재 결정에서 부활한
요시다 증언

위안부 문제로 배상을 요구하지 않는 것은 헌법 위반

하지만 양순임 씨의 사기 문제 적발로 한일관계가 정상화됐다는 내 판단은 결과적으로 틀렸다. 같은 해인 2011년 8월 30일, 한국의 헌법재판소가 "한국 정부가 일본에 대하여 옛 위안부의 배상 청구를 위한 외교교섭을 하지 않는 것은 헌법위반이다"라고 하는 깜짝 놀랄 결정을 내렸기 때문이다.

한국 외교통상부는 같은 해 9월 15일, 주한 일본대사관의 가네하라 노부카츠兼原信克 총괄공사를 불러 이 문제에 관한 양국 간 협의를 공식으로 제안했다. 조세영 동북아시아 국장은 "위안부와 피폭자의 배상청구권이 청구권협정에 의해 소멸한 것인가 어떤가를 서로 이야기 하기 위해 동 협정 제3조에 의해 양국간 협의를 개최할 것을 희망한다"고 하는 내용의 구상서口上書를 건네주고 가네하라 공사는 "본국에 알리겠다"고 답했다. 9월의 뉴욕 한일외상회담과 10월의 서울에서의 한일외상회담에서도 마찬가지 요구가 있었다.

헌법재판소의 결정문을 입수하여 전문 약 3만 3천 자를 숙독하고, 당시 위안부 문제의 심각성과 그것을 낳은 지금까지의 무사안일주의인 일본 외교의 실패를 다시 생각해보게 되었다.

우선 어떠한 경위로 헌법재판소에서 심사가 시작된 것인지를 살펴보자. 앞서 언급한 대로 회장의 사기가 적발된 태평양전쟁희생자유족회가 일본에서 일으킨 재판이 "한일협정으로 완전히 해결 완료"라는 판결로 계속해서 패소하던 중, 유족회는 한국 정부에 대해서 한일교섭의 외교문서를 공개할 것을 신청했다. 정부가 외교관계를 이유로 거부하자 유족회는 서울 행정법원에 정보공개 거부 취소 청구 소송을 제기했다. 동 법원은 2004년 2월 13일, 외교문서의 일부를 공개할 것을 명하는 판결을 내렸다. 한국 정부는 한 번 항소했지만, 당시 노무현 대통령의 반일정책에 의해서 다음 해인 2005년 1월에 문서를 공개했다.

문서공개에 당면하여 한국 정부는 이해찬 총리가 주재하는 '한일회담 문서공개 후속대책 관련 민관공동위원회'(이하 이해찬 위원회로 칭한다)를 설치했다. 이해찬 위원회는 총리와 민간인 변호사가 공동위원장이 되고, 관계부서 대표로 정부위원 9명과 학자, 언론인, 운동가 등 민간위원 7명으로 구성되었다. 외교상의 중요문제에 관해서 의논하는 위원회가 '민관공동위원회'가 되고, 민간 대표가 공동위원장과 위원으로 들어오고, 위원회 명칭도 '관민'이 아니라 민民이 앞에 놓인 '민관공동위원회'가 되었다는 것에 놀라게 된다.

게다가 친북좌파 단체인 '참여연대'의 손혁재 운영위원장이 위원으로 참가했다는 사실도 놓칠 수 없다. 이러한 이상한 위원회의 설치는 노무현 대통령과 이해찬 총리의 좌익반정부 활동가로서의 오랜 경력에서 오는 의도적 반일정책의 표현이라고 할 수 있을 것이다.

노무현 정권이 위안부 문제는 미해결로 결정

동 위원회는 2005년 8월 26일, 한일청구권협정의 법적효력 범위 등에 대해 논의하고 위안부에 대한 전후보상에 대해 다음과 같이 정리했다. 동 위원회가 발표한 보도자료에서 그 부분을 옮긴다.(밑줄은 필자)

한일청구권협정은 기본적으로 일본의 식민지배 배상을 청구하기 위한 것이 아니었고, 샌프란시스코 조약 제4조에 근거하여 한일 양국간 재정적·민사적 채권채무 관계를 해결하기 위한 것이었음.
<u>일본군 위안부 문제 등 일본 정부, 군 등 국가권력이 관여한 반인도적 불법행위에 대해서는 청구권협정에 의하여 해결된 것으로 볼 수 없고, 일본 정부의 법적 책임이 남아있음.</u>
사할린동포, 원폭피해자 문제도 한일청구권협정 대상에 포함되지 않음.

동 위원회는 2006년 3월 8일, 징용자 등에 대한 인도적 차원에서의 지원책을 정리했다. 그에 기초하여 앞에서 언급한 '태평양전쟁 전후의 국외 강제동원 희생자 등 지원에 관한 법률'이 제정되었던 것이다. 같은 날, 이해찬 위원회는 위안부 문제에 대해 다음과 같은 한국 정부의 기본적 입장을 분명히 했다.

<u>한일청구권협정에서 취급되지 않은 일본군 위안부 등 반인도적 불법행위</u>에 대해서는 일본 정부에 지속적으로 책임을 추궁하고, 사할린 한국인, 원폭피해자 문제 등은 일본 정부와 외교적 협의를

통해 지원 범위를 확대하여 갈 계획이다.

여기에서 한국 노무현 정권이 한일관계를 크게 악화시키는 중대한 결정을 한 것이다. 위안부 문제는 한일국교정상화를 위한 외교교섭에서 확실히 한 번도 논의되지 않았다. 앞에서 본 것과 같이 이승만 정권이 일본에 제기한 8개 항 요구에서도 "위안부"라는 말은 없었다. 나는 이 사실을 20년간의 논쟁 속에서 반복하여 지적하였고, 일본통치시대의 역사적 현실을 아는 사람들이 건재했던 시대에는 빈곤을 원인으로 하는 위안부의 피해에 대해서 일본으로부터 배상과 보상이 취해져야 한다고 아무도 생각하지 않았던 것이라고 주장했다.

그런데 노무현 정권이 되어 일본통치시대를 아는 사람들이 적어지고, 정부가 "<u>한일청구권협정에서 취급되지 않은 일본군 위안부 등 반인도적 불법행위</u>에 대해서는 일본 정부에 지속적으로 책임을 추궁"한다는 입장을 당당히 공언했다. 협정에서 취급되지 않았던 이유는 한국 정부가 언급을 하지 않았기 때문이다. 그런데 왜 그것이 "반인도적 불법행위"가 되는 것인지 전혀 이해할 수 없다.

징용과 징병에 대해서는 한일청구권협정에서 취급되고 있었기 때문에 일본에 재차 보상을 요구하지 않고 한국 정부가 지원을 하지만, 위안부 문제는 취급한 바 없었기 때문에 "일본 정부에 지속적으로 책임을 추궁"하겠다고 말했다. 여기에서 권력에 의한 강제가 실제로 있었던 징용·징병과, 당초에는 일본으로부터 보상을 받을 수 있다고 아무도 생각하지 않았던 옛 위안부의 법적 처지가 역전됐다. 놀랍게도 위안부 문제만 미해결로서 한국 정부가 정식으로 문제를 삼겠다고 한 것이다.

엄밀하게 말하면 서울에 주재하는 일본 기자들이 이와 같은 한국 정부의 결정이 이루어졌다는 것을 큰 문제로 보도해야 했고, 외무성도 사태의 심각성을 인식하고 대책을 세워두어야 했다. 그러나 보도는 일절 없었고, 외무성도 문제의식이 없었다.

솔직히 고백하는데 나와 같은 전문가라도 이 경악할 위안부 문제에 대한 한국 정부의 법적 입장의 역전현상을 알지 못했다. 아무리 그렇다고 하더라도 이렇게까지 이상한 일이 한 나라의 정부에 의해 결정된다고는 생각하지 못했다. 한국에서 노무현, 이해찬이라는 친북좌파가 권력을 장악한 문제를 너무 경시하였다고 일본 전체가 반성해야 한다.

좌파 단체가 노무현 결정을 이용하여 위헌제소

그러나 노무현 정권에서도 또 그 후의 이명박 정권에서도 외교를 담당하는 전문 외교관들에게는 최소한의 상식이 있었고, 위안부에 대한 보상청구를 외교문제로 하는 일은 자제되어 왔다. 그와 달리 1990년부터 일관되게 위안부 문제를 한일관계를 악화시키는 수단으로 이용해온 친북좌파 단체 '정신대문제대책협의회'가 옛 위안부들을 대상으로 작업을 하여 2006년 7월 5일, 한국 정부가 옛 위안부에 대한 배상을 일본에 요구하지 않는 것은 헌법위반이라고 하는 재판을 시작했다.

이해찬 위원회가 위안부 문제는 한일협정에서 취급되지 않았기 때문에 외교적으로 일본을 추궁한다는 법적 입장의 역전을 공개적으로 주장하고부터 4개월 뒤의 일이다. 정확히 민과 관이 합동으로 반일정책과 반일운동을 협력하여 전개하고 있었다.

한국은 일본과 달리 법원의 위헌심사를 3심제의 최고위 재판소인 대법원이 하지 않고, 별도의 1심제인 헌법재판소가 한다. 거기에서 위헌결정이 2011년 8월 30일에 나온 것이다. 외교교섭을 하지 않는 것이 왜 헌법위반인가? 거기에는 또 하나, 이상한 협정 해석이 있다.

헌법재판소의 이상한 한일협정 해석

이 책에서 상세히 보아왔듯이 1965년에 체결된 협정에서는 일본이 무상 3억 달러, 유상 2억 달러를 제공하고(제1조), 그 결과 한일의 보상 문제는 완전하고 최종적으로 해결된 것이 된다는 것을 확인하였다(제2조). 그에 이어서 제3조에는 협정의 해석 및 실시에 관한 분쟁해결의 절차가 다음과 같이 규정되어 있다. 조금 길지만 이후의 전개를 생각하는 데 중요한 조항이므로 전체를 인용한다.

제3조
1. 본 협정의 해석 및 실시에 관한 양 체약국간의 분쟁은 우선 외교상의 경로를 통하여 해결한다.

2. 1의 규정에 의하여 해결할 수 없는 분쟁은 어느 일방 체약국의 정부가 타방 체약국의 정부로부터 분쟁의 중재를 요청하는 공한을 접수한 날로부터 30일의 기간 내에 각 체약국 정부가 임명하는 1인의 중재위원과, 이와 같이 선정된 2인의 중재위원이 당해 기간 후의 30일의 기간 내에 합의하는 제3의 중재위원, 또는 당해 기간 내에 이들 2인의 중재위원이 합의하는 제3국의 정부가 지명하는 제3의 중재위원과의 3인의 중재위원으로 구성되는 중재위원회의 결정을 위하여 그에 회부한다. 단, 제3의 중재위원은 양 체약국 중의 어느 편의 국민이어서는 아니 된다.

3. 어느 일방 체약국의 정부가 당해 기간 내에 중재위원을 임명하지 아니하였을 때, 또는 제3의 중재위원 또는 제3국에 대하여 당해 기간 내에 합의하지 못하였을 때에는, 중재위원회는 양 체약국 정부가 각각 30일의 기간 내에 선정하는 국가의 정부가 지명하는 각 1인의 중재위원과 이들 정부가 협의에 의하여 결정하는 제3국의 정부가 지명하는 제3의 중재위원으로 구성한다.

4. 양 체약국 정부는 본조의 규정에 의거한 중재위원회의 결정에 승복한다.

1항에서 협정의 해석 및 실시에 관한 분쟁이 발생할 경우, 외교로 해결할 것을 정하고, 2항과 3항에서는 외교로 해결할 수 없는 분쟁은 제3국 위원을 포함한 중재위원회를 구성하여 해결하는 깃으로 하고, 4항에서는 중재위원회의 결정에 승복할 것을 규정하고 있다.

정신대문제대책협의회와 옛 위안부들은 우선 이해찬 위원회가 명확히 한 위안부 문제는 미해결이라고 하는 한국 정부의 입장과, 해결이 끝났다는 일본 정부의 입장 차이를 "협정의 해석에 관한 분쟁"으로 파악하고, 그 해결을 위해 협정 제3조에 기초한 외교교섭을 한국 정부가 하지 않는 것이 헌법위반의 부작위不作爲("마땅히 하여야 할 일을 일부러 하지 아니함"이라는 의미의 법률 용어)라고 하는 기발한 논리를 개발하여 헌법재판소에 제소했다.

이미 협정이 체결되고 47년이 흐르고, 협정에 기초하여 일본이 한국에 자금을 제공하기를 마치고 나서 36년이 흐른 뒤였다. 한국 정부는 자금제공이 종료된 1976년에 『청구권백서』를 발행했는데, 438쪽에 달하는 백서의 어디에도 "분쟁이 일어났었다" 또는 "분쟁이 일어나고 있다"는 기술은 없다.

교섭 중에도, 협정체결 후 자금제공 중에도 일절 이의를 제기하지 않았던 한국 정부가 이제와 협정 제3조를 근거로 외교교섭을 요구해야 한다는 논리는 거꾸로 뒤집힌 주장이라고 할 수밖에 없다.

그런데 헌법재판소는 8월 30일, "청구인들(옛 위안부들)이 일본국에 대해서 갖고 있는 일본군위안부로서의 배상청구권이 '대한민국과 일본국 간의 재산 및 청구권에 관한 문제의 해결과 경제협력에 관한 협정' 제2조 제1항에 의하여 소멸되었는지 여부에 관한 한·일 양국 간 해석상 분쟁을 위 협정 제3조가 정한 절차에 따라 해결하지 아니하고 있는 피청구인의 부작위는 위헌임을 확인한다"는 결정을 했다.

강제동원을 인정한 결정

결정문에는 9명의 재판관의 이름이 기록되어 있는데, 그 속의 한 사람에 대해서는 "퇴임으로 서명날인 불능"이라고 되어 있기 때문에 사실상 8명의 재판관이 내린 결정이라고 할 수 있다. 그 속에서 3명으로부터 "헌법위반이 아니다"라는 소수의견이 나왔다. 그 이유는 협정 제3조는 한국 정부에 대해 외교교섭과 중재위원회에서의 해결노력의 의무를 부과하는 규정이 아니라, 체약국끼리 그러한 행동을 취하는 것을 서로 인정하는 것에 불과하므로, 외교재량권의 범위이며 헌법심사는 자제해야 한다고 말하고 있다.

그러나 소수의견에서도 이하에서 보듯이 왜곡된 사실인식은 공통되고 있다

판결문의 위헌 이유를 구체적으로 소개하자. 이유의 기술은 "1. 사건의 개요와 심판대상", "2. 당사자의 주장", "3. 이 사건의 배경", "4. 적법요건에 대한 판단", "5. 본안에 대한 판단", "6. 결론", "7. 재판관 조대현의 인용보충의견", "8. 재판관 이강국, 재판관 민형기, 재판관 이동흡의 반대의견"으로 나뉘어 있다.

"1. 사건의 개요와 심리대상"의 첫머리에서 "청구인은 일제에 의해 강제적으로 동원되어 성적 학대를 받고 위안부로서의 생활을 강요받은 '일본군 위안부 피해자'다"라고 하면서 강제동원, 그리고 위안부로서의 생활 강요라고 하는, 사실에 반하는 기술이 나온다. 이러한 사실인식이

재판의 전제로서 전혀 의심이 없이 설정되고 있는 것에 문제의 심각성이 있고, 일본 외교의 실패가 반영되어 있다.[38]

"2. 당사자의 주장" 가운데 한국 정부의 주장은 "정부의 외교행위는 넓은 재량이 인정된다", "청구인의 복지를 위해 힘껏 노력하고 있고, 국제사회에서 이 문제를 지속적으로 제기해왔다", "분쟁해결 수단의 선택은 국가가 국익을 고려하여 판단하는 문제로 구체적인 외교조치를 취해야 할 법적 의무가 있다고는 말할 수 없다" 등이며, "3. 이 사건의 배경"에 쓰여 있는 사실인식에 대해서는 다투지 않고 있다.

그러면 "3. 이 사건의 배경"을 살펴보자. 여기에서는 시계열에 따라 1945년 이래의 문제 추이가 개관되고 있다.

우선 1945년부터 1965년의 협정체결, 1975년부터 1977년까지 한국 정부가 한 보상조치가 열거되고, "일본군위안부 문제는 이 사건 협정(청구권협정, 이하도 마찬가지다) 체결을 위한 한·일국교정상화 회담이 진행되는 동안 전혀 논의되지 않았고, 8개 항목 청구권에도 포함되지 않았으며, 이 사건 협정 체결 후 입법조치에 의한 보상대상에도 포함되지 않았다"고 하였다. 그 다음에 "일본군위안부 문제의 제기와 진행"에 기술되어 있는 것을 눈을 가리고 싶어질 정도의 왜곡된 사실인식이다.

---

[38] 헌법재판소가 잘못된 사실인식에 기초하여 결정을 내린 것은 '위안부피해자법'때문이라고 할 수 있다. 위안부피해자법은 '일본군위안부 피해자'를 "일제에 의하여 강제로 동원되어 성적(性的) 학대를 받으며 위안부로서의 생활을 강요당한 피해자"로 규정하여 이러한 '피해자'가 실존하고 있다고 전제하고 있다. 그런데 법을 제정할 수는 없는 헌재는 기존 법률의 입법 취지에 구속될 수 밖에 없다.

사실관계에 관한 해석을 붙여 자세하게 해석하겠다.

(1) 1990. 11. 16. 한국정신대문제대책협의회의 발족과 1991. 8. 일본군위안부 피해자인 김○순(1997. 12. 사망)의 공개기자회견을 통하여 일본군위안부 피해자 문제가 본격적으로 제기되었다.

여기에서 말하는 "김○순"이란 내가 이 책에 서두에서 자세하게 소개한, 기생으로 인신매매된 여성, 김학순 씨다.

(2) 일본 정부는 그에 관한 책임을 완전히 부인하면서 군위안부를 민간의 접객업자가 군을 따라다니며 데리고 다닌 '매춘부'라고 인식하고 있음을 시사하는 발언을 하였으나, 당시 중앙대학 교수이던 요시미 요시아키吉見義明가 1992. 1. 일본방위청 방위연구소 도서관에서 일본군이 군위안부 징집에 직접 관여한 관계공문서 6점을 찾아내자, 그 입장을 대폭 수정하지 않을 수 없게 되었다.

요시미 요시아키 교수가 발견한 문서는 군이 민간업자의 위법적 위안부 모집을 단속할 것을 요구하는 문서였고, 군에 의한 강제연행을 오히려 부정하는 것이었다. 앞에 쓴 대로 요시미 교수 자신도 그 후 1997년 1월에 TV 토론프로그램에 나와 내 질문에 대답하면서 조선반도에서의 위안부 강제연행은 증명되지 않는다고 명확히 말했었다.

문제가 많은 고노 담화에서도 조선인 위안부 모집에 있어서의 권력에 의한 강제연행은 인정한 바 없었다. 단, 담화에서 "(감언, 강압에 의한 모집에) 관헌 .등이 직접 이에 가담한 적도 있었다"고 하는 부분은 저 결정문처럼 읽힌다 할지라도 도리가 없는 표현이다.

이 책에서 거듭하여 지적한 것과 같이, 이 부분에 관한 일본 정부의 공식 해석은 조선반도 등에서 행해진 일을 가리키는 것이 아니라, 인도네시아에서 몇 명의 일본 군인이 네덜란드 포로에 대해 행한 전쟁범죄 행위를 가리키는 것이다. 그들은 범죄행위가 발각되어 일본군에 의해 약 2개월 만에 위안소가 폐쇄되고, 종전 후 연합국에 의해 전범으로 재판을 받았다. 그러나 고노 담화에서 그것을 명기하지 않았기 때문에 조선인 위안부의 강제연행을 인정한 것이라고 한국을 비롯하여 세계가 인식하고 있다. 담화의 악영향은 헤아릴 수 없다.

(4) 위안소는 1932년 상하이 사변 시 구 일본군 병사에 의해 강간사건이 다발하면서 현지인들의 반발과 성병 등의 문제로 이어지자 그 방지책으로서 일본해군이 설치한 것이 최초였다.

일본군은 1937. 7.부터 중일전쟁으로 병력을 중국으로 다수 송출하면서 점령지에 군위안소를 설치했는데, 1937. 12. 남경대학살 이후 그 수가 증가되었다.

이에는 군인들에게 '정신적 위안'을 제공함으로써 언제 끝날지 모르는 전쟁에서 이탈하려는 군인들의 사기를 진작시키고 불만을 유화시키며, 특히 일본어를 할 줄 모르는 식민지 여성들을 '위안부'로 '고용'함으로써 군의 기밀이 새어 나갈 수 있는 가능성을 줄이겠다는 의도도 포함되어 있었다.

1941년부터 아시아태평양전쟁 중 일본군은 동남아시아, 태평양 지역의 점령지역에서도 군위안소를 설치했다. 공문서에 의해 확인된 군위안소 설치 지역으로는 조선, 중국, 홍콩, 마카오, 필리핀 등 일본이 침략한 지역이다.

일본군위안부의 수는 8만에서 10만 혹은 20만 정도로까지 추정되고 있으며, 그중 80%는 조선 여성들이었고, 그 외 일본군위안부 피해자의 국적은 필리핀, 중국, 대만, 네덜란드 등이다.

여기에서 쓰고 있는 위안부 숫자의 추계와 80%가 조선 여성이라는 설은 전혀 실증적 증거가 없다는 것이 하타 이쿠히코 교수 등의 연구로 명확하게 되어 있다.39)

(5) 이에 우리 정부는 1993. 6. 11. '일제하 일본군 위안부에 대한 생활안정지원법(법률 제4565호)'을 제정하여 일본군위안부 피해자들에게 생활지원금을 지급하기 시작하였지만, 일본 정부는 일본군위안부 피해자에 대한 보상은 이 사건 협정으로 이미 모두

---

39) 주 6번과 주 7번에서 말한 바와 같이, 조선인 위안부는 3,000-5,000명이며, 전체 일본군 위안부 중 20%정도였고 일본인 위안부가 2배 가량 더 많았다는게 학계의 지배적 시각이다.

해결된 상태라서 새롭게 법적 조치를 취할 수 없다는 입장을 고수하면서, 1994. 8. 31. 군위안부 피해자들의 명예와 존엄 훼손에 대한 도의적인 책임으로 인도적 견지에서 개별적인 위로금이나 정착금을 지급할 수 있고 정부 차원이 아닌 민간 차원에서 아시아여성발전기금의 조성 등을 모색하겠다는 입장을 밝혔다.

(6) 한국, 대만 등지의 일본군위안부 피해자들과 지원단체들은 아시아여성발전기금의 본질이 일본 정부의 책임회피라고 판단하고, 일본군위안부 피해자들을 정당한 배상의 대상이 아닌 인도주의적 자선사업의 대상으로 보는 기금에 일찌감치 반대 입장을 표명하였으며, 우리 정부는 일본 정부를 상대로 아시아여성기금의 활동을 중단할 것을 요구하였으나 받아들여지지 않자, 위 기금에서 돈을 받지 않는다는 조건으로 정부예산과 민간모금액을 합쳐 위 기금이 지급하려 한 4,300만 원을 피해자들에게 일시금으로 지급하였다.

조약상의 입장은 무너트리지 않으면서 인도적 지원의 일환으로서 우리 일본 정부가 만들어낸 아시아여성기금이라는 틀은 피해자의 마음을 위로하기는커녕 이렇게 오히려 책임회피라고 비난을 받은 것이다.

(7) 한편, 김○순을 비롯한 9명의 일본군위안부 피해자들은 1991. 12. 6. 일본을 상대로 아시아태평양전쟁희생자 보상청구를 하였으나,

2004. 11. 29. 최고재판소에서 상고가 기각되면서 패소로 막을 내렸다.

위 소송과정에서 항소심인 도쿄고등재판소는 원고들이 안전배려의무 및 불법행위에 근거한 손해배상채권을 취득하였을 가능성이 있으나, 이는 이 사건 협정 제2조 제3항의 재산, 권리 및 이익에 해당하여 모두 소멸하였다고 판시하였다.

또한 1992. 12. 25. 제기된 부산 군대성노예 여자근로정신대 공식사죄 등 청구소송에서도 1심에서 일부 승소하였으나 항소심에서 파기되었고, 최고재판소에서 2003. 3. 25. 상고불수리결정이 내려졌다.

나아가 재일한국인 송신도 등이 1993. 4. 5. 제기한 군대성노예 사죄보상소송도 2003. 3. 28. 최고재판소에서 최종 기각되는 것으로 종결되었다.

(8) 이에 우리 정부는 2004. 2. 13. 한·일회담 관련 문서의 공개를 명하는 판결에 따라 관련문서가 공개되자, 국무총리를 공동위원장으로 하고 피청구인을 정부위원으로 하는 '민관공동위원회'의 2005. 8. 26. 결정을 통해, 이 사건 협정은 샌프란시스코 조약 제4조에 근거하여 한·일 양국 간의 재정적·민사적 채권·채무관계를 해결하기 위한 것이었고, 일본군 위안부 문제 등과 같이 일본 정부 등 국가권력이 관여한 '반인도적 불법행위'에 대해서는 이 사건 협정에 의하여 해결된 것으로 볼 수 없으므로 일본 정부의 법적 책임이 인정된다는 입장을 밝혔다.

그러나 일본 정부는 아래에서 보는 미 하원의 결의안 채택, 2008

년 유엔인권이사회 정기검토회의의 '위안부' 문제의 해결을 촉구하는 각국의 권고와 질의를 담은 실무그룹 보고서의 정식 채택에 맞서서, ① 고노 담화를 통한 사과, ② 이 사건 협정을 통한 법적 문제의 해결, ③ 아시아여성기금의 활동 등을 통해 일본군위안부 관련 문제가 완결되었다고 주장하였다.

일본 정부의 사죄하지만 법적 책임은 피한다는 방침은 한국 정부에서는 전면적으로 부정되고 있을 뿐 아니라 국제법으로도 지지되지 않는다는 것이다. 그 뒤, (9), (10), (11)에서는,

- 유엔 인권소위원회의 2회에 걸친 보고서에서 위안부가 성노예이며, 위안소는 강간센터로 규정되었다는 것.
- 2007년의 미 하원, 네덜란드 하원, 캐나다 연방의회 하원, EU 의회의 결의가 채택되어 20만 명의 여성이 위안부로 강제동원되었다는 것과 일본 정부의 공식사죄와 법적 책임 인정과 보상 실시 등이 추궁되고 있는 것.
- 2008년에 유엔 인권이사회가 위안부 문제 실무그룹의 보고서를 채택한 것.
- 2008년 한국 국회가 일본의 공식사죄와 배상을 요구하는 결의안을 261명 중 260명의 찬성으로 통과시킨 것.
- 2010년 12월 11일, 대한변호사협회와 일본변호사연합회가 일본 정부에 의한 사죄와 금전보상을 조기에 실시할 것을 요구하는 공동성명을

발표한 것.

등을 열거하고 있다.

일본 정부가 팔짱을 끼고 있는 사이에 위안부 문제는 반인도적 불법행위이며 청구권협정에서 취급되지 않았기 때문에 일본 정부가 공식사죄하고 배상해야 한다는 한국 측의 입장에 동조하는 국제연대의 테두리가 확대되어가고 있는 것이다.

그리고 정대협이라는 한국 내 친북좌파 운동단체가 밀고 있는, 사실과는 완전히 동떨어진 "위안부 = 일본국이 강제한 성노예"라는 반일 모략선전이 세계를 풍미하고, 마침내 한국 헌법재판소를 점령하고, 일본 정부가 공식적으로 한국에 대해 이미 지불을 마친 협정의 조항을 마치 좀비처럼 부활시켜 배상청구를 위한 외교교섭을 요구해온 것이다.

이대로 방치해 두면 일본이 교섭에 응하지 않고 있는데 제3국을 개입시키는 중재위원회를 설치하지 않는 것은 위헌이라고 하는 결정이 한국 헌법재판소에서 나올 가능성도 충분하다. 그리고 이러한 움직임의 배후에 한일 자유민주주의 세력의 연대강화를 두려워하는 북조선 김정일 독재정권과 중국 공산당정권의 정치공작이 준동하고 있다는 것을 간과해서는 안 된다.

위헌결정을 이끈 일본인 변호사의 대죄大罪

실은 이 문제의 결정이 나옴에 즈음하여 일본인 변호사 도츠카 에츠로戸塚悦朗가 한국 헌법재판소에 의견서를 냈다. 이 책 제2부에서도 다루어진 이 도츠카야말로 '위안부 = 성노예'라는 국제모략의 창안자였다. 도츠카 자신이 그 창안에 대해서 다음과 같이 자랑하면서 쓰고 있다(「전쟁과 성戰爭と性」 제25호 2006년 5월).

필자(도츠카)는 1992년 2월 유엔 인권위원회에서 조선·한국인의 전시 강제연행 문제와 '종군위안부' 문제를 NGO(IED)의 대표로서 처음으로 제기하고, 일본 정부에 책임을 지도록 요구하고, 유엔의 대응을 요청했다.

이 92년 2월이란 미야자와 수상이 방한하여 노태우 대통령에게 여덟 번 사과를 하고 위안부 문제가 한일의 외교현안으로 부상한 직후이다. 당시는 한국과 일본의 매스컴에 의해 일본군이 '노예사냥'을 하듯이 위안부를 연행했다고 하는 허위선전이 사실처럼 보도되고 있었던 시기다. 도츠카가 자랑하는 그에 대한 인용을 계속한다.

일본의 국회 심의에서 일본 정부가 무책임한 발언을 한 것, 한국에서 김학순 피해자가 자진해서 '인도에 대한 죄'를 고발하는 소송을 제기한 것, 요시미 요시아키吉見義明 씨에 의해 공문서가 발견됨으로써 군의 관여가 증명된 것, 일본 수상에 의한 일정한 사죄가 있었던 것에 기반해 취한 행동이었다.

여기에서 언급되고 있는, 실명을 내걸고 나선 김학순 씨는 인신매매에 의해 기생으로 조선의 업자에게 팔려간 피해자였고, 요시미 발견 문서란 실은 군이 민간업자의 불법적인 위안부 모집을 단속하도록 요구했던 것을 말한다. 이것은 90년대의 일본 국내에서의 논쟁으로 명확하게 된 사실인데도, 도츠카는 2006년이 되어도 전혀 반성 없이 이와 같이 쓰고 있는 것이다. 도츠카에 대한 인용을 계속한다.

> 당시 한국의 교회와 여성연합회 등 제 단체는 이 문제를 "일본은 다수의 젊은 조선 여성들을 속이고 강제하여 병사들의 성욕 처리의 도구로 삼는 비인도적인 행위를 하고 죄를 지었다"고 규정하고 있었다.
> 그러나 그때까지 '종군위안부' 문제에 관해 국제법상의 검토가 이루어지지 않았기 때문에, 이것을 어떻게 평가해야 하는지 새로이 검토하지 않을 수 없었다. 결국 필자는 일본 제국군의 '성노예$^{\text{sex slave}}$'로 규정했다. 다분히 직감적인 평가였지만, 피해자 측의 고발이 필자의 문제의식에 대해서도 패러다임의 전환을 일으키고 있었던 것인지도 모르겠다.

이 도츠카 에츠로의 직감이 국제사회에서의 '위안부=성노예' 캠페인의 출발이었다. 일본인이 유엔에 가서 사실에 반하는 내용이지만 어떻든 자국 비방을 계속하였기 때문에, 여러 나라의 외교관들이 모략에 말려 들어가기 쉬웠다. 도츠카를 계속 인용한다.

하지만 유엔 내에서 이 법적 평가가 승인되고, 마찬가지의 전환이 일어나기까지는 많은 장애가 있었다. 그 후 필자 등은 여러 번 유엔 인권이사회에 참가하여 이 문제를 계속 제기했다. 현대노예제작업부, 차별방지소수자보호위원회(인권소위원회), 인권위원회에는 매년 참가했다. 그 외 비엔나 세계인권회의(1993년)와 그 준비회, 베이징 세계여성회의와 그 준비회 등 참가한 관계 국제회의를 세는 것만으로도 정신이 아찔해질 정도였다.

도츠카의 저서 『일본이 모르는 전쟁책임, UN에서의 인권활동과 일본군 '위안부' 문제 日本が知らない 戦争責任 UNの人權活動と日本軍「慰安婦」問題』(겐다이진분사現代人文社, 1999년)로부터 그의 유엔 등에서의 활동을 발췌하여 보았다.

1992년 2월   제네바 UN인권위원회
1992년 5월   제네바 차별방지소수자보호위원회 현대노예제작업부회
1992년 8월   제네바 인권위원회 차별방지소수자보호소위원회
            (인권소위원회)

1993년 2월   제네바 인권위원회

1993년 5월 제네바 차별방지소수자보호위원회 현대노예제작업부회

1993년 6월   빈 세계인권회의

1993년 8월   제네바 인권위원회 차별방지소수자보호위원회
(인권소위원회)

1993년 10월 UN 구주(歐州)본부 제네바 UN규약인권위원회

1993년 11월 평양 일본의 전후처리 문제에 관한 평양 국제회의, 한국 정대협도 2명 출석

1994년 1월   뉴욕 여성차별철폐위원회

1994년 2월   제네바 인권위원회

1994년 2월   정대협 등이 위안부를 노예화한 일본군 관계자들을 상대로 한 고소장의 도쿄지검 제출에 입회, 박원순 변호사(2020년까지 서울 시장) 동행

1994년 4월부터 5월   제네바 현대노예제작업부회

1994년 8월   제네바 차별방지소수자보호위원회

1995년 2월   제네바 인권위원회

1995년 4월   뉴욕 UN 여성의 지위위원회 UN 세계여성회의 최종 준비회

1995년 8월   제네바 차별방지소수자보호위원회

1995년 9월   베이징 UN 세계여성회의

1996년 2월 제네바 인권위원회 쿠마라스와미 보고서 공표

도츠카 등의 정력적인 활동의 결과, 유엔 인권위원회의 특별보고자 쿠마라스와미 여사가 1996년에 인권위원회에 제출한 보고서('전시 군의 성노예제도 문제에 관하여, 조선인민민주주의공화국, 대한민국 및 일본 방문조사에 기초한 보고서')에는 "우선 처음으로, 본 특별보고자는 전시 중 군대에 의해 또 군대를 위해 성적 서비스를 강요받은 여성들의 사례는 '군성노예제military sexual slavery'의 실시였다고 간주하고 있음을 명확히 해두고 싶다"(동 보고서 제1장)고 쓰고 있다. 도츠카의 성노예설이 유엔 공식문서에서 채용된 것이다.

동 보고서의 사실오인에 있어 심각한 문제에 대해서는 이미 현대사학자인 하타 이쿠히코 교수가 『위안부와 전쟁터의 성慰安婦と戰場の性』 등에서 신랄하게 비판하고 있고, 나도 이 책 제2부에서 비판했다.

일본에서의 논쟁에서는 '위안부=성노예'설은 파탄이 난 것이지만, 그것이 정확히 영어 등이 외국어로 번역되어 있지는 않았다. 그 간극을 악용하여 도츠카 등이 NGO의 자격으로 유엔의 인권위원회(현재의 인권이사회)와 ILO(국제노동기구) 등에서 활동하면서 위안부 문제를 나치의 유대인 학살과 구 유고슬라비아에서의 조직적인 강간과 동일한 수준의 '인도에 반하는 죄'로 위치지우는데 성공했다. 그것을 근거로 다음으로는 한국 헌법재판소의 위헌결정에까지 이르렀던 것이다.

도츠카의 성노예설 의견서

도츠카가 한국 헌법재판소에 제출한 의견서를 보면 그 구도를 잘 알 수 있다. 도츠카는 의견서의 첫머리에 다음과 같이 자신의 입장을 말하고 있다.

> 옛 '위안부' 피해자가 일본 정부에 대해서 그 존엄과 명예의 회복을 구하여 사죄 등을 요구하고 있는 사건에 대하여, 피해자의 지위가 샌프란시스코 강화조약, 일한청구권협정 제2조의 규정에 의해 처리가 끝났고, 옛 '위안부' 피해자는 일본 정부에 대해 어떠한 요구도 할 지위를 갖지 않고, 피해자의 권리를 옹호하기 위한 한국 정부의 외교적 보호권도 상실했다고 하는 주장은 (근거가 없다.) (필자 덧붙임) ……
> 따라서 옛 <u>위안부들이 일본군, 정부에 의해 성노예가 되었던</u> 사건과 관련하여 일본 정부에 대해 옛 '위안부'들이 갖는 노예 피해자로서의 지위는 일한청구권협정에 의해서 상실된 것이 아니고, 피해자들의 지위를 보호하기 위한 한국 정부의 외교적 보호권도 상실되지 않았다. (밑줄은 필자)

여기에서도 도츠카는 "옛 <u>위안부들이 일본군, 정부에 의해 성노예가 되었다</u>"고 단언하고 있다.

도츠카는 자기 주장의 근거로 먼저 민간단체의 세 개 문서, (1) 일본변호사연합회 이사회의 "종군위안부 문제'에 관한 제언 10'(1995년),

(2) 국제법률가위원회(ICJ)의 '위안부보고서'(1994년, DOLGOPOL, Ustinia and PARANJAPE, PARANJAPE, 'Comfort Women an unfinished ordeal, Report of a Mission, International Commission of Jurists, IC' 1994), (3) 여성국제전범법정 판결(2000년)와 함께, 추가로 유엔 인권위원회 관계의 세 개 문서, (4) '쿠마라스와미 보고서', (5) 게이 맥두걸 유엔 인권추진옹호소위원회 전시성노예 등에 관한 특별보고자의 '무력분쟁 하의 조직적 강간, 성노예 및 노예유사관행에 관한 최종보고 18'(1998년, 이른바 '맥두걸 보고서'), (6) 유엔 인권소위원회의 '조직적 강간, 성노예, 노예 관행에 관한 결의'(1999년)를 들고 있다. 유엔 특별보고자의 보고서인 (4)와 (5)는 한국 헌법재판소가 위헌결정에서 인용하고 있다는 점에 주목하고 싶다.

도츠카는 위안부가 "일본군, 정부에 의해 성노예가 되었다"고 하는 전제에 입각하여 성노예는 당시의 국제법에서도 인도에 반하는 죄로서 불법행위이고, 그 피해에 대한 보상청구권은 어떠한 외교교섭에 의해서도 소멸되지 않는다고 하는 자신의 주장을 위 여섯 개 문서를 인용하는 형태로 전개하고 있다.

이번에 도츠카의 주장을 진지하게 다시 읽어본 바, 이 책 제2부에서 다룬 요시미 요시아키 교수와 동질의 모순점이 있음을 깨달았다. 이 모순은 도츠카가 발안한 '위안부=성노예'설의 근간을 뒤흔드는 것이다.

도츠카는 위에서 서술한 바와 같이, 쿠마라스와미 보고서가 나오는 과정에 적극적으로 관여하였다. 그 무렵은 성노예라는 용어는 직업적 매춘부와는 다른, 군에 의한 강제의 피해자로서 사용되고 있었다. 도츠카는

"한국의 '위안부' 피해자들은 직업적 매춘부가 아니었다. 극히 보통의 소녀였던 것이다. 그들이 일본제국군에 의해 강제적으로 성의 노예가 된 나머지, 현재도 '매춘부 취급'을 받고 있다는 것에 유의해야 할 것이다"(「법학세미나法學セミナー」, 1995년 8월호)라고 쓰고 있다.

요시다 세이지의 증언과 같은 군에 의한 노예사냥이 사실이었다면, 이 도츠카의 주장은 설득력을 갖는다. 쿠마라스와미 보고서가 도츠카 등의 영어로 된 주장에 속아서 허위가 분명했던 요시다 증언에 의거하여 성노예설을 주장한 경위는 앞서 언급한 바와 같다.

그러나 위안부는 매춘부가 아니라 성노예라고 하는 도츠카의 주장은 일본 국내에서의 논쟁에서 군에 의한 강제연행의 존재가 부정되면서 근거가 약화되고 있었다. 그것은 이 책 제1부에서 상세하게 본 대로다. 게다가 이른바 페미니즘 학자들로부터는 도츠카도 요시미 교수와 마찬가지로 매춘부를 멸시·차별하는 것이라고 비판받았다. 그래서 도츠카는 갑자기 "직업적인 매춘부도 성노예다"라는 주장을 하기 시작했다.

공창제는 노예제이며, 국제법을 위반하고 있었다고 생각한다. 가령 당시의 국내법이 이 노예제도를 합법화해도 당시의 관습국제법 하에서 노예와 노예거래는 금지되고 있었다. 여아·여성의 인신매매를 금지하는 세 조약(일본은 25년에 비준)은 강제한다든가 하여 매춘을 시키는 것을 금지하고 있었다. 강제노동조약(일본은 32년에 비준) 도 여성의 강제노동을 금지하고 있었다. 공창제는 이들 당시의

국제법에 위반되며, 일본 정부는 위반행위를 범죄로 파악하고 처벌할 국제법 상의 책무를 지고 있었다.(중략)

공창제 하에서 창기娼妓는 자유의사에 기초하여 상행위를 하고 있었던 것일까? 그렇지 않으며, 창기는 노예였다.(「법학세미나」, 1997년 1월호)

이 도츠카의 입장에 선다면, 한국인 위안부만 아니라 종전 이전의 일본인 창기들에 대해서도 일본 정부는 공식사죄하고 개인보상을 해야 하고, 또 책임자를 처벌해야 할 것이다. 또 동일한 이야기가 1970년대까지의 한국의 매춘부들에 대해서도 성립하게 된다. 하지만 도츠카가 유엔 인권위원회에서 '성노예'라 하여 지금까지 계속 고발하고 있는 것은 일본군을 상대했던 위안부뿐이다. 여기에서도 도츠카의 위선이 나타나고 있다.

나는 1992년 이래, 이 문제에 대한 논쟁에 참가하면서, 위안부가 된 여성도, 종전 이전 요시와라吉原 등 유곽에서 일하게 된 여성도, 모두 현저하게 인권이 침해당한 역사와 빈곤의 피해자이며, 깊이 동정한다는 입장으로 일관해왔다. 그런 입장에 서서, 위안부는 군의 강제의 희생자이기 때문에 인권침해의 정도가 유곽에서 일해야 했던 여성보다 현저히 심했다고 주장하는 '성노예설'에는 반대해왔다.

유엔 인권위원회의 관계자와 미국 의회 관계자, 그리고 한국의 양식 있는 사람들이 도츠카의 성노예설 관련 입장 전환을 알게 된다면, 위안부

=성노예라는 일본에 대한 국제적 비난은 자취를 감출 것이다. 엄밀하게 말하면, 외무성이 일본의 명예를 지키기 위해 노력해야 하겠지만, 그것이 전혀 이루어지지 않고 있기 때문에 도츠카 등이 국제모략에 성공하고 있는 것이다.

9장

이명박의 반일 퍼포먼스와
배후에서 준동하는 북조선의 공작

위안부 문제를 이유로 한 이명박의 다케시마-독도 방문

2012년 8월, 돌연 한일관계가 악화됐다. 이명박 대통령이 다케시마-독도를 방문하고 천황폐하에게 예의를 잃은 발언을 한 것이 원인이었다.

이 대통령은 다케시마-독도 방문의 동기를 "(위안부 문제에 대해서) 일본과 같은 대국이 마음을 결정하면 해결할 수 있음에도 국내의 정치문제 때문에 (정부가) 소극적인 태도를 취하고 있어서, 행동으로 (나의 불만을) 보여줄 필요가 있다"고 말했다. 위안부 문제라는 역사문제에서 한국 측의 주장을 받아들이지 않는 것을 다케시마-독도 방문의 이유로 들었다.

이명박 대통령은 그 전해인 2011년 12월, 교토에서 있었던 한일수뇌회담 때 약 1시간에 걸친 회담의 대부분을 써서 위안부 문제를 다루고, "양국의 장애가 되고 있는 위안부 문제를 우선적으로 해결할 진정한 용기를 가져야 한다"고 압박했다. 일본 대사관 앞에 "불법으로" 세워진 위안부 동상의 철거를 요구한 노다野田 수상에 대해 이 대통령은 "일본이 조금만 관심을 기울였다면 일어나지 않았을 문제다. 성의있는 조치가 없으면 (옛 위안부) 할머니들이 사망할 때마다 제2, 제3의 동상(비석)이 세워질 것이다"라고 말했다.

이 대통령은 취임 전에는 "(일본에 과거를 둘러싼) 사죄와 반성은 요구하지 않는다"고 명확히 말했으며, 2008년 4월의 방일訪日 때는 천황, 황후 양 폐하를 찾아뵈어 한국 방문을 직접 요청했다. 그때는 이번의 발언처럼 "방한하여 독립운동가에게 사죄하라"고는 말하지 않았다. 초대하는 쪽에서 일방적으로 조건을 붙이는 것은 개인의 관계에서도 실례가 되는데, 대통령이라는 입장에서 천황에 대해 한 발언이기 때문에 문제는 더욱 중대하다.

이 대통령이 돌출적인 반일행동의 방아쇠를 당긴 것은 앞서 살펴본 이전 해에 있었던 헌법재판소 결정임이 틀림없다.

일본인의 반한감정은 국교정상화 이래 최악이었다. 그 원인을 제공한 이명박 대통령은 한일국교에 격렬하게 저항한 학생운동의 리더였다. 그는 위안부가 성노예이며, 나치 독일의 유대인 학살과 동일한 정도로 악랄했다고 정말로 믿고 있을 가능성이 있다. 한국에서 최대 부수를 발행하는 보수계 신문 조선일보 8월 30일자 사설, 9월 6일 칼럼과 사설을 보고 그런 생각을 굳혔다.

조선일보 2012년 8월 30일 사설의 주요 부분을 옮긴다.

노다 총리, UN서 '일본군 성노예 없었다' 연설해보라

노다 일본 총리는 최근 2차대전 때 일본이 강제 동원한 '성노예(일본군위안부)' 문제에 대해 "강제연행했다는 사실이 문서로 확인되지 않았다"고 말했다. 마쓰바라 진 국가공안위원장은 "일본군의 요청으로 위안소가 설치됐고 (중략) 1993년의 '고노 담화' 존폐 여부를 논의해야 한다고 했다.

일본이 자신들이 침략했던 한국·중국·대만·필리핀 여성들을 강제로 전쟁터로 끌고 다니며 일본군의 성적^{性的} 배출구로 유린했던 성노예 문제는 그 피해자들이 일본의 사죄^{謝罪}를 촉구하며 지금 이 시각에도 눈을 시퍼렇게 뜨고 일본의 태도를 지켜보고 있는 사안이다. (중략)

일본이 1940년대 저지른 범죄를 1993년 이른바 '고노 담화'로 모호하게 시인하기까지 50년이 걸렸다. 국가 지도자라는 정치인들이 20여년 만에 자신들의 자백을 뒤집겠다며 '고노 담화' 폐지를 들고 나오고, 과거엔 침략에 앞장서다 나중엔 그것을 미화^{美化}했던 집단들이 맞장구를 치고 있는 게 요즘 일본의 사태다. (중략)

사실 '고노 담화'조차도 일본이 자신들의 죄악을 스스로 반성한 결과가 아니었다. 1940년대 개신교 목사의 딸로서 위안부 강제 연행에 쫓겨 산골로 피신했던 전^前 이화여대 윤정옥^{尹貞玉} 교수 등 한국의 연구자들이 한국은 물론이고 일본군의 범행 현장인 동남아시아 각국을 발로 뛰며 범죄 증거를 모아 세계 여론을 움직여 일본을 추궁한 끝에 받아낸 것이었다. 비록 소수^{少數}이지만 양심적 일본 연구자들이 이런 움직임에 힘을 보탰고, 더 이상 일본 정부가 시치미를 뗄 수 없게 되었기 때문이다.

고노 담화가 나온 뒤에도 일본 역대 정권이 성적 노예 문제에 대해 사죄나 배상의 길로 나서는 대신 온갖 이유로 책임을 회피할 방법만을 찾자 2000년에는 세계 여성 연구자들과 사회활동가·시민단체들이 도쿄에 모여 일본의 성노예 강제 연행을 심판하는 '여성 국제 전범 법정'을 열었다. (중략)

1992년 요시미 요시아키 일본 주오대 교수는 일본군이 위안부를 모집할 때 유괴와 비슷한 방법을 사용했다는 내용이 담긴 1938년 일본 육군성 작성 '군 위안소 종업부 등 모집에 관한 건'이라는 문서를 공개했다. 이를 뒷받침할 일본인의 증언도 속속 이어졌다. 1942년부터 3년 동안 야마구치현 노무보국회 동원부장으로 일했던 요시다 세이지는 "육군성은 '성전을 위해 대의멸친하는 시책'이라고 이름 붙인 극비 통첩을 발부해 조선 여자들을 위안부로 동원했다"며 "1943년 5월 17일 시모노세키를 출발해 제주도에 도착해 '처녀 사냥'에 나섰다"고 증언했다. 그는 "위안부에 관한 일은 모두 군사기밀로 분류됐다"고 했다.

세계가 하나로 묶인 지금 일본의 성노예 강제 연행 범죄는 이미 현대사의 가장 추악한 역사적 사실로 공인公認됐다. 미국 하원과 유럽의회는 2007년 "일본은 젊은 여성들을 일본군의 성적 노리개로 이용하기 위해 공식적으로 징용했다"고 규탄했다. 네덜란드 의회는 "일본은 강제 성매매에 일본군이 관여했던 것에 대해 전적인 책임을 져야 한다"는 결의안을 채택했다.

유엔에선 지금까지 10여 차례에 걸쳐 성노예 범죄에 대한

일본의 책임을 묻는 보고서가 나왔다. (하략)

같은 신문 9월 6일자에는 '조선인 위안부 '사냥'을 고백한 일본인'이라는 제목으로 한 편집간부의 기명記名 칼럼을 게재하고 요시다 세이지를 "강제연행의 증인"으로 소개하면서 노다 수상의 "위안부 강제연행의 증거는 없다"는 발언을 비난했다.40) 한국에서는 지금 좀비와 같이 부활한 요시다 세이지 증언이 각광을 받고 있는 것이다.

이 책에서 논파한 요시다 증언, 요시미 문서라는 일본발 거짓말이 완전히 무비판적으로 왜곡되어 받아들여지고, 유엔 보고서, 미 의회 결의 등에서 '위안부=성노예'설, 권력에 의한 강제연행설이 당당히 사실로서 다루어지고 있다. 한숨밖에 나오지 않지만, 이것이 일본의 조선통치를 체험하지 않은 이명박 대통령과 그 세대로부터 이어지고 있는 현재 대개 한국인의 역사인식인 것이다. 종전 시에 10살이었던 한국인은 지금 77세이기 때문에 일본의 통치를 체험한 세대는 거의 사라지게 되었다.

일본의 통치를 경험한 세대는 이와 같은 거짓말에 개탄하고 있었다.

1990년대초, 내가 위안부 문제로 논진論陣을 펼치기 시작할 무렵, "당신이 말하는 대로다"라고 북돋워 주셨던 조선일보 전 편집국장 이흥우 선생의 말을 지금 회상한다.

---

40) 이 칼럼은 박정훈 조선일보 논설실장의 칼럼으로, 박 실장은 칼럼에서 요시다 세이지의 책을 소개하면서 "요시다의 위안부 모집은 총칼 대신 '덫'을 썼다는 차이뿐 명백한 인간 사냥이었다. 이 책 한 권만으로도 일제의 위안부 강제 연행은 입증되고도 남는다. 총을 들이대지 않았으니 강제성이 없었다고 우기는 일본 정치인들은 이 책을 꼭 읽어보기 바란다"고 말했다.

"일본시대를 살았던 사람이 적어지고, 이상한 기사가 나온다. 젊은 기자들은 사실을 알지 못한다. 위안부 강제연행 따위까지 쓰고 있는 조선일보의 후배기자를 꾸짖고 있지만 말해도 듣지 않는다."

이 선생은 일본대사관이 발행하고 일본의 논조를 소개하는 홍보잡지인 「일본의 메아리」의 편집장 자리를 받아들여서, 나를 포함한 일본의 전문가들이 위안부의 강제연행은 없었다고 쓴 논문을 번역하여 그 잡지에 연재했다. 대사관의 간부들은 한국 여론을 자극하는 것을 두려워하여 게재를 주저했던 것 같은데, 편집을 일임한다는 조건으로 편집장이 되셨던 경위로 인해 이 선생의 편집방침을 거스를 수가 없었다.

북조선의 정치공작과 '정신대'

일본이 정확한 반론을 하지 않고 계속 사과한 결과, 이명박 대통령을 포함한 전후세대 중 다수의 한국인은 지금까지도 요시다 세이지 증언을 사실로 굳게 믿고 있다. 그리고 이 허위를 기초로 한 반일은 한국 자신을 좀먹고 있다.

한국 내의 친북좌파 세력은 역대 정권의 반일정책을 이용하여 착실하게 세력을 확대하고 있다. 나는 지금까지 반복하여 한국의 반일은 입구에 지나지 않으며, 북조선의 목표는 반일을 이용하여 반미감정을 선동하고, 최종적으로는 반한 자학사관을 한국사회에 확산하는 일을 성공시키는 것이라고 써왔다(『한국분열^{韓國分裂}』(한국에서는 동명의 제목으로 기파랑 출판사가 출간하였다) 등 참조). 지금 한국에서는 50세 이하를 중심으로 친북좌익사상이 무서울 정도로 확산되고 있다. 예를 들면, 천안함 폭침 사건에 대해서 아직까지 약 3할의 국민이 북조선의 범행이라고 믿지 않는다고 답하고 있다.

엄격히 말해서 냉전의 종료와 함께 좌파세력은 퇴조되어야 마땅하겠지만 한국에서만 오히려 1980년대 이래 약 30년간 친북좌파가 빠르게 성장하였다. 북조선에 종속된 좌파라고 하는 의미로 '종북세력'이라는 용어를 지금 한국 보수파는 사용하고 있다.

김정일의 한국에 대한 정치공작은 대성공이었다. 그 비밀은 반일을 매개로 한 왜곡된 민족주의다. 80년대 이래, 학생운동 속에서 "한국이라는 나라는 태어날 때부터 더러웠고, 북조선이야말로 민족의 정통성을 계승하는 정권이다"라고 하는 반한反韓자학사관이 확산되었다.

이승만 정권은 일본통치시대에 일본에 협력한 친일파 처벌을 유야무야하여 많은 친일파를 군인, 경찰, 관료로 등용했다. 박정희 정권은 대통령 본인이 일본사관학교 출신인 친일파, 그렇기에 그들은 위안부 문제 등을 정확히 해결하지 않고서 일본과 국교를 맺었던 것이다. 친북좌파는 바로 이렇게 이승만 정권과 박정희 정권을 비난한다. 이에 비해서 북조선은 일본과 무장투쟁을 한 김일성이 수반이 되어 친일파를 철저하게 처단했기 때문에 민족의 정통성을 계승하고 있다. 주체사상으로 일관하였고 소련과 중국에도 종속되지 않았으므로, 조금 궁핍할지도 모르지만, 민족주의의 입장에서 순수성을 보유하고 있다는 역사관이다.

친일세력의 유무를 기준으로 함으로써 반일을 철저하게 이용했다. 게다가 친일세력을 이용한 이승만은 미국의 괴뢰였다고 하여 반미감정을 부채질하고 최종적으로는 반한종북으로 유도한다. 확실히 전후세대의 많은 한국인들이 위안부를 성노예였다고 믿고 있는 한, 반한자학사관은 강고해져 갈 것이다.

위안부 문제에서 일본발 허위가 한국에서 확산된 결과, 한국의 국가적 정통성이 흔들리는 큰 문제를 불러 일으켰다. 당연한 것인데, 북조선의 공작기관은 위안부 등 역사문제에서 한국과 일본이 화해하지 못하도록 계속해서 개입해왔다. 위안부 문제를 여기까지 악화시킨 것은 정대협이라는 친북좌파 단체의 활발한 활동의 결과다.

한국에서의 위안부 운동을 리드해온 정대협은 사실을 명백히 하고 문제를 해결하려는 것이 아니라, 한일관계를 악화시키는 것을 목적으로 하고 있다. 정대협은 "일본제국주의가 아시아 여성 10~20만 명을 국가제도로서 기획, 입안하고 조직적으로 강제연행, 납치하여 일본군의 성노예로 삼은 세계에서도 유례가 없는 잔혹한 범죄다"라고 하면서 완전히 사실에 반하는 주장을 2012년 현재도 홈페이지에 당당히 게재하고, 일본의 공식사죄, 법적 보상, 책임자 처벌 등을 외치며 운동을 계속하고 있다. 정대협은 1990년대 초부터 북조선과 긴밀한 관계를 유지해왔다. 위안부에 관해 국제적으로 오해가 확산된 배후에는 북조선의 정치공작이 있다.

정대협은 1990년 11월, 30개 이상의 여성단체가 모인 연합조직으로 탄생했다. 단체명에 "정신대 문제"라는 명칭을 계속 붙이고 있는 것만 보더라도 진실을 밝히려는 자세가 희박하다는 것을 알 수 있다.[41]

이 책 앞에서 살펴보았는데, 안병직 교수는 92년부터 3년간 정대협과 공동으로 옛 위안부에 대한 조사에 나섰다. 그 결과가 정대협 편집의 『증언집 I』이고, 그후 정대협은 『증언집 II』, 『증언집 III』를 냈는데, 안 교수는 이 공동연구에는 참가하지 않았다. 의심스러운 증언이라도 일본을 공격할 수만 있다면 채용할 수 있다는 자세를 참을 수 없었던 것이다.

안 교수는 "강제동원되었다고 하는 일부 위안부 경험자의 증언은 있지만, 한국에서도 일본에서도 객관적인 자료는 하나도 없다", "한국에는 사창굴이 있고 위안부가 다수가 있다. 그러한 현상이 왜 일어난 것인가를 연구해야 한다. 강제에 의해 그러한 일이 일어난 것은 아닐 것이다"라고 하면서 명확히 강제연행은 없었다고 단언하고 있다.

---

[41] '한국정신대문제대책협의회'(정대협)는 창립 28년만인 2018년도에야 '정신대'라는 명칭을 빼고 '일본군 성노예제 문제 해결을 위한 정의기억연대'(정의연)으로 개칭했다. 정확히는 정대협이 '일본군 성노예제 문제 해결을 위한 정의기억재단'(정의기억재단)에 통합되는 식으로 조직개편이 이뤄셨다. 조내 이사상은 현재 너불어민수낭 국회의원 윤미향 씨였나.

한일을 갈라놓는 저들의 의도

정대협은 1993년의 고노 담화에 의한 한일정부의 타협에 반대했다. 한국 정부는 일시금 500만 원, 매월 15만원(후에는 50만원)을 지급하고 공영주택의 우선입주라는 생활지원을 옛 위안부에게 실시했다. 일본은 옛 위안부에 대한 청취조사를 하고, 강제연행을 "본인의 의사에 반하여 모집된 것"으로 정의하여 담화를 냈다. 한국 정부가 경제적 지원을 하고, 일본 정부는 강제를 인정하고 사죄했다. 위안부 문제는 이것으로 사실상 끝난 것이었다.

그러나 그렇게 되어서는 한일관계 이간이라는 정대협의 목적이 달성되지 않는다. 그래서 정대협은 아시아여성기금에 강하게 반대하고, 현금을 수취한 할머니를 "자신의 의사로 공창이 되는 것"(1997년 2월 윤정옥 당시 정대협 대표 발언)이라고 매도했다. 유엔 인권위원회 등 국제사회에서도 도츠카 에츠로 등 일본 NGO 인사들과 협력하여 '성노예'설에 서서 활동했다.

정대협은 사실상 북조선의 공작기관과 연대하여 일본을 비난하는 운동을 진행해왔다. 북조선은 1992년 2월, 평양에서 개최된 남북 총리급 회담에서 한국 총리에게 위안부 문제에 관한 남북공동행동을 제안했고, 같은 해 8월, 정대협의 상대조직인 '조선 일본군 위안부 및 강제연행 피해자보상 대책위원회'(이하 '조대위')를 조직했다. 조대위는 조선노동당의 공작기관 중 하나인 통일전선부의 가짜 조직이다. 같은 해 12월, 도쿄에서 개최된 '종군위안부' 등에 대한 국제공청회에서 정대협과 조대위 사이의 최초 만남이 실현되고, 그 이후 양자는 공동으로 '위안부=성노예'라는 정치선전을 전개했다.42)

정대협은 도쿄와 베이징 등에서 열린 국제회의에서 조대위와의 연대를 강화하고, 2000년에 도쿄에서 개최된 '여성국제전범법정'에서는 쇼와昭和 천황 등에 대한 '기소장'을 남북공동으로 작성하고, 2002년 5월에는 조대위가 개최한 평양에서의 국제회의에 정대협 대표가 참가했다.43)

정대협 임원의 가족, 친척 중에는 한국 당국으로부터 국가보안법 위반으로 체포된 사람이 있다. 정대협의 현 상임대표인 윤미향은 2007년 5월에 서울에서 열린 회의에서 "위안부 문제 해결을 위해 남북이 15년간 연대해 왔다"(수원시민신문 5월 23일)고 자랑스럽게 말했는데, 그녀의 남편인 김삼석은 여동생 김은주와 함께 1993년, 남매간첩단 사건으로

---

42) 정대협이 수요집회에서 발표해온 성명의 상당수는 위안부 문제보다는 △ 북핵 정당화, △ 평택주한미군기지 확대 반대, △ 한반도 전쟁위기 미국 책임론, △ 천안함 폭침 사건 관련 음모론, △ 한미연합훈련 반대, △ 사드THAAD 반대, △ 북한의 ICBM 개발을 인공위성 개발로 호도 등 북한을 옹호하는 것과 관련되어 있다. 또 정대협은 최근까지도 위안부들이 주는 장학금이라며 일본 조총련 산하 조선학교에 여러 차례 돈을 보냈다. 이런 이유 등으로 정대협 윤미향 대표는 국가정보원과 경찰청 보안과에 의해, 2011년 3월, 또 2015년 5월, 6월, 7월, 모두 네 차례에 걸쳐 내사를 받은 바도 있다. 또한 2012년과 2017년에 일본 입국시에도 두 차례 조사를 받았다. 그 외에 윤미향 대표와 '간첩' 전력이 있는 그의 남편 김삼석 씨는 2018년 11월경에 탈북한 종업원들의 정대협의 시설인 위안부 피해자 쉼터(안성 쉼터)에 초청, 재再월북을 회유했다는 사실이 폭로되기도 했다(조선일보 2020년 5월 21일자). 이때 김삼석 씨는 북한 혁명가를 부르고 "위대한 수령 김정은 동지" 등의 표현을 써가며 종업원들에게 북한으로 돌아갈 것을 설득했다고 한다.

43) 주 24번에서 말한 바와 같이, 도쿄 '여성국제전범법정'의 북한 측 검사역(황호남, 정남용)은 북한에서 파견한 인물들이며, 이후 북한 공작원으로 확인돼 일본 정부로부터 입국이 금지됐다.

체포되었던 전력이 있다. 당시 김삼석은 징역 4년의 실형판결을 받았고, 김은주는 징역 2년에 집행유예 3년로 역시 유죄판결을 받았다. 두 사람은 일본에서 곽동의(반국가단체인 한통련 간부), 이좌영(울릉도 간첩사건 주모자)과 접촉한 사실이 밝혀진 바 있다.44)

게다가 김은주의 남편 최기영 민주노동당 사무부총장은 베이징에서 북조선 공작기관인 대외연락부의 김기순 부부장 등과 접촉하였던 것 등이 발각되어 2006년 '일심회 간첩사건'으로 체포되었고 징역 3년 6개월의 실형을 받았다. 최기영은 조선노동당을 "우리들의 당", 김정일을 "위대한 장군님"으로 부르고 있었다고 한다.

2011년 12월, 김정일이 사망했을 때, 정대협은 다음과 같은 조전弔電을 보냈다.

> 일본군 위안부 문제와 일본제국주의의 과거사를 올바르게 청산하기 위해 남북 여성들의 연대가 가일층 절실한 때에 김 위원장의 서거로 큰 비탄에 빠져 있을 북녘동포들을 생각하니 애도의 마음을 금할 수 없다.

---

44) 2014년, 김삼석과 김은주는 남매간첩단 사건에 대해 재심을 청구했다. 2017년 5월, 대법원은 김 씨 남매에 대해서 국가보안법상 '국가기밀 탐지·수집 혐의'에 대해서는 과거의 유죄를 파기하고 무죄를 선고했다. 하지만 국가보안법상 회합, 통신, 찬양, 고무, 그리고 금품수수 혐의는 유죄를 유지했다. 그리고 재심 재판부도 김 씨 남매가 "반국가단체인 한통련의 기관지 민족시보사를 찾아가 한통련 의장 곽동의, 이좌영, 권용부와 여러 차례 회합하면서 금품을 수수하고 국내의 군대 문제에 대하여 다룬 책자나 자료를 교부하는 등 남북이 군사적으로 대치하고 있는 현실에서 군의 취약점을 반국가단체에 노출시켜 국가의 존립 안전을 위태롭게할 수 있는 위험한 행위를 했다, 자발적으로 이 사건 각 범행에 이른 것으로 보여 비난가능성이 높다"고 판결했다.

북녘동포들이 하루빨리 슬픔을 딛고 일어나 평화통일의 문을 함께 열고 일본군 위안부 문제와 일제 과거사 청산을 위해 더 큰 걸음으로 손잡고 나아갈 수 있기를 고대한다.

지금 이 순간에도 탈북 여성들이 수만 엔에 중국의 농촌으로 팔려가고, '성노예'가 되고 있다. 그 속에는 도망가지 못하도록 쇠사슬로 발이 묶인 여성도 있다. 이것은 북조선과 중국의 양 독재정권이 공범으로 벌이고 있는 용서하기 어려운 인권침해다. 누가 진짜 적인가? 거짓말을 퍼트리는 세력의 배후에 누가 있는지를 알아야만 한다.[45]

---

[45] 2016년, '한국정신대문제대책협의회'(정대협)와 윤미향 정대협 대표는 자신들을 '종북'으로 지칭한 것이 허위사실 명예훼손이자 인격권 침해라면서 인터넷매체 미디어워치를 상대로 민형사 소송을 제기했다. 형사소송은 같은 해에 신속히 무혐의로 처리됐으며, 민사소송도 대법원에서 미디어워치 측 전면승소로 확정판결이 나왔다(2020년 2월 27일). 민사소송에서 서울중앙지방법원은 △ 정대협 윤미향 대표의 가족관계(남편 및 시누이, 시매부의 간첩 전력 문제), △ 한국외대 선후배인 이석기 전 통진당 의원과 윤미향의 남편 김삼석 씨의 친분, △ 정대협이 김정일 사망 시 북한에 조전을 보냈던 일, △ 정대협의 일본 조총련과의 접촉, 교류 등 미디어워치가 지적한 문제가 전부 객관적 사실이며, 동시에 정대협과 윤미향을 '종북'으로 평가할 수 있는 근거가 될 수 있다고 밝혔다. 또 "미디어워치가 정대협 등을 '종북' 관련해 표현한 것은 위장 가능성이 있는 정대협 등의 정치적 이념에 관해 미디어워치의 기준과 입장에 따라 의견을 표명한 것"이라며, "미디어워치가 이러한 의견을 뒷받침하는 구체적 정황을 제시하면서 정대협 등의 사회적 가치나 평가를 침해할 수 있는 사실의 존재를 암시하는 부분도 일부 기재했으나, 그러한 사실들은 진실하거나 미디어워치가 진실이라고 믿을 만한 상당한 이유가 있어 위법성이 없다"고 판결했다. 이 선고 내용은 이후 2심과 3심에서도 그대로 추인됐다.

종장

한일 자유민주주의 세력이
해야할 일

한국의 대표적 애국보수 단체인 국민행동본부(대표 서정갑)는 "우리들의 주적은 북한정권이지 일본국민이 아니다"라는 의견광고를 2012년 8월 30일자 조선일보 등에 게재했다. 정확히, 앞에서 자세하게 살펴본, 요시다 세이지 등을 근거로 일본을 규탄하는 문제의 사설이 같은 신문에 게재된 날에 사설과 같은 면에 이 광고가 게재되었다. 그 주요 부분을 소개한다.

우리의 주적은 북한정권이지 일본국민이 아니다!

일본 정부의 억지엔 당당하게 대처하되, 건전한 일본국민까지 반한 혐한으로 돌지 않도록 슬기를 발휘하자.

1. 독도는 우리 땅이다. 일본이 전쟁을 걸어오지 않는 한 빼앗길 가능성이 없다.

2. 독도와 과거사 문제를 놓고 한일 두 나라 정부가 갈등을 빚더라도 한국인과 일본인 사이가 벌어져선 안 된다. 국수주의자들이 애국을 빙자하여, 또 일부 정치인들이 인기를 얻기 위하여 감정적 선동으로 양국을 이간질 시키려는 것도 경계해야 한다.

3. 우리의 주적은 북한정권이지 일본국민이 아님을 명심하자. 북핵·대한항공기 폭파사건·납북자 문제에 있어 한일 두 나라는 긴밀히 공조해왔다. 김정은 정권은 곧 무너질 것인데 자유통일 과정에서 우리는 일본을 포함한 주변국의 도움을 받아야 한다. 동북아의 평화와 번영은 자유민주국가인 한·미·일이 협력해야 지탱할 수 있다.

4. 한국은 약소국이 아니고 일본도 군국주의가 아니다. 달라진 세상을 성숙된 눈으로 직시하면서 과거에 얽매여 오늘과 내일을 잃지 않도록 슬기롭게 행동하자.

이명박의 반일 퍼포먼스에 흥분한 한국 국민들에게 냉정을 요구하고 북조선 독재정권이야말로 주적이라는 것을 자각하라고 호소하고 있는 것이다. 조갑제 씨(현 조갑제닷컴 대표, 전 「월간조선」 편집장)와 홍형 씨(현 토오이츠닛포統一日報 논설주간, 전 주일공사) 등 양식 있는 보수 지식인이 같은 취지의 논설을 인터넷 미디어에 쓰고 있는데, 그들은 소수파다.

나는 일본 국가기본문제연구소國家基本問題研究所(이사장 사쿠라이 요시코櫻井よしこ)의 메일매거진에 2012년 9월 18일, '한국 보수파는 이명박 대통령에게 간언하라韓国保守派は李大統領を諫めよ'는 제목의 평론을 기고하고, 한국 보수파에게 다음과 같이 솔직하게 호소했다.

이명박 대통령의 돌연한 다케시마 방문과 천황폐하에 대한 예의에 반하는 발언을 계기로 일한관계가 악화하고 있다. 적어도 일본인의 한국에 대한 감정은 1965년의 국교정상화 이래 최악이 되었다.

O 역사인식의 일치를 요구하는 어리석음
이것은 이 대통령이 일본에 대해서 억지로 역사인식의 일치를 요구하여 온 것이 원인이 되었다. 일본은 다케시마의 영유권 주장을 한 번도 접은 적이 없다. 일본이 우경화하여 영유를 주장하기 시작했다고 하는 한국에서의 일부의 이야기는 데마고그(선동)이다.

이 대통령은 2008년에 일본을 방문하여 천황폐하에게 방한을 초청할 때는 지난달의 발언과 달리 독립운동가에 대한 사죄를 방한의 조건으로 붙이지 않았다. 이토 히로부미를 암살한 안중근은 한국에서는 영웅이지만, 일본에서는 국가지도자를 살해한 테러리스트다. 천황폐하는 일본국의 중심이고, 그것이 일본의 상황이다. 폐하에 대한 예의를 잃은 발언은 일본 국민 전체를 모독하는 것이라는 사실을 이 대통령은 이해하지 못하고 있다.

단, 양국관계는 경제 측면에서는 나쁘지 않다. 일본은 국교정상화 이래 전두환 정권까지 과거의 청산을 포함한 경제협력을 실시했고, 그것을 한국은 유효하게 활용하여 경제성장을 이룩했다. 무역에서도 한국의 일본으로부터의 수입품 중 태반은 소재, 부품, 설비로, 그것을 사용하여 한국은 수출제품을 생산하는, 서로 이익이 되는 관계를 유지해 왔다.

안보 측면에서는 일본과 한국은 자유, 민주주의, 인권의 가치를 공유하고, 미국과 군사동맹을 맺은 동맹관계에 있다. 북조선의 세습독재정권과 중국의 일당독재정권에 대치한다는 점에서 공통의 적을 갖고 있다. 따라서 일본과 한국이 대립하면 북조선과 중국이 이익을 얻는다.

○ 주적은 북조선

우리 국가기본문제연구소는 한국에 의한 조선반도의 자유통일이야말로 그것이 일본의 국익에도 맞는다는 제언을 하고, 일본과 한국의 전략적 연대를 위해 노력해 왔다. 한국의 보수파와의 교류도 쌓아왔다. 한국의 애국보수 운동단체, 국민행동본부는 "우리의 주적은 북한정권이지 일본국민이 아니다"라고 하는 의견광고에서 "일본 정부의 억지엔 당당하게 대처하되, 건전한 일본국민까지 반한·혐한으로 돌지 않도록 슬기를 발휘하자"고 호소했다. 또 몇 사람의 보수파 지식인이 같은 취지의 논설을 발표하고 있다.

하지만 그들의 논의도 일본 국민이 무엇에 노여워하고 있는가를 정확히 파악하지 못하는 것으로 보인다. 이번의 관계 악화는 이 대통령이 부적절한 언동을 취했기 때문에 일어난 것이다. 특히 천황폐하에 대한 예의를 잃은 발언은 일본인의 마음을 크게 다치게 했다. 나라가 다르면 역사인식과 영토를 둘러싼 주장이 다른 것은 당연하다. 한국의 친구들이 일본의 일본 국민을 친구로 생각한다면, 어이없는 언동을 취한 대통령에게 충고하고 한국과 일본의 역사인식의 일치를 요구하지 않는 데서 서로 일치할 수는 없는 것일까.

최소한 한국 측이 일본에 대해서 영토와 역사에서의 인식 일치를 요구하는 것을 자제하는 것, 또 일본 측은 안이하게 사죄하고 표면상 마치 인식의 일치가 가능할 것 같은 잘못된 메시지를 보내는 것을 그만두는 일이

필요하다

게다가 이 책 제2부에서 썼지만, 지금 일본에 요구되는 것은 정부가 권력에 의한 위안부의 강제연행은 없었다고 하는 역사적 사실에 관하여 체계적으로 진지하게 설명하는 국제 캠페인을 벌이는 것이다.

그를 위해서는 납북자 문제로 아베 정권이 만든 것과 같은 체제, 즉 내각부에 대책본부를 두고, 담당 대신과 독립적인 사무국을 두는 것이 반드시 필요하다.46) 반론하지 않으면 인정하는 것이 되고, 사죄하면 법적 책임을 뒤집어쓰게 되는 것은 국제사회의 상식이다. 한국 상대의 외교에 있어서 지금까지 해온 이심전심, 인도적 지원에 의한 마음의 교류 등은 악의를 갖고 모략선전을 하는 세력을 상대로 할 때는 통하지 않는다는 것을 명심하고, 일본의 명예를 모략 공격으로부터 지키는 투쟁을 관민공동으로 해야 한다.

우선, 신속히 관방장관 아래에 전문가에 의한 회의를 설치하고 고노 담화를 대신하는 위안부 문제에 관한 새로운 관방장관 담화를 내야 한다.

여기에서 내가 만든 새로운 담화의 시안을 게재해 둔다.

---

46) 일본이 국민적 차원에서 북한에 엄격하게 시비하고 있는 납북자 문제는 일본인 피해자만의 문제가 아니라 실은 그보다 규모가 큰 한국인 피해자의 문제이기도 하다. 이는 또한 바로 지금의 인권 문제이고 안보 문제이면서, 무엇보다도 실제로 조직적이고 계획적이고 체계적으로 국가와 정권 차원에서 이뤄지고 있는 진짜 강제연행(납치) 문제라는 점도 생각해볼 필요가 있다. 중국 공산당에 의한 신장위구르족 노예노동 문제 역시 마찬가지다.

이른바 위안부 문제에 관한 내각관방장관 담화 시론^{試論}

이른바 위안부 문제에 대해 정부는 1993년 8월 4일, 그 시점까지의 조사결과를 기초로 고노 내각관방장관 담화를 발표했다. 또 2007년 3월 16일에는 "정부가 발견한 자료 속에는 군이나 관헌에 의한 강제연행을 직접 나타내는 기술은 발견된 바 없다"고 하는 내각결정을 내렸다.

하지만 고노 담화의 표현이 알기 쉬운 것이 아니었다는 점 등에 의해, 정부가 권력에 의한 강제연행을 인정한 것 같은 사실오인이 발생하고 있다. 국제사회에서는 권력에 의한 강제연행을 전제로 이른바 성노예라는 표현조차 나타나 우리나라와 국민의 명예를 현저하게 손상시키고 있다.

고노 담화에서는 "정부로서도 앞으로도 민간의 연구를 포함해 충분히 관심을 기울이고자 한다"고 말하고 있고, 그 후로도 정부로서 이 문제에 대해서 조사를 계속해 왔을 것이다. 여기에 새로운 조사결과를 기초로 하여 '이른바 위안부 문제에 관한 내각관방장관 담화'를 발표하여 우리나라 정부는 권력에 의한 조직적인 위안부 연행은 인정한 바가 없다는 사실을 명백히 하는 바이다.

고노 담화에서 "장기간, 그리고 광범위한 지역에 위안소가 설치돼 수많은 위안부가 존재했다는 것이 인정됐다. 위안소는 당시의 군 당국의 요청에 따라 마련된 것이며 위안소의 설치, 관리 및 위안부의 이송에 관해서는 옛 일본군이 직접 또는 간접적으로 이에 관여했다"고 한 부분에 대해서는 새로운 조사에서도 변경할 필요가 없는 사실로 인정되었다.

단, 고노 담화가 "위안부의 모집에 관해서는 군의 요청을 받은 업자가 주로 이를 맡았으나 그런 경우에도 감언甘言, 강압強圧에 의하는 등 본인들의 의사에 반해 모집된 사례가 많았으며 더욱이 관헌官憲 등이 직접 이에 가담한 적도 있었다는 것이 밝혀졌다"는 부분에 대해서는, 오해의 여지가 있는 표현이었기 때문에, 여기에서 우리나라 정부의 입장을 명확히 하고자 한다.

우선 "본인들의 의사에 반해 모집된 사례"란 권력에 의한 연행을 의미하는 것이 아니라, 어디까지나 위안부가 된 여러 사람들이 바라는 바가 아니었다는 것을 가리키고 있다. 특히 "더욱이 관헌 등이 직접 이에 가담한 적도 있었다"고 하는 부분은, 인도네시아에서 극히 소수의 군인들이 사령부의 방침에 반하여 범한 전쟁범죄를 의미하고, 책임자는 연합국에 의해 전범으로서 처형되었다. 군의 힘에 의한 연행을 가리키고 있지는 않다. 그러나 그것을 명시적으로 쓰지 않았기 때문에 유엔이나 여러 외국 국회 등에서 사실관계에 대해 오해가 퍼져버린 것은 유감이다.

한편, "어쨌거나 본 건은 당시 군의 관여 아래 다수 여성의 명예와 존엄에 깊은 상처를 입힌 문제다. 정부는 이번 기회에 다시 한 번 그 출신지가 어디인지를 불문하고 이른바 종군위안부로서 많은 고통을 겪고 몸과 마음에 치유하기 어려운 상처를 입은 모든 분에 대해 마음으로부터 사과와 반성의 뜻을 밝힌다"고 한 부분에 대해서는 현재까지도 변하지 않는 우리나라 정부의 인도적인 입장이다.

본인의 의사에 반하는 여성의 명예와 존엄의 침해는 유감스럽게도 이 지상에서 아직도 엄연히 존재한다. 우리나라는 그것이 완전히 없어지도록 보편적 인권의 입장에서 금후에도 한층 더 노력할 생각이다.

2012년 9월, 자민당 총재로 아베 신조 전 수상이 선출되었다. 아베 씨는 다시 자민당이 정권을 잡았을 때, 총재선거에서 고노 담화를 대신하는 새로운 담화를 낼 것을 거듭하여 주장했다. 그 주장에 대해서 아사히신문 등은 변함없이 비난하고 있지만, 산케이신문만 아니라 요미우리신문도 사설에서 고노 담화의 수정을 지지했다.

제발, 많은 일본인, 한국인, 미국인이 사실을 알았으면 좋겠다. 그렇게 되면 반드시 길은 열릴 것이라고 믿는다.

한국어판 후기를 대신하여

아베 정권의 고노 담화 고쳐 쓰기, '성노예, 20만 명, 강제연행'설에 대한 반론

앞에 쓴 바와 같이, 나는 제2차 아베 정권 발족에 즈음하여, 위안부 문제로 사실무근의 일본에 대한 비방과 중상이 국제사회에 퍼지고 있는 것에 대해서, 일본 정부가 그 시정에 나서야 한다고 생각하고서 그 방책을 몇 가지 제안했다. 고노 요헤이 관방장관이 1993년에 낸 위안부 문제에 관한 담화를 고쳐 쓴 새로운 위안부 담화를 내야 한다고 생각했기에 그 시안을 만들어 공개한 것이다. 아베 신조 수상과 그 주변에서도 내 제언에 주목했다고 들었다.

나는 고노 담화를 파기해야 한다고는 생각하지 않았다. 자세한 취재 결과, 고노 담화에서도 권력에 의한 위안부 강제연행이나 성노예라는, 사실에 반하는 것을 인정하지는 않았다는 것을 알고 있었기 때문이다. 단, 당시 한국 정부를 지나치게 배려하는 바람에 일단 표현 자체가 대단히 어려웠고, 그 결과로 마치 고노 담화가 권력에 의한 강제연행과 성노예를 인정한 것처럼 대외에 오해가 퍼져 버렸다. 그러므로 그것을 해소하기 위해 담화의 고쳐 쓰기, 즉 새로운 담화가 필요하다고 생각하여 시안試案을 작성한 것이다.

고노 담화를 어떻게 읽을 것인가

내가 작성한 새로운 관방장관 담화 시안에 대해서 조금 더 해설해 둔다. 이 시안은 고노 담화를 고쳐 쓰는 것을 목적으로 하고 있기 때문에, 독자의 편의를 위해 먼저 고노 담화를 인용하고 나서 내 시안을 해설하겠다.

위안부 관계 조사결과 발표에 관한 고노 내각관방장관 담화

이른바 종군위안부 문제에 관해서 정부는 재작년 12월부터 조사를 진행해왔는데 이번에 그 결과가 정리됐으므로 발표하기로 했다.

이번 조사 결과 장기간, 그리고 광범위한 지역에 위안소가 설치돼 수많은 위안부가 존재했다는 것이 인정됐다. 위안소는 당시의 군 당국의 요청에 따라 마련된 것이며, 위안소의 설치, 관리 및 위안부의 이송에 관해서는 옛 일본군이 직접 또는 간접적으로 이에 관여했다. 위안부의 모집에 관해서는 군의 요청을 받은 업자가 주로 이를 맡았으나, 그런 경우에도 감언, 강압에 의하는 등 <u>본인들의 의사에 반해 모집된 사례가 많았으며, 더욱이 관헌官憲 등이 직접 이에 가담한 적도 있었다는 것이 밝혀졌다.</u> 또 위안소에서의 생활은 강제적인 상황 하의 참혹한 것이었다.

또한 전지戰地에 이송된 위안부의 출신지에 관해서는, 일본을 별도로 한다면 조선반도가 큰 비중을 차지하고 있었으나 당시의 조선반도는 우리나라의 통치 아래에 있어 그 모집, 이송, 관리 등도 감언, 강압에 의하는 등 대체로 본인들의 의사에 반해 행해졌다.

어쨌거나 본 건은 당시 군의 관여 아래 다수 여성의 명예와 존엄에 깊은 상처를 입힌 문제다. 정부는 이번 기회에 다시 한 번 그 출신지가 어디인지를 불문하고 이른바 종군위안부로서 많은 고통을 겪고 몸과 마음에 치유하기 어려운 상처를 입은 모든 분에 대해 마음으로부터 사과와 반성의 뜻을 밝힌다. 또 그런 마음을 우리나라로서 어떻게 나타낼 것인지에 관해서는 식견 있는 분들의 의견 등도 구하면서 앞으로도 진지하게 검토해야 할 일이라고 생각한다.

우리는 이런 역사의 진실을 회피하는 일이 없이 오히려 이를 역사의 교훈으로 직시해 가고 싶다. 우리는 역사 연구, 역사 교육을 통해 이런 문제를 오래도록 기억하고 같은 잘못을 절대 반복하지 않겠다는 굳은 결의를 다시 한 번 표명한다.

더욱이, 본 문제에 관해서는 우리나라에서 소송이 제기돼 있고 또 국제적인 관심도 받고 있으며 정부로서도 앞으로도 민간의 연구를 포함해 충분히 관심을 기울이고자 한다. (밑줄은 필자)

고노 담화에서 내가 밑줄 친 부분에 주목하면서, 앞의 내 시안을 읽어 주기 바란다.

고노 담화와 함께 내 시안을 읽으면 알 수 있는 것처럼, 내 문제의식은 고노 담화가 국제 홍보에 방해가 되기 때문에, 거기에서 일본 정부가 무엇을 인정하고 무엇을 인정하지 않는가를 명확히 해야 한다는 것이다. 고노 담화 작성 과정에서, 한국 측으로부터 강제연행을 인정하여 달라는 요구가 있었고, 한편, 일본 정부의 조사에서는 관헌에 의한 위안부 동원은 전혀 발견되지 않았다. 그래서 '강제'의 정의를 "본인의 의지에 반하는 것"으로 확대해석하고, 얼핏 보아 강제연행을 인정한 것처럼 읽을 수도 있지만 실은 인정하지 않고 있는, 대단히 알기 어려운 정치문서가 되어 버렸다.

특히 본인의 의사에 반하는 위안부 모집에 관해 말하면서 "관헌 등이 직접 이에 가담한 적도 있었다"는 표현이 들어감으로써 마치 권력에 의한 강제연행을 인정하는 것과 같은 인상을 주고 있다는 것에 대해 위기감이 있었다.

그러나 이 책 제4장에서 자세히 썼듯이, 내가 취재한 결과로는 고노 담화가 인정한 것은 조선에서의 사례가 아니다. 그렇기에 고노 담화에서도, 위안부 전체의 모집에 관한 단락에는 "관헌의 직접가담"이라는 표현이 들어가 있지만, 그 다음에 있는 조선반도에서의 모집에 대해 말하는 부분에는 "관헌의 직접가담"이라는 표현이 나오지 않는다.

그런데 여기에서 "관헌의 직접가담"은 무엇을 가리키는 것인가? 앞서 서술한 대로, 내가 1997년, 내각관방의 담당자에게 직접 물은 결과로 인도네시아에서 극히 일부의 군인이 군의 규칙을 위반하면서 네덜란드인 포로를 약 2개월간 위안소에서 강제로 매춘을 하도록 한 '스마랑 위안소 사건'을 가리키고 있다는 답을 얻었다. 이 사건에 대해서는 전후 네덜란드에 의한 전범재판으로써 관계되는 일본인과 민간인이 사형 등의 처벌을 받았다.

그러나 그와 같이 고노 담화를 제대로 읽을 수 있는 사람은 나와 같이 사정을 알고 있는 극히 일부의 전문가뿐이다. 누가 읽어도 무엇을 인정하고 무엇을 인정하지 않는지 알 수 있는, 새로운 관방장관 담화가 필요하다는 제언이었다.

새로운 담화로 고노 담화를 고쳐 쓰라

내 시안은 일본 정부가 권력에 의한 위안부 강제연행이나 위안부 성노예설 등을 인정하지 않고 있다는 것을 명확히 표현하고, 국제사회에 퍼져 있는 오해를 해소할 목적으로 작성한 것이었다. 한편 내 시안에서도 고노 담화의 주요 부분인, 현재의 가치관으로 본다면 부모의 빚으로 인해 딸이 매춘업에 종사해야 했던 상황은 여성에 대한 인권침해이며, 일본 정부로서 사죄하고 두 번 다시 그러한 일이 생기지 않도록 노력한다는 인식은 바뀌지 않았다는 사실도 명기했었다.

위안부 제도는 당시는 합법적인 공창公娼제도의 일환이었다. 한편, 공창제도가 비합법화된 현재의 가치관으로는 여성의 인권침해다. 이 두 개를 균형 있게 명언하는 두 측면의 역사인식이다.

이 두 측면의 역사인식은 위안부 문제만이 아니라, 일본의 조선반도 통치문제에 대해서도 성립한다. 당시는 합법이었지만, 현재의 가치관으로 본다면 유감이고 반성한다는 것이다. 1965년 이래, 이것이 일관된 일본 정부의 역사인식인데, 외무성은 내외의 반일세력에게 양보하여 후자만 강조해 왔다. 그 결과 위안부가 성노예였다는 황당무계한 비방이 세계에 퍼져버린 것이다.

한일위안부합의와 아베의 답변

하지만 아베 정권은 새로운 관방장관 담화를 내지 않았다. 아베 수상은 2015년 12월, 한국의 박근혜 정권과 '위안부 문제 한일합의'를 맺고, 한국인 위안부들에 대한 지원을 위해 한국이 만드는 재단(화해치유재단)에 일본 정부의 예산으로 10억 엔을 출자할 것을 약속하고, "이 문제가 최종적이며 불가역적으로 해결되는 것을 확인한다"고 선언했다.

합의 당시 생존해 있던 한국인 옛 위안부 46명 중 36명, 약 78%가 합의에 찬성하여 동 재단으로부터 위로금 1억 원을 수령했다. 대부분의 옛 위안부들이 합의에 의한 해결을 받아들인 것이다.

그런데 위안부들을 이용하여 한일관계의 악화를 꾀해 온 반일운동단체인 정대협(한국정신대문제대책협의회, 2018년에 '일본군 성노예문제 해결을 위한 정의기억연대'(정의연)로 개칭)과 그 운동단체가 지원하는 극히 소수의 옛 위안부들은, 합의가 당사자의 의지를 반영하지 않는다는 이유를 들어 반대를 계속했다. 반일운동단체의 지원으로 성립한 문재인 정권은 재단을 해산해 버리고, 위안부 문제는 아직 해결되지 않았다는 입장을 표명했다. 그러한 전개를 사전에 예상하여 아베 정권은 미국 정부와 유엔 사무총장 등으로부터 이 합의에 대해 공개적 지지를 받아두었다.

단, 합의에 "일본 정부는 한국 정부와 함께 이후 유엔 등 국제사회에서 이 문제에 대해 서로 비난·비판하는 일은 삼가도록 한다"는 문장이 있었던 것에 대해서, 나는 산케이신문의 지상 칼럼 등에서 이것이 국제사회에 퍼져 있는 일본에 대한 비방·중상에 대한 반론도 하지 않는다는 약속이라면 큰 화근을 남기는 것이라고 경고했다.

내 걱정은 기우였다. 2016년 1월 18일, 참의원 예산위원회에서 나카야마 교코中山恭子 의원의 질문에 답하면서, 아베 수상은 국제사회에 퍼져 있는 비방·중상에 대해서는 정부가 대응해 가겠다는 역사적 답변을 한 것이다. 그 역사적 질의응답을 인용해 두자.

나카야마: 아베 총리는 우리 자손, 그 다음 세대의 아이들에게 언제까지나 계속해서 사죄하는 숙명을 지워서는 안 된다고 발언하였습니다. 나도 같은 생각입니다. 그러나 이 일한日韓 외교장관 공동 기자발표 직후부터, 사실과 다른 곡해된 일본인관日本人観이 확산되고 있습니다. 일본 정부가 스스로, 일본군이 옛 위안부의 명예와 존엄을 깊이 손상시켰다고 한 것으로, 일본이 여성을 성노예화한 나라라는 등의 사고방식이 세계 속에 정착하게 되었습니다. 이후 우리들의 자손, 차세대의 아이들은 사죄는 하지 않을지도 모르지만, 여성에게 가혹한 일을 한 선조의 자손이라는 일본에 대한 차가운 세계의 평가 속에서 살아가게 됩니다. 지금부터 살아갈 아이들에게 잔혹한 숙명을

지게 해버렸습니다. 아베 총리가 이들 오해, 사실에 반하는 비방·중상 등에 대해 전 세계를 향하여 바른 역사적 사실을 발신하고, 일본과 일본인의 명예를 지키기 위해 힘을 다해주셨으면 한다고 생각합니다. 총리는 이 흐름을 불식하는 데 어떻게 하면 좋다고 생각합니까? 의견을 들려주시기 바랍니다.

아베: 해외의 언론을 포함하여, 옳지 않은 사실에 의한 비방·중상이 있는 것은 사실입니다. '성노예' 혹은 '20만 명'이라고 하는데, 사실이 아닙니다. 그러한 비난을 받고 있는 것이야말로 사실이고, 그것에 대해서는 정부로서는 그것('성노예', '20만 명' 등)이 사실이 아니라는 것을 확실히 말하고 싶다고 생각하는데, 정부로서는, 지금까지 정부가 발견한 자료 속에는 군이나 관헌에 의한 이른바 강제연행을 직접 나타내는 기술은 발견되지 않았다는 입장을 츠미모토 키요미辻元淸美 의원의 질문주의서에 대한 답변서로서, 2007년, 이것은 아베내각, 제1차 아베내각 때입니다만 각의 결정을 하고 있고, 그 입장에는 전혀 변화가 없다는 것을 다시 말씀드려 두고 싶습니다. 또 당시 군이 관여했다는 것은, 위안소가 당시의 군 당국의 요청에 의해 설치되었다는 것, 위안소의 설치, 관리 및 위안부의 이송에 대해 구 일본군이 직접 또는 간접으로 이에 관여했다는 것, 위안부의 모집에 대해서는 군의 요청을 받은 업자가 주로 이를 담당했던 것이라고 종래부터 말해오고 있는 바입니다.

나카야마: 총리의 지금 답변에서는, 이 일한日韓 공동기자발표에서의

당시 군의 관여라는 것은, 군이 관여한 것에 대해서는, 위안소의 설치, 건강관리, 위생관리, 이송에 대해 군이 관여한 것이라고 생각하고, 해석하는데, 그래도 좋습니까?

아베: 지금 말씀드린 대로입니다. 위생관리도 포함하여 설치, 관리에 관여했다고 하는 것입니다.

여기에서 "해외의 언론을 포함하여, 옳지 않은 사실에 의한 비방·중상이 있는 것은 사실입니다. '성노예', 혹은 '20만 명'이라고 하는데, 사실이 아닙니다. 정부로서는 그것이 사실이 아니라고 하는 것을 확실히 말하고 싶다고 생각합니다", "지금까지 정부가 발견한 자료 속에는 군이나 관헌에 의한 이른바 강제연행을 직접 나타내는 기술은 발견되지 않았습니다"라고 분명히 말한 것은 의미가 크다. 성노예설, 20만 명설, 강제연행설 등을 수상이 명확히 "옳지 않은 사실"이라고 명확히 말하고, 정부로서 사실이 아니라는 것을 보여주었다. 즉 역사적 사실에 기초한 국제 홍보를 확실히 하겠다고 수상이 약속한 것이기 때문이다.

외무성의 반론 홍보

그에 이어 외무성은 2016년 2월의 유엔 인권이사회에 스기야마杉山 심의관을 보내 위안부 문제에 관해 당당하게 반론을 개진했다. 그러나 그 후 정부 차원의 반론 홍보는 좀체 진행되지 않았다.

그에 대해 나는 거듭하여 이대로는 일본국과 선조의 명예를 지킬 수 없다고 경고해왔다. 그러나 국내에서도 외무성 출신들이 입을 모아 "역사문제에 관한 반론은 외교에 어울리지 않는다", "위안부 강제연행이 있었을지도 모른다"는 등의 발언을 하고 있었다.(자세한 것은 「역사인식문제연구歷史認識問題研究」, 창간호 인터넷판의 필자 기고문 참조)

2012년까지 주한대사를 맡았던 무토 마사토시武藤正敏는 2015년에 출판한 책인 『일한 대립의 심층日韓對立の深層』에서 위안부 문제에 관해 사실에 기초한 반론을 해서는 안 된다는 주장을 이하와 같이 했다.

> 일본이 주의해야 할 것은, "협의의 강제성은 없었다"는 식의 주장은 결코 해서는 안 된다는 것입니다. 왜냐하면, 그 주장은 오히려 "과거의 비인도 행위를 반성하지 않는다"는 불신감을 심어주고, 더욱더 한국 측에 대한 동정을 몰아줄지도 모르기 때문입니다. 이 문제에 대한 대응은 세계가 어떻게 보고 있는가 하는 관점에서 생각할 필요가 있는 것입니다
>
> 무릇, 군에 의한 '강제성'이 없었다고 단정할 수 있는 것인지, 어떠한 것인지. 자료가 없다는 것이 이유가 될까요? 군에 의한 강제연행을 자료로 남긴다고 생각되지 않습니다. 또 "절대 없었다"고 명확히 부정할 수 있는 증거도 발견되지 않았다고 생각합니다.

하지만, 외무성은 아베 답변에 따라 위안부 문제에 관한 반론 홍보에서

크게 전진하였다. 2019년 4월에 발행된 『외교청서外交青書 2019년』에 위안부 문제에 관한 일본 정부의 입장을 나타내는 획기적인 박스기사가 나왔고, 그 내용이 2019년 4월에 외무성 홈페이지의 역사 관련 코너에 '위안부 문제에 대한 우리나라(일본)의 노력慰安婦問題についての我が国の取組'이라는 제목으로 그대로 올라간 것이다. 당초는 일본어와 영어뿐이었지만, 독일에 위안부상이 세워져 버린 것을 의식하여 스가 요시히데菅義偉 정권 하 2020년 10월에 독일어판이, 11월에는 한국어판이 추가되었다.

전문은 이 책의 권말부록에 수록하였다.

이 문서에는 내가 말하는 두 측면의 역사인식이 명확히 기술되어 있다.

우선 아시아여성기금과 한일위안부합의 등을 통해 일본 정부가 성실하게 여성의 인권침해 문제에 대응해 온 것을 소개하면서, 한국의 문재인 정권이 한일위안부합의에 따라 만들어진 재단을 해산하고, 부산총영사관 앞에 위안부상慰安婦像을 세우는 것을 용인한 것 등을 엄중히 비판하였다. 그리고 중요한 것은 강제연행, 성노예, 20만 명이라는 사실에 반하는 비방·중상에 대해 일본 정부로서 확실히 사실관계에 근거하여 반론한 것이다. 그 부분을 인용한다.

> '강제연행'이나 '성노예'와 같은 표현 외에도 위안부의 수를 '20만 명' 또는 '수십만 명'이라고 표현하는 등 사실에 근거한다고 하기 어려운 주장들도 보인다.

● '강제연행'

지금까지 일본 정부가 발견한 자료 중에는 군이나 관헌에 의한 이른바 강제연행을 직접 가리키는 기술記述은 찾아보지 못하였다. (이러한 입장은 예를 들어1997년 12월 16일 각의閣議 결정 답변서에서 밝히고 있다.)

● '성노예'

'성노예'라는 표현은 사실에 반하므로 사용하지 말아야 한다. 이 점은 2015년 12월 일한 합의 때 한국 측과도 확인하였으며 일한 합의에서도 일절 사용되지 않았다.

● 위안부의 수에 관한 '20만 명'이라는 표현

'20만 명'이라는 숫자는 구체적으로 뒷받침되지 않은 숫자이다. 위안부 전체 숫자에 대해서는 1993년 8월 4일 일본 정부의 조사 결과보고서에 기술되어 있는 바와 같이 발견된 자료에는 위안부의 총수總數를 가리키는 내용은 없고 이를 추정하기에 충분한 자료도 없으므로 위안부 총수를 확정 지을 수 없다.

외무성이 위안부 문제와 관련하여 반일세력이 만들어낸 비방·중상에 대해 사실에 기초하여 명확히 반론하는 문서를 백서와 홈페이지에 게재한 것은 큰 변화이며, 칭찬할만하다. 이것도 아베 신조 수상의 큰 업적이라고 할 수 있다.

실은 2020년 11월 말에 한국어판이 게재되기 전에 이미 한국에서도 이 외무성 문서가 주목받았다. 2020년 10월, 베를린의 위안부상 설치에 반대하여 성명을 현지에 보내는 등의 활동을 하고 있는 한국의 양식 있는 그룹(반일동상진실규명공대위)이 이 외무성 문서를 인용하여 위안부상 설치 그룹을 비판하기도 했다.

　11월 말에 한국어판이 게재될 때도, 한국의 양식 있는 인터넷미디어가 즉시 그것을 보도하기도 했다. 진실 위에서 한일우호가 민간 레벨에서 조금씩이지만 구축되어 가고 있다. 이 책의 한국어 번역이 그 일에 다소나마 공헌한다면 그 이상의 기쁨은 없겠다.

주요 참고문헌

○ 서적

- 金英達編(1992), 『朝鮮人從軍慰安婦・女子挺身隊資料集』, 神戸學生靑年センター出版部.
- 吉田義明編(1992), 『從軍慰安婦資料集』, 大月書店.
- 吉田義明・林博史編著(1995), 『共同硏究 日本軍慰安婦』, 大月書店.
- 吉田義明・川田文子編著(1997), 『「從軍慰安婦」をめぐる30のウソと眞實』, 大月書店.
- 吉田淸治(1983), 『私の戰爭犯罪 朝鮮人强制連行』, 三一書房.
- 大師堂經慰(1999), 『慰安婦强制連行はなかった-河野談話の放置は許されない』, 展轉社.
- 島田俊彦(2005), 『關東軍』, 中公新書, (のち講談社學術文庫 2005).
- 李命英(2003), 『四人の金日成』 成甲書房, 東アジア叢書, 1976(のち『北朝鮮金日成は四人いた』, ベストセラーズ, ワニ文庫, 2003)
- 武田幸男編(1985), 『朝鮮史』, 山川出版社.
- 百瀨孝(1990), 『事典 昭和戰前期の日本』, 吉川弘文館.
- 三川万智子(1996), 『文玉珠 ビルマ戰線楯師團の「慰安婦」だった私』, 梨の木舍.
- 上杉千年(1993), 『檢證「從軍慰安婦」- 從軍慰安婦問題入門』, 全貌社.
- 西岡力(1992), 『日韓關係の深淵』, 亞紀書房.
- 西岡力(1998), 『暗に挑戰する!‒ 拉致, 饑餓, 慰安婦, 反日をどう把握するか』, 德間書店.
- 西岡力(2005), 『日韓「歷史問題」の眞實』, PHP硏究所.
- 西岡力(2006), 『北朝鮮の「核」, 「拉致」は解決できる』, PHP硏究所.
- 石川逸子(1993), 『「從軍慰安婦」にされた少女たち』, 岩波ジュニア新書.
- 小林よしのり(1997, 1998), 『新ゴーマニズム宣言』, 〈第3卷〉〈第4卷〉, 小學館.
- 新井佐和子(1998), 『サハリンの韓國人はなぜ歸れなかったのか』, 草思社.
- 女性のためのアジア平和國民基金編(1997), 『政府調査「從軍慰安婦」關係資料集成』, 龍溪書舍.
- 伊藤亞人ほか監修(2000), 『朝鮮を知る事典』, 平凡社, (1968刊, 新訂增補 2000)
- 伊藤孝司編著(1992), 『證言 從軍慰安婦・女子勤勞挺身隊 强制連行された朝鮮人女性たち』, 風媒社.
- 秦郁彦(1993), 『昭和史の謎を追う(下)』, 文藝春.
- 秦郁彦(1999), 『慰安婦と戰場の性』, 新潮社.

- 倉橋正直(1994), 『從軍慰安婦問題の歷史的研究 賣春型と性奴隷型』, 共榮書房.
- 千田夏光(1978), 『從軍慰安婦』(正編·續編), 雙葉社, (1973, 1974. のちに三一書房, 1978)
- 戶塚悅郞(1999), 『日本が知らない戰爭責任 - 國聯の人權運動と日本軍「慰安婦」問題』, 現代人文社.

- Cucullu, Gorden(2004), Seperated at Birth: How North Korea Becamen the Evil Twin.
- Hicks, George(1995), The Comfort woment, sex slaves of the Japanese Forces, Heinemann Asia, Singapore(日譯, 『從軍慰安婦 性の奴隷』, ジョジ・ヒックス著・浜田徹譯・三一書房・1995).

- 경제기획원(1976), 『청구권자금백서』.
- 이영훈(2007), 『대한민국 이야기』, 기파랑.
- 한국정신대문제대책협의회·정신대연구회 편(1993), 『증언집 I 강제로 끌려간 조선인 위안부들』.

○ 잡지

- 加藤正夫, '千田夏光著 '從軍慰安婦'の重大な誤り', 「現代コリア」1993年2·3月合倂號.
- 江崎道郞, '知られざる反日國際ネットワークの育成と實態を暴く', 「正論」2005年5月號.
- 臼杵敬子, 'もう一つの太平洋戰爭 朝鮮人慰安婦が告白する 私たちの肉體を弄んだ日本軍の獵色と破廉恥', 「寶石」1992年2月號.
- 島田洋一, 'アメリカにおける東京裁判史觀見直しの好機と障害', 「正論」2005年9月號.
- 島田洋一, '米下院慰安婦決議'にいかに反論するか', 日本政策硏究センター 「明日への選擇」2007年3月號.
- 島田洋一連載, 'アメリカはどう動くか' 22, 24, 「現代コリア」2007年3·5月號.
- 三浦小太郞, 'この悲劇から目を逸らすな! 脱北者の多くは人身賣買されている', 「正論」2007年6月號.
- 上杉千年, '檢證 吉田 '慰安婦狩り證言' - 警察OB大いに怒る', 「諸君!」1992年8月號.
- 上杉千年, '千田夏光著 '從軍慰安婦'を切る - 'まぼろし'の關特演從軍慰安婦二萬人徵募要請', 「月曜評論」1992年9月28日號.
- 西岡力, "'慰安婦=性奴隷'を廣めた戶塚悅郞の'大罪'", 「正論」2012年5月號.

- 西岡力, "「慰安婦問題」とは何だったのか", 「文藝春秋」1992年4月號.
- 西岡力, 'さらば, 虛妄の'從軍慰安婦'問題', 「正論」2011年8月號.
- 西岡力, 'めぐみさんの夫特定は好機だ!'反日'包圍網は理念外交で乘り越えられる', 「正論」2006年6月號.
- 西岡力, '危險水位を超えた'慰安婦'對日謀略', 「正論」2011年12月號.
- 西岡力, '止まぬ歷史糾彈 - 理念外交への轉換が急務だ', 「正論」2006年11月號.
- 西岡力·島田洋一, '北·中·韓の反日プロパガンダに打ち勝たずして拉致の解決なし', 「正論」2006年1月號.
- 西岡力·伊東哲夫, "「慰安婦問題」をいかに卷き返すか", 日本政策研究センター「明日への選擇」2007年5月號.
- 田中英道, "'68年世代'の危險な隱れマルクス主義 - 左翼思想に染まったのは日本の'團塊の世代'だけではない", 「正論」2007年5月號.
- 佐藤勝巳·田中明, "'謝罪'するほど惡くる日韓關係", 「文藝春秋」1992年3月號.
- 秦郁彦, '幻の從軍慰安婦を捏造した河野談話はこう直背', 「諸君!」2007年 5月號.
- 板倉由明, '檢證'慰安婦狩り'懺悔者の眞贋 - 朝日新聞に公開質問!阿鼻叫喚の强制連行は本當にあったのか?', 「諸君!」1992年7月號.
- '特輯'慰安婦'問題の現在, 谷口和憲編輯發行, 「戰爭と性」第25號, 2006年5月30日.

○ 기타

- 미 하원 '위안부 문제에 관해 일본 정부에 사과를 요구하는 121호 결의안', 2007년 1월.
- '육지밀 제745호陸支密第745號」, 1938년 3월 4일.
- 라디카 쿠마라스와미Radhika Coomaraswamy, '전시 군의 성노예제도 문제에 관하여, 조선인민민주주의공화국, 대한민국 및 일본 방문조사에 기초한 보고서Report on the mission to the Democratic People's Republic of Korea, the Republic of Korea and Japan on the issue of military sexual slavery in wartime', 1996년.
- 위안부 관계 조사 결과 발표에 관한 고노 내각 관방장관 담화, 1993년 8월 4일.

부록

[부록1] 위안부 문제에 대한 우리나라(일본)의 노력

위안부 문제에 대한 우리나라의 노력
慰安婦問題についての我が国の取組★

1. 일한 간의 위안부 문제

(1) 위안부 문제는 1990년대 이후 일한 간에 첨예한 외교적 문제가 되어 왔지만 일본은 이에 진지하게 노력해 왔다. 일한 간의 재산 및 청구권 문제는 1965년 일한 청구권·경제협력협정을 통해 법적으로 해결되었으나, 그 전제하에서 위안부였던 분들의 현실적인 구제를 도모하는 관점에서 1995년 일본 국민과 일본 정부가 협력하여 재단법인 '여성을 위한 아시아평화국민기금' (약칭: '아시아여성기금')을 설립하여 한국을 포함한 아시아 각국의 위안부였던 분들께 의료·복지지원사업 및 '사과금' atonement money을 지급함과 동시에 역대 총리대신으로부터 '사죄의 서한'을 보내는 등 최대한 노력해 왔다.

★ 일본 외무성에 의한 한국어 번역본이며, 2020년 11월 30일 일본 외무성 홈페이지에 공개되었다.

(2) 일한 양국 정부는 다대한 외교적 노력 끝에 2015년 12월 일한 외교장관회담에서 합의하여 위안부 문제의 '최종적 및 불가역적 해결'을 확인하였다. 또한 일한 양국 정상 간에서도 이 합의를 양국 정상이 책임을 갖고 실시할 것, 그리고 향후 여러 문제에서 이 합의의 정신을 바탕으로 대응할 것임을 확인하였다. 이 합의에 대해서는 반기문 유엔 사무총장(당시)을 비롯하여 미국 정부를 포함한 국제사회에서도 환영하였다.

이 합의에 따라 2016년 8월 일본 정부는 한국 정부가 설립한 '화해·치유재단'에 대하여 10억 엔을 거출하였다. '화해·치유재단'은 그동안 합의 시점에 생존해 계신 분들 47명 중 35명에 대하여, 또한 돌아가신 분들 199명 중 64명의 유가족에 대하여 자금을 지급했으며 많은 위안부였던 분들로부터 평가를 받았다.

(3) 그러나 2016년 12월 한국 시민단체는 주부산총영사관에 인접한 인도에 위안부상을 설치하였다. 이후 2017년 5월 문재인 정부가 출범하고, 외교부 장관 직속의 '위안부 합의 검토 태스크포스'의 검토 결과를 바탕으로 2018년 1월 9일 강경화 외교부장관은 ①일본 정부에 대해 재협상은 요구하지 않을 것, ②피해자의 의사를 제대로 반영하지 않은 2015년 합의는 진정한 문제 해결이 될 수 없다는 등의 한국 정부의 입장을 발표하였다. 2018년 7월 한국 여성가족부는 일본 정부의 거출금 10억 엔을 '전액 충당'하기 위한 예비비를 편성하여 '양성평등기금'에 출연하겠다고 밝혔다. 또한 11월 여성가족부는 '화해·치유재단'의 해산을 추진하겠다고 발표하였다.

(4) 해산 발표는 일한 합의에 비추어 볼 때 문제가 있기에 일본으로서는 도저히 받아들일 수 없는 일이다. 한국 정부는 문재인 대통령을 포함하여 '합의를 파기하지 않는다' '일본 측에 재협상을 요구하지 않는다'는 것을 대외적으로 거듭 밝혀오고 있으나, 일본은 일한 합의하에 약속한 조치를 모두 이행해 왔으며 국제사회가 한국 측의 합의 이행을 주시하고 있는 상황이다. 일본 정부는 한국 측에 일한합의를 착실히 이행할 것을 계속 강력히 촉구해 나갈 생각이다.

2. 국제 사회에서의 위안부 문제에 대한 노력

(1) 위안부 문제를 포함하여 지난 대전과 관련된 배상이나 재산 및 청구권 문제에 대해서 일본 정부는 미국, 영국, 프랑스 등 45개국과 체결한 샌프란시스코 평화조약 및 그 이외에 양국 간 조약 등에 따라 성실하게 대응해 왔으며, 이들 조약 등의 당사국과의 사이에서는 개인의 청구권 문제도 포함하여 법적으로 해결되었다.

(2) 그 전제하에서 일본 정부는 위안부였던 분들의 명예 회복과 구제 조치를 적극적으로 강구해 왔다. 1995년에는 일본 국민과 일본 정부의 협력하에 위안부였던 분들에 대한 보상atonement과 구제 사업 등의 실시를 목적으로 '아시아여성기금'이 설립되었다. 아시아여성기금에는 일본 정부가 약 48억 엔을 거출하고 일본인 일반시민으로부터 약 6억 엔의

성금이 모여들었다. 일본 정부는 위안부였던 분들의 현실적인 구제를 도모하기 위하여 위안부였던 분들에 대한 '사과금' 및 의료·복지 지원 사업의 지급 등을 실시하는 아시아여성기금의 사업에 최대한 협력해왔다. 아시아여성기금 사업에서는 위안부였던 분들 285명(필리핀 211명, 한국 61명, 대만 13명)께 국민성금 자금으로 '사과금'(1인당 200만 엔)이 전달되었다. 또한 아시아여성기금은 이들 국가와 지역에서 일본 정부의 거출금을 자금으로 의료·복지 지원사업에서 1인당 300만 엔(한국·대만), 120만 엔(필리핀)을 지급하였다 (합계 금액은 1인당 500만 엔(한국·대만), 320만 엔(필리핀)). 또한 아시아여성기금은 일본 정부 거출금을 자금으로 인도네시아에서 고령자용 복지시설을 정비하는 사업을 지원했고, 또한 네덜란드에서 위안부였던 분들의 생활여건 개선을 지원하는 사업을 지원하였다.

(3) 위안부였던 분들에 대하여 '사과금' 및 의료·복지 지원이 제공되었을 때, 그 당시 내각총리대신(하시모토 류타로 내각총리대신, 오부치 게이조 내각총리대신, 모리 요시로 내각총리대신 및 고이즈미 준이치로 내각총리대신)은 자필로 서명한 사죄와 반성을 표명한 서한을 위안부였던 분들 한 분 한 분께 직접 보내 드렸다.

(4) 2015년 내각총리대신 담화에 있는 바와 같이 일본은 20세기 전시하에 수많은 여성들의 존엄과 명예가 크게 손상된 과거를 가슴에

새기고 21세기야말로 여성의 인권이 손상되는 일이 없는 세기를 만들기 위해 리드해 가겠다는 결의決意를 갖고 있다.

(5) 이러한 일본 정부의 진지한 노력에도 불구하고, '강제연행'이나 '성노예'와 같은 표현 외에도 위안부의 수를 '20만 명' 또는 '수십만 명'이라고 표현하는 등 사실에 근거한다고 하기 어려운 주장들도 보인다.
이러한 점에 관한 일본 정부의 입장은 다음과 같다.

● '강제연행'
지금까지 일본 정부가 발견한 자료 중에는 군이나 관헌에 의한 이른바 강제연행을 직접 가리키는 기술記述은 찾아보지 못하였다. (이러한 입장은 예를 들어 1997년 12월 16일 각의閣議 결정 답변서에서 밝히고 있다.)

● '성노예'
'성노예'라는 표현은 사실에 반하므로 사용하지 말아야 한다. 이 점은 2015년 12월 일한 합의 때 한국 측과도 확인하였으며 일한 합의에서도 일절 사용되지 않았다.

● 위안부의 수에 관한 '20만 명'이라는 표현
'20만 명'이라는 숫자는 구체적으로 뒷받침되지 않은 숫자이다. 위안부 전체 숫자에 대해서는 1993년 8월 4일 일본 정부의 조사 결과보고서에 기술되어 있는 바와 같이 발견된 자료에는 위안부의 총수總數를 가리키는 내용은 없고 이를 추정하기에 충분한 자료도 없으므로 위안부 총수를 확정지을 수 없다.

(6) 일본 정부는 지금까지 일본 정부가 취해 온 진지한 노력 및 일본 정부의 입장에 대해 국제사회에 명확히 설명하는 노력을 계속하고 있다. 구체적으로 일본 정부는 유엔의 공식 석상에서 2016년 2월 여성차별철폐협약 제7회 및 제8회 일본 정부 보고심사를 비롯하여 여러 차례의 기회를 통해 일본의 입장을 설명하고 있다. 또한 2017년 2월 일본 정부는 미국 로스앤젤레스 교외의 글렌데일시에 설치된 위안부상에 관한 미국 연방대법원의 소송에서 일본 정부의 의견서를 동 법원에 제출하였다.

[부록2] 주요 위안부들(김학순, 문옥주, 이용수) 증언의 변천

김학순金學順, 문옥주文玉珠 씨의
청취조사 증언과 소장 사이의 차이★

1 김학순의 청취조사 증언

어머니는 나를 기생을 기르는 집에 수양딸로 보냈다. 그때 내 나이가 열다섯 살이었다. 어머니와 함께 그 집에 가서 노래를 불러보고 합격했다. 그리고는 어머니가 수양아버지에게 40원을 받고 몇 년 계약으로 나를 그 집에서 살게 했던 것으로 기억한다. 하도 집에 있는 것이 거북살스럽고 싫어서 그편이 오히려 속시원하다고 생각했었다.

내가 수양딸로 간 집은 평양부 경제리 133번지였다. 그 집에는 나보다 먼저 온 양딸이 한 명 더 있었다. 나는 그 집에서 금화라고 불렸다. 그 언니하고 나는 평양 기생권번에 같이 다녔다. 그 권번은 2층집이었는데 대문에 큰 간판도 있고 생도도 300명이나 있었다. 나는 2년 정도 권번에

★ 여기서 〈1〉과 〈3〉은 한국정신대문제대책협의회·정신대연구회 편집, 『증언집 I 강제로 끌려간 조선인 군위안부들』(한울, 1993년)에서 인용한 것이며, 〈2〉와 〈4〉는 히라바야시 히사에平林久枝 편編 『강제연행과 종군위안부強制連行と從軍慰安婦』(일본도서센터日本圖書センター, 1992년)에 수록된 '아시아태평양전쟁 한국인희생자 보상청구사건 소장アジア太平洋戰爭韓國人犧牲者補償請求訴狀'(1991년 12월 제소, 92년 4월 원고原告 추가)에서 인용한 것이다.

다니면서 춤, 판소리, 시조 등을 열심히 배웠다.

  권번에서 졸업증을 받게 되면 정식 기생이 되어 영업을 할 수 있었다. 그런데 나이가 열아홉 살이 되어야 관에서 기생 허가를 내주었다. 졸업하던 해 내 나이가 열일곱 살이라 졸업을 하고도 영업을 할 수 없었다. 그래서 양아버지는 나를 데리고 여기저기 쫓아다니면서 허가를 받아보려고 애를 많이 썼다. 내가 나이보다 몸이 성숙하여 양아버지는 나이를 늘려 이야기했지만 관에서는 실제 나이가 열일곱 살이라 안된다고 했다.

  국내에서 우리를 데리고 영업을 할 수 없었던 양아버지는 중국에 가면 돈을 벌 수 있을 것이라고 했다. 그래서 그 집에서 함께 기생 수업을 받았던 언니와 나는 양아버지를 따라 중국으로 가게 되었다. 그때가 1941년, 내가 열일곱 살 나던 해였다. 양아버지는 중국으로 떠나기 전에 어머니에게 연락을 하여 중국으로 가는 것을 허락받았다. 떠나는 날 어머니는 노란 스웨터를 사가지고 평양역까지 나와서 배웅해 주었다.

  평양에서 기차를 타고 신의주에서 안동다리를 건너 산해관으로 갈 때 양아버지가 일본 헌병에게 검문을 당했다. 양아버지는 헌병 초소에 들어가 몇 시간 만에 나왔다. 그리고는 다시 기차를 타고 며칠을 갔다. 가면서 기차에서 자기도 하고 여관에서 자기도 했다. 북경에 가면 장사가 잘된다고 하여 양아버지는 우리를 데리고 북경까지 갔다.

  북경에 도착하여 어느 식당에서 점심을 먹고 나오는데 일본 군인이 양아버지를 불렀다. 여러 명 있는 중에서 계급장에 별 두 개를 단 장교가 양아버지에게 "당신들 조선사람이지?"하고 물었다. 양아버지가 우리는 중국에 돈 벌러 온 조선사람들이라고 이야기했다. 그랬더니 그 장교는 돈 벌려면 너희 나라에서 벌지 왜 중국에 왔냐고 하면서 "스파이지? 이쪽으로 와라" 하면서 아버지를 데리고 갔다.

언니와 나는 따로 군인들에게 끌려갔다. 골목 하나를 지나가니 뚜껑 없는 트럭이 한 대 서 있었다. 거기에는 군인들이 대략 40~50명 정도 타고 있었다. 우리에게 그 트럭에 타라고 해서 안 타겠다고 하니깐 양쪽에서 번쩍 들어올려 태웠다. 조금 있다가 양아버지를 데리고 간 장교가 돌아온 후 트럭이 곧 떠났다. 그 장교는 운전석 옆에 탔다. 우리는 하도 놀라기도 하고 무섭기도 해서 트럭 안에서 웅크리고 앉아 울었다. 가다보니 뒤에 모양이 같은 트럭이 한 대 더 따라오고 있었다.

2 김학순의 소장訴狀

원고 김학순(이하 "김학순"이라고 한다)은 1923년, 중국 동북지방 길림성에서 태어났는데, 태어난 후, 아버지가 사망했기 때문에, 어머니와 함께 친척이 있는 평양으로 돌아와, 보통학교에 4학년까지 다녔다. 어머니는 가정부 등을 하였는데, 집이 가난했기 때문에, 김학순도 보통학교를 그만두고, 아이보기, 심부름꾼 등을 하고 있었다. 김태원이라는 사람의 양녀가 되어, 14세부터 기생학교에 3년간 다녔는데, 1939년, 17세 (한국 나이) 봄, "거기에 가면 돈을 벌 수 있다"는 설득에 따라, 김학순의

동료로서 한 살 위인 여성(에미코라고 했다)과 함께 양부養父에 이끌려 중국으로 건너갔다. 트럭에 타고 평양역으로 가서, 거기부터 군인만 탄 군용열차를 3일간 타고 갔다. 몇 번을 갈아탔는데, 안둥安東과 베이징北京을 거쳐서, 도착한 곳이 '북지北支' '호오루현カッカ県' '철벽진鉄壁鎮'이라는 것밖에 몰랐다. 철벽진에는 밤에 도착했다. 작은 마을이었다. 양부와는 거기에서 헤어졌다. 김학순 등은 중국인 집에서 장교가 안내하여 방에 들어갔고, 밖에서 자물쇠를 채웠다. 그때 비로소 "앗차" 했다. 다음날 아침, 말 울음소리가 들렸다. 옆방에도 3명의 조선인 여성이 있었다. 이야기를 하자 "무슨 바보 같은 짓을 했어"라고 했고, 어떻게든 도망가야 한다고 생각했지만, 주위는 온통 군인이었다. 그날 아침, 안으로 장교가 들어왔다. 함께 간 에미코와 헤어졌고, "걱정하지 마라, 말하는 대로 해라"고 말했고, "옷을 벗어"라고 명령했다. 폭력을 휘둘러 따를 수밖에 없었다. 생각하기도 괴롭다.

3 문옥주의 청취조사 증언

1940년에 나는 만 열여섯 살이 되었다. 그해 늦가을쯤의 어느날 나는 하루코네 집에 가서 놀고 있었다. 해가 뉘엿뉘엿 저물어가자 나는 하루코네 집을 나서 우리집으로 향했다. 얼마 걷지 않아서였다. 일본군복을 입고 기다란 칼을 차고 왼쪽 어깨에 빨간 완장을 한 남자가 내게 다가왔다. 그는 갑자기 내 팔을 끌며 일본말로 무어라고 하였다. 당시는 순사라는 말만 들어도 무서워하던 때라 나는 아무 말도 못하고 그가 끄는 대로 끌려갔다.

그 사람은 한참 팔을 잡고 가다가는 나를 앞세우고 걸어갔다. 간 곳은 헌병대로 생각된다. 거기에는 내 또래의 다른 여자애 한 명이 먼저 와 있었다. (중략) (중국 동북의 도안성透安省에서 약 1년간 위안부 생활을 한 뒤: 필자) 대구 집으로 돌아온 나는 때로는 남의 집살이도 하면서 일 년쯤 지냈다.

대명동 집 근처에는 우연히 알게 된 친구 한 명이 있었다. 1942년 7월초 그 친구는 "돈을 많이 주는 식당에 가려는데 너도 안 가겠느냐?" 하고 물었다. 나는 이미 버린 몸이라고 생각하고 있었던 터라 어찌됐든 돈이라도 많이 벌자 다짐하며 곧장 수락했다. 그 친구는 "그럼 내일 보자"고 했다. 다음날 나는 식구들 모르게 집을 빠져나와 그 친구와 같이 부산행 기차에 몸을 실었다. 나는 어떻게든 돈을 꼭 벌어 우리 때문에 고생하시는 어머니를 도와드리고 싶었다.

4 문옥주의 소장訴狀

문옥주는 1924년 4월 3일, 경상북도 대구에서 태어났다. 아버지와 어머니는 일은 했지만, 정해진 직업은 없었다. 대구 대명동의 셋집에서 살고 있었는데, 화장장이 근처에 있는 곳이었다. 형제는 남자 둘, 여자 둘이고, 문옥주는 위에서 세 번째였다. 문옥주의 가족은 언제나 먹을 것이 없어서 배가 고팠다. 쌀 같은 것은 먹을 수 없었다. 가난한 사람들만 가는 시립 야간학교에 3년간 다녔는데, 돈이 없어 중퇴해야 했다. 그 뒤 조선인과 일본인 집의 하인으로 가서 세탁이나 청소를 했다. 5년 정도 하인을 하고 나서, 집에서 가까운 구두를 만드는 가내공장에서 2-3시간씩 일했다. 그 뒤 얼마간은 집에 있었다. 당시는 일이 별로 없어서, 실업이었던 것이다. 그때, 문옥주는 조금 얼굴을 알고 있던 남자로부터 "조금 먼 곳이지만, 식당에서 일하면 돈을 벌 수 있다"는 이야기를 들었다. 그 남자는 대구에 살고 있는 조선인이었는데, 양복을 입고 넥타이를 하고 구두를 신고 있었다. 그 남성은 송宋으로, 일본명은 마츠모토松本라고 했다.

어디로 가는지 물어도 확실하게 가르쳐주지 않고 "따뜻한 나라다"라고 말했기 때문에 외국으로 가는 것이라고 생각했다. 마츠모토는 "고향에 돈을 보내면 가족이 잘 살 수 있다"고 하고 문옥주는 생활이 어려웠기 때문에, 어쩔 수 없이 가기로 했다.

20일 뒤에 출발하게 되었다. 가족에게 알리면 혼나고 가게 하지 않을 것이므로, 아무에게도 알리지 않고 집을 나왔다. 그래서 집에서는 아무것도 가지고 나오지 않았다. 출발 전에는 돈도 받지 않고, 도착한 뒤로는 필요한 것은 무엇이든 준다고 했다.

1942년 7월 9일, 지금과 같은 위치에 있는 대구역에서 기차로 부산을 향해 출발했다. 마츠모토는 문옥주를 포함해 15세부터 21세의 여자 17명을 모았다. 그날은 부산의 "갑을여관"이라는 곳에서 자고, 다음날 배에 탔다. 부모에게도 전혀 말하지 않았기 때문에, 부산항을 떠날 때는 슬퍼서 눈물이 났다.

이용수^{李容洙} 씨의 청취조사 증언과 미 의회 증언 사이의 차이★

5 이용수의 청취조사 증언

1944년, 내가 만 열여섯 살 때 가을의 일이다. 그때 우리 아버지는 미창^{米倉}에 나가서 쌀을 져나르는 잡역부로 일하고 있었다. 내 동갑내기 친구 중에 김분순이라는 아이가 있었는데 그 어머니는 술장사를 하고 있었다. 하루는 내가 그 집에 놀러가니까 그 어머니가 "너 신발 하나 옳게 못 신고 이게 뭐냐, 애야, 너 우리 분순이하고 저기 어디로 가거라. 거기 가면 오만 거 다 있단다. 밥도 많이 먹을 거고, 너희집도 잘 살게 해준단다"라고 했다. 당시 내 옷차림새는 헐벗고 말이 아니었다. (중략)

며칠이 지난 어느날 새벽, 분순이가 우리집 봉창을 두드리며 "가만히 나오너라" 하며 소곤거렸다. 나는 발걸음을 죽이고 살금살금 분순이를 따라 나갔다. 어머니에게도 이야기하지 않은 채, 그냥 분순이를 따라 집을 나섰다. 집에서 입고 있던 검은 통치마에 단추 달린 긴 면적삼을 입고 게다를 끌고 있었다. 가서 보니 강가에서 보았던 일본 남자가 나와 있었다.

★ 〈5〉는 한국정신대문제대책협의회·정신대연구회 편, 『증언집Ⅰ강제로 끌려간 조선인 군위안부들』(한울, 1993년)에서 인용한 것이며, 〈6〉은 2017년 10월 11일 SBS '주영진의 뉴스브리핑'에서 방영된 이용수 씨의 2007년 2월 16일 미 의회 청문회 증언 녹화영상의 텍스트다. 한편, 〈5〉의 이용수 씨의 초기 청취조사 증언은 이 씨가 1992년 8월 15일 KBS '생방송 여성, 나는 여자정신대 – 민족수난의 아픔을 딛고서'에 출연해 동일한 내용으로 증언한 영상기록으로도 남아있음이 최근 김병헌 국사교과서연구소 소장(위안부법폐지국민행동 대표 겸임)의 발굴로 확인됐다.

그는 마흔이 좀 안 되어 보였다. 국민복에 전투모를 쓰고 있었다. 그는 나에게 옷보퉁이 하나를 건네주면서 그 속에 원피스와 가죽구두가 있다고 했다. 보퉁이를 살짝 들쳐 보니 과연 빨간 원피스와 가죽구두가 보였다. 그걸 받고 어린 마음에 얼마나 좋았는지 모른다. 그래서 그만 다른 생각도 못하고 선뜻 따라나서게 되었다. 나까지 합해 처녀가 모두 다섯 명이었다.

6 이용수의 미 의회 증언

군인하고 그 여자아이하고 들어와서 어깨를 이렇게 둘러싸고 한 손으로 입을 막고, 군인은 등에 뭔가를 꽉 찌르면서, 그냥 끌려갔습니다. 밤에. (중략) (나는) 역사의 산증인입니다. 꼭 이 얘기를 해야 하는데 너무도 부끄럽습니다.

역자 후기

　이 책에서 주로 다루고 있는 내용은 2010년대 중반 상황으로, 하지만 올해 2021년에 위안부 문제에 있어서 가장 큰 사건이라고 할 수 있는 일이 두 건이나 터졌다.
　첫째는 1월 8일, 서울중앙지방법원의 판결이다. 배춘희 씨 등 옛 위안부 12명이 일본 정부를 상대로 낸 손해배상청구 소송의 선고였고, 재판부는 일본 정부가 옛 위안부에게 1억 원씩을 지급할 것을 명했다. 한일관계는 요동쳤다.
　둘째는 2월 초에 불거져 오늘까지 한국 방송사에서 단 하루도 빠지지 않고 주요 뉴스로 다뤄지고 있는 미국 하버드 로스쿨 램자이어 교수의 위안부 논문이다. 그는 위안부와 업자와의 관계를 계약으로 파악했고, 한국 사회는 분노로 들끓고 있다. 이 두 문제를 이해하는 데 도움이 될 것이므로 역자가 이 주제를 다룬 글을 보론으로 추가했다. 나는 이 보론을 실질적인 역자 후기로 삼고 싶다.
　하지만 이 후기에서만 할 수 있는 이야기가 남아 있다. 일본의 소위 "양심세력"은 반일 종족주의를 한국에 심고 확산시키는 데 큰 역할을 해왔다. 이 책의 저자가 말하듯이, 한국에 앞서 그들이 먼저 문제를 제기했다. 위안부가 그렇고, "징용공"(전시노동자)이 그렇다. 그들이 한국의 반일 종족주의를 선도해온 것이다. 그들은 한국에 불필요함을 넘어서, 명백히 유해한 담론을 생산하고 유포해왔다. 한국 반일 종족주의의 리더들은 일본

"양심세력"의 추종자, 기껏해야 동조자라고 불러도 그리 할 말이 없을 것이다.

다른 한편, 일본에서도 지난 수 십 년간 그 "양심세력"에 대해서 진실을 무기로 싸워온 사람들이 있다. 하지만 한국의 반일 종족주의 세력은 이 사람들에게 "극우"라는 이름을 붙이고 이 사람들의 주장을 오랫동안 검열하고 왜곡해왔다. 우파에게만 색깔론이 있는 것이 아니다. 좌파에게도 색깔론이 있다. 이제 한국은 일본의 "극우"가 뒤집어 쓴 누명을 벗기고 그들에게 합리적 자유·보수파라는 정당한 이름을 붙여주어야 한다.

일본의 자유·보수파와 토론하고 연대하여 공동의 가치인 자유민주주의와 시장경제, 인권, 법치를 지키기 위해 우리는 같이 싸워야 한다. 이 책의 저자는 일본 자유·보수파의 대표적인 논자이자 동지 중 한 사람이다. 이 번역서가 그러한 토론의 출발이 될 수 있기를 바란다.

마지막으로, 주석에 대한 집필, 편집을 함께한 황의원 미디어워치 대표이사와 일본어 타이핑 및 한국어 번역 작업을 보조해준 박순종 펜앤드마이크 기자에게 감사함을 전한다.

2021년 3월 1일, 대한민국의 삼일절에 서울에서
이우연 李宇衍

[역자보론1] 서울중앙지방법원의 2021년 1월 8일 위안부 판결은 엉터리다

서울중앙지방법원의 2021년 1월 8일 위안부 판결은 엉터리다★

2021년 1월 8일, 서울중앙지방법원 1심에서 12명의 옛 위안부들이 일본 정부를 대상으로 제기한 손해배상금 청구소송의 선고 결과가 나왔다. 일본 정부는 옛 위안부들에게 각각 1억 원을 지급하라고 명했다. 엉터리 판결이다. 그 이유는 다음과 같다.

1. '반인도적 불법행위에 대해서는 주권면제가 적용되지 않는다'는 엉터리

조직적인 불법행위라고 했다. 일시적이 아니라 장기간, 그리고 우발적이 아니라 계획적, 또한 개인적이 아니라 체계적인 불법행위라는 뜻이다. 그런데 그런 일이 있었다는 증거가 없다.

일시적, 우발적, 개인적인 불법행위는 있었을 수도 있다. 지금 성매매업

★ 이 칼럼은 역자가 1월 8일, 법원 판결이 나오자마자 페이스북에 발표한 것으로 당시 미디어워치 등 언론사에서 인용보도되기도 했다.

종사자들에게도 그런 일이 있을 수 있듯이 말이다. 하지만 주권면제를 적용하지 않을만한 일본 정부나 군의 조직적인 위안부 강제동원이나 위안부 인권억압행위는 아무런 증거가 없다. 유일한 증거라면 옛 위안부들의 "군인에 의해 끌려갔다" 류의 단편적인 증언인데, 그들의 증언은 변화무쌍, 일관성이 없어 채택할 수 없다. 또한 그러한 증언은 나중에 나온 것이고, 최초의 증언은 예컨대 "아버지가 나를 팔았다" 류이다.

위안소 내의 폭력이 있었다고 하는데 그 주체도 일본 정부나 군이 아니라, 업자였다. 이것도 오늘날의 성매매업과 마찬가지다. 군인이 위안부를 폭행하면 일본군은 군인을 처벌하였다. 오늘날 "손님"이 위안부를 때리면 경찰이 처벌하듯이 말이다. 그런데 성매매업의 특성상 의사소통이 중요하므로, 업주나 관리자 중에는 조선인이 많았다. 이들 업주나 관리자의 폭력은 일본 정부의 "조직적 불법행위"도 아닐뿐더러, 일본 정부를 대상으로 한국 법원이 심판할 문제도 아니다. 재판을 하려면 업주나 관리자를 찾아내야 한다. 가능하지도 않지만 말이다.

2. '위안부 문제는 1965년 한일협정에서 논의되지 않았다'는 엉터리

한일국교정상화를 위한 회담 당시에 한국과 일본이 일본군 위안부의 존재를 모르고 있었던 것은 아니다. 다만 그것을 "범죄"라고 인식하지 않았다. 한국에서는 6.25 전쟁 당시에도 '한국군 위안부'가 있었고, '미군 위안부', '유엔군 위안부'가 있었다. 전쟁이라는 특수상황에서, 가난한 여인들과 성을 구매하려는 젊은이들이 있다는 일반적인 조건이 결합하여 발생한 그저 그런 사안이었을 뿐이다. 그렇기 때문에 한국 정부는 무려 15년간의 한일 국교정상화를 위한 교섭과정에서 단 한 번도 위안부 문제를 제기하지 않았고, 한일협정에 극렬히 반대하던 학생과 야당도 그 문제를 제기하지 않은 것이다. 일본의 경우, 1991년 옛 한국인 위안부 김학순이 커밍아웃을 한 이후 지금까지도 자신이 일본군 위안부였음을 실명으로 밝히고 나선 일본 여성은 단 하나도 없다. 그저 그런 일, 즉 성매매업에 종사했을 뿐이기 때문이다.

3. '불법행위는 1965년 한일협정으로 해결되지 않았다'는 엉터리

다음은 '위안부 동원과 성노예 생활을 강제·강요한 것은 불법인데, 1965년 한일협정에서는 그 불법성이 명시되지 않았으므로 불법행위에 따른 손해배상도 이루어지지 않은 것이고, 따라서 원고들은 손해배상금을 요구할 수 있다'는 논리가 갖는 문제점이다. 주권면제의 예외라고 주장할 만한 불법성이 없었다는 사실과 별도로, 여기에서 말할 수 있는 것은 외교적 약속의 효력은 그 약속을 한 행정부만 아니라, 그 구속력이 입법부와 사법부에도 미친다는 점이다. 그렇지 않으면 어떤 정부가 타국 정부를 상대로 외교적 협약 등 약속을 하겠는가? 현 정부야 또 "삼권분립" 운운할 수 있겠지만, 그것이 헛소리인 이유도 마찬가지다. 일본 정부가 다시는 한국과 정부간 교섭, 약속에 나서지 않겠다고 해도 할 말이 없을 지경이다.

4. 사법자제의 원칙을 저버린 엉터리 사법부

　서울중앙지법은 '사법자제'의 원칙을 저버렸다. 2015년 위안부 문제에 대한 한일합의는 한국 정부의 통치행위다. 정부의 중대한 통치행위를 대상으로 법원에서 판결하지 않는 것이 사법자제의 원칙이다. 한국 법원은 너무 나댄 것이다. 물론 문재인 정권의 행정부가 부추겼겠지만.

　일본 정부는 2018년 전시노동자(징용공) 문제와 달리, 대상이 기업이 아니라 정부라는 점에서 더욱 강경하게 나설 수도 있고, 이번에도 결코 양보하지 않을 것이다. 그리고 선거를 앞두고 현 문재인 정권은 또 한 번 반일몰이에 나설 수도 있는 일이었다. 한일관계가 어찌 될까? 옛 위안부 개인들은 빨리 현금을 얻기 위해 일본 대사관, 영사관, 문화원 등의 자산을 압류, 매각하려 할 것이다. 정대협(정의연)이나 법정대리인들은 이번 소송에는 참가하지 않은 다른 옛 위안부들(유족 포함)을 거론하며 일본 정부에 자신들과 협의를 할 것을 종용할지도 모르겠다. 분명한 것은 2018년 10월 대법원 전시노동자 판결에 못지않은 심각한 문제가 발생했다는 점이다.

　올해는 2018년에 확정판결을 받은 전시노동자들이 일본제철의 재산을 매각하려고 나설 것이다. 이런 상황에서 일본 정부를 상대로 한 위안부 재판의 확정판결이 나왔다. 주권면제를 이유로 1심에 응하지 않은 일본 정부가 이제와 항소를 할리도 없기 때문에 확정판결이 되는 것이다. 지금까지의 행태를 볼 때, 이런 복잡한 문제에 부딪혀 현 정부가 문제를 해결할 의지가 있는지 매우 의심스럽다. 지금이라도 한국 정부가 나서서 해결하라고 우리 국민이 요구할 수 밖에 없다.

[이우연 · 낙성대경제연구소 연구위원]

[역자보론2] 하버드 로스쿨 램자이어 교수가 옳았다

하버드 로스쿨 램자이어 교수가 옳았다★

1. 매춘부·위안부과 업자의 계약

2021년 1월 28일 이후 약 3주간, 한국에서 가장 뜨거운 뉴스는 미국 하버드 대학의 존 마크 램자이어John Mark Ramseyer 교수가 '국제법경제학리뷰 International Review of Law and Economics'에 투고한 일본군 위안부에 대한 논문, '태평양 전쟁에서의 성매매 계약Contracting for sex in the Pacific War'에 대한 것이었다. 한국 언론은 램자이어 교수가 "위안부는 매춘부라고 주장했다"고 일제히 보도했고 한국 사회는 분노로 들끓었다..

MBC TV는 비록 인용하는 형태를 취했지만 램자이어 교수를 "노랑머리 일본인"이라고 인종주의적으로 비난하는 일부 한국인들의 반응을 여과없이 방송으로 내보냈다. 그는 "친일파", "일본의 전범기업인 미쓰비시에서 돈을 받는 자" 등으로 매도되었다. '메시지를 반박하지 못하면 메신저를 죽여라'라는 말에 딱 맞는 보도 행태였다. 반일 종족주의의 소용돌이가 모든 이슈를 삼키는 우스꽝스러운 상황이 다시 한 번 연출되었다.

★ 이 칼럼은 역자가 앞서 2월 중에 미디어워치(한국어판), JBPRESS(일본어판), JAPAN FORWARD(영어판)에 발표한 칼럼을 재편집한 것이다.

그러나 나는 한국의 언론인들은 정작 논문을 읽지 않았거나 읽었다고 해도 요지를 파악하지 못했다고 확신한다. 사실은 전자前者일 가능성이 높다. 이 논문에 대한 초기 보도들은 그 내용에 있어서 거의 차이를 보이지 않는다. 한국 연합뉴스가 배포한 기사를 모든 미디어가 거의 있는 그대로 베껴 쓰기 때문이다. 한국에서는 익숙한 관행이다. 이런 사람들에게 직접 논문을 읽으라고 요구하는 내가 어리석을지도 모른다.

모든 학술논문은 첫머리에 초록을 붙이고 3-5개의 키워드를 제시한다. 이 논문에서는 "매춘Prostitution"과 "연계봉공年季奉公Indentured servitude"이다. 일본 경제사經濟史에서 연계봉공인으로 유명한 것은 에도江戶 시대의 하녀女中, 즉 여관, 음식점 등의 여자종업원이다. 그들은 평상시에는 구경도 할 수 없는 금액을 차금借金으로 받고 취업처에 가서 수년 동안 일했다.

세계 경제사 차원에서 유명한 연계봉공인Indentured labor은 18-9세기 유럽에서 미국으로 이민하는 노동자들이었다. 도항에는 선임船賃, 음식비 등이 필요했고 유럽의 빈곤한 노동자에게는 고액의 부담이었다. 이에 미국 현지의 고용주들은 도항에 필요한 비용을 지급하고 미국에 도착한 뒤 보통 7년 동안 그들을 사역使役하였다.

램자이어 교수는 아시아태평양전쟁 이전 일본 유곽의 매춘부, 개전開戰 이후 군위안소의 위안부와 업주 사이의 계약을 연계봉공 계약으로 파악했다. 업주들은 취업=성서비스의 개시 이전에 매춘부들이나 위안부들에게 전차금前借金이라는 이름으로 거액을 제공하고 그녀들은 취업 이후 수년에 걸쳐 그것을 갚아나갔다. 그녀들이 손님으로부터 받는 금액, 즉 매출액은 일정한 비율로 업주와 여성 사이에서 분할되었고 여성들은 이 돈의 일부를 전차금을 갚는 데 사용했다.

램자이어 교수의 아이디어는 좋은 논문이 보통 그러하듯이 간단하다. 먼저 '매춘부와 위안부의 계약은 왜 이런 특수한 형태를 취하는가?' 하고 묻는다. 일반적인 노동자는 먼저 일을 하고 그 보수를 일급日給, 주급, 월급 등의 형태로 받아 간다. 그런데 왜 매춘부나 위안부는 업자들과 전차금, 수년의 계약기간, 매출액의 분할 비율 등이 정해진 독특한 계약을 하게 되었는가?

해답도 간단하다. 취업을 제안받은 여성은 하나의 문제에 봉착한다. 매춘산업에 종사한다는 것은 그녀의 평판을 치명적으로 손상시킨다. 따라서 업자는 매우 유리한 조건을 제시한다. 그러나 업자가 과연 그 약속을 제대로 지킬 것인지, 그녀들은 의심할 수밖에 없다. 이를 해결하는 방법은 무엇일까? 업자가 미리 고액을 지급하는 것이다. 그것이 전차금이다.

업자도 문제에 부딪힌다. 이 산업의 특성상, 그들이 성실하게 근무하는지 감시하는 것은 불가능하다. 노동이 폐쇄된 공간에서 이루어지기 때문이다. 내가 저들에게 후한 대우를 하지만, 저들이 과연 열심히 노동할까? 손님이 다시 찾아와 프론트에서 같은 여성의 이름을 호출할 수 있을까? 이 문제를 해결하는 방법이 여성들이 벌어들인 돈(매출액)을 일정한 비율로 주인과 함께 분할하는 것이다. 정액의 급여를 준다면 여성들은 최대한 불성실하게 일하는 것이 최선이 되지만, 이렇게 되면 그녀들도 최대한 열심히 일할 것이다.

결국 앞서 말한 특수한 형태의 계약, 일종의 연계봉공계약이 이루어진다. 이상이 램자이어 교수 논문의 요지다. 따라서 그를 비판하려면, 그가 제기한 "문제"와 "해답"을 비판하면 된다. 먼저, '매춘부나 위안부가 계약을 맺었다고 하는데, 실제로는 조선인 위안부들은 일본 관헌에 의해 끌려갔다'고 말하고 그 증거를 제시하면 되는 것이다. 소위 "강제연행"이다. 그러나 관헌에 의한 강제연행을 증명하는 자료는 없다. 위안부 문제가 제기된 지 30년이 지났지만, 그러한 증거는 단 하나도 나오지 않았다.

한국의 반일 종족주의자들이 "강제연행설"의 증거로 제시하는 것은 옛 위안부들의 "증언"뿐이다. 자신이 일본인 군인에 의해, 경찰에 의해 끌려갔다는 증언. 그러나 나는 그 증언을 신뢰하지 않는다. 램자이어 교수와 같이 외국인으로서 객관적인 태도를 취하는 데 더 유리한 입장에 서있는 경우에는 더욱 그러할 것이다.

지금도 위안부 문제로 일본을 공격하는 데 열심이며, 한국에서 국가원로(?) 취급을 받는 옛 위안부 이용수의 증언조차 근거가 될 수 없다. 그녀가 커밍아웃할 당시, 1990년대 초에는 "빨간 원피스와 가죽구두"를 보고 따라갔다고 말했다. 예를 들어, 1992년 8월 15일, KBS에 출연한 그는 "저는 그때 나이 16살인데, 헐벗고 입지도 못하고 먹지도 못하고 있는데 어떤 사람인가 원피스 한 벌하고 구두 한 켤레를 갖다줍디다. 그걸 주면서 가자고 그래가지고 그걸 받아가지고 그때는 뭐 그런 줄도 모르고 좋다고 따라갔습니다"라고 말했다.

그러던 그녀가 2000년 무렵부터는 일본군인이 끌고 갔다고 말을 바꿨다.

2007년 2월 16일에는 미 의회에 출석하여 "군인하고 그 여자아이하고 들어와서 어깨를 이렇게 둘러싸고 한 손으로 입을 막고 군인은 뒤에서 등에 뭔가를 꽉 찌르면서 그냥 끌려갔습니다. 밤에"라고 말했다. 그간 소위 위안부 운동가들과 연구자들이 내건 강제연행의 증언들이 모두 이와 같다. 업자와 위안부 사이의 "계약"을 비판할 수 없게 된 그들, 그리고 한국의 미디어들은 램자이어 교수라는 메신저를 비난할 수밖에 없었다.

또한, 위안부에게 거액의 전차금을 주고 수년에 걸쳐 갚아나가게 했다는 주장(이것은 주장도 아니다. 역사적으로 객관적인 사실일 뿐이다.)을 비판하려면 주지 않았다는 증거를 대면 될 일이다. 위안부들이 전차금을 모두 갚거나 계약기간이 종료되면 자유가 되었고 조선인 위안부들은 조선으로 돌아왔다는 주장이나, 그녀들은 매출액을 분할받아 고액의 소득을 누렸다는 사실도 마찬가지다. 그와 상반되는 증거를 제시하면 될 일이다. 그러나 반일 종족주의자들은 그렇게 할 수 없었다. 그러한 증거가 없기 때문이다. 램자이어 교수의 논리구조에서 비약이나 오류를 발견할 수도 없었다. 결국 할 수 있는 일은 메신저를 비난하는 것만 남았다.

램자이어 교수에 대해 "위안부가 성노예가 아니라 매춘부라고 주장했다"고 비판하는 것은 논문의 요지를 파악하지 못한 상황에서 초점을 맞추지 못한 비난이다. 하물며 이 논문에는 "성노예 sex slave"라는 말이 단 한번도 나오지 않는다. 매춘부나 위안부와 업자 사이에서 이루어진 계약의 구체적인 내용을 보면(이것은 램자이어 교수가 처음으로 말하는 바가 아니라, 위안부 연구자들에게는 널리 알려진 사실이다.), 그것이 비록 그녀들이 매춘부였음을 입증하기 위해 쓰여진 것은 아니라고 할지라도, 다른 측면에서 보면, 그녀들이 성노예가 아니었음을 주장하는 데 이용될 수 있는 내용임을 알 수 있다. 한국의 반일 종족주의자들은 그에 대해 비판하고 싶었을 것이다. 하지만 그럴 수 있는 역사적·객관적인 사실과 자료는 존재하지 않고 그러한 논리적 문제를 제시할 수도 없었던 것이다.

램자이어 교수에 대해 괜한 난리법석을 피우는 이유가 하나 더 있다. 한국의 반일 종족주의자들은 윤미향의 부정행위로 위안부 "운동"이 한국 국민들로부터 외면당할 상황에 처하였지만 그에 대처할 수 없었다. 또 2019년부터 한국 사회에서 파란을 일으킨 책 『반일 종족주의』를 통해 이영훈 전 서울대 교수는 위안부 문제에 대해 새롭고 설득력이 있는 설명과 자료를 제시했다. 그에 의하면 위안부는 결코 "성노예"라고 할 수 없다. 나는 위안부를 "성노동자"로 이해한다. 그런데 반대편에서는 이번에도 효과적으로 대처하지 못했다.

그들에게는 역공의 빌미가 필요했다. 마침 산케이신문이 램자이어 교수의 논문을 소개했다. 그들은 이 기회를 물고 늘어졌다. 인신공격을 벌였고 반일 여론몰이에 나섰다. 상황을 잘 모르는 한국인들은 미국과 일본에서도 위안부 문제가 논쟁이 되고 있다고 생각할 정도였다. 그러나 일본의 미디어는 이 문제에 대해 조용하기만 하다. 미국에서는 하버드 대학의 학내신문에 실린 한국인 학부생 기자의 메아리 없이 공허한 아우성뿐이었다. 반일 종족주의자들의 입장에서 보면 이번 소란은 국내적으로는 이전과 마찬가지로 큰 성과를 거뒀는지 모르겠지만,

대외적으로는 위안부 문제로 일본 때리기에 실패한 최초의 사례로 기록될 것 같다.

2. 위안부 처우의 개선

어느 사회에서나 매춘부의 성^{性}노동은 고된 것이었으며 자신에 대한 사회의 평판을 크게 훼손하는 일이었다. 그런 만큼 그들은 고수입을 누렸다. 아시아태평양전쟁 이전의 일본 유곽에서 일했던 매춘부나 전시의 일본군 위안부도 마찬가지였다. 이러한 사정은 그들이 유곽이나 위안소 업자와 맺은 계약에서 잘 나타난다. 램자이어 교수의 논문은 이를 일목요연하게 보여준다. 그가 업주와 매춘부 또는 군위안부의 계약을 연계봉공^{年季奉公}으로 파악하면서 그 계약구조를 잘 설명했다.

램자이어 교수에 따르면, 위안부 계약구조의 첫째는 취업 이전에 매춘부·군위안부에게 주어지는 전차금^{前借金}, 둘째는 그들이 노동하는 연수^{年數}를 규정한 계약기간^{年季}, 셋째는 매출액을 업자와 매춘부·군위안부가 분할하는 비율이다. 물론 이러한 특징을 램자이어 교수가 처음으로 말한 것은 아니고, 관계 연구자들에게는 잘 알려진 바이다. 그의 논문에서 중요한 것은 전전^{戰前}의 매춘부보다 전시의 군위안부에 대한 대우가 더 좋았다는 사실이다. 그녀들이 일하는 곳이 전장^{戰場}이었기 때문이다.

그 이유는, 첫째, 군위안부들은 전방이건 후방이건, 일본 내지^{內地}나 조선과 달리 목숨을 잃거나 부상할 위험에 직면한다. 둘째, 업주가 계약을 위반할 때 위안부가 대처할 수 있는 선택지가 줄어든다. 도쿄나 경성京城에서는 지인, 경찰, 법정에 의지할 수 있었고 사정이 여의치 않으면 대중 속으로 도망갈 수 있었다. 하지만 외국의 전장에서는 이러한 선택이 어렵다.

고위험에 대한 보상은 고수입이었다. 이것은 1939년 9월 이후에 이루어진 조선으로부터 일본 등지로의 전시노무동원(징용을 포함한다)을 연상시킨다. 1920-30년대 일본에서 일하는 조선인의 임금은 일본인의 1/2을 조금 넘는 수준이었다. 그런데 전시동원 이후에는, 작업능력에 따른 차이는 있었지만 민족차별 등 비경제적인 이유로 임금을 차별하는 일은 거의 사라졌다. 노동력 부족에 시달리던 상황에서 일본 정부가 차별을 금지했기 때문이다. 아이러니하게도 전쟁과 함께 조선인 노동자에 대한 처우는 개선되었다.

램자이어 교수에 따르면 1920년대 중반에 일본에서 전차금은 1,000-1,200엔이었다. 당시 공장 여공女工의 일일一日 임금은 1엔 50전 이하였다. 또 여공과 달리 매춘부는 식사와 주거를 제공받았다. 당시처럼 경제발전의 수준이 낮아 엥겔지수가 높은 상황에서 식사와 주거의 제공은 매춘부와 다른 직종 사이의 임금의 격차를 더욱 확대시킨다. 이러한 점을 고려할 때, 나는 전차금이 여공 1일 임금의 1천 배를 크게 상회하였으리라고 생각한다.

전쟁 이후에도 전차금의 액수에는 큰 변화가 없었다고 한다. 그 대신 연계年季가 단축되었다. 매춘부의 경우 일본에서는 6년, 조선에서는 3

년이 보통이었는데, 위안소에서는 2년이었다. 또 버마처럼 6개월에서 1년으로 계약하는 경우도 있었다. 군위안부는 매춘부와 마찬가지로 계약기간이 종료되면 전차금의 전액 상환 여부와 관계없이 위안소를 떠날 수 있다. 따라서 계약기간이 단축됨으로써 위안부의 귀향이 쉬워졌을 것이다. 위안부라고 하면 보통 사람들은 종전 이후에야 비로소 귀환할 수 있었다고 생각하는데, 이것은 "강제연행설"과 "성노예설"의 영향이다. 위안소의 개설이 본격화된 1937년부터 1945년까지, 종전 이전에 돌아온 군위안부들이 많았을 것이다. 위안소에서 종전을 맞이한 경우는 오히려 소수에 불과했을 것이다.

매출액을 업주와 분할하는 비율도 군위안부에게 유리해졌다. 7:3에서 6:4 정도로의 변화다. 4:6의 비율을 채택한 경우도 있었다. 그 결과 불과 몇 달만에 전차금을 상환하고 돌아오는 군위안부도 많았다. 이것은 하타 이쿠히코秦郁彦 전 니혼日本대학 교수도 말한 바이다(『위안부와 전쟁터의 성慰安婦と戰場の性』(신초샤新潮社, 1999년)). 나는 군위안부가 맞이하는 군인의 수가 매춘부의 일반 손님보다 훨씬 많았고, 따라서 소득이 크게 증가했다는 사실을 여기에 추가하고 싶다.

1925년, 도쿄 유곽에서 매춘부가 서비스하는 인원은 일일 평균 2.5명에 불과하였다. 그러나 전선에서는 위안부가 항상 부족하였다. 또 일본군은 위안소에 대하여 성병 예방을 위한 철저한 위생관리 등을 의무로 부과하거나 일반인의 출입을 금지하는 대신에 병사들로 하여금 위안소를 제외한 다른 업소의 이용을 금지하였다. 이와 관련하여, 종전 뒤에

군위안부들이 자기 돈을 군으로부터 회수할 수 없었다는 주장이 있지만, 이것도 종전 이전에 귀환한 군위안부가 훨씬 많았으리라는 점을 생각하면 오히려 예외적이었을 것이다.

군위안부는 매춘부에 비해 "고위험, 고수입"이었다고 결론을 내릴 수 있다. 나는 이에 동의한다. 그런데 한국 언론은 메신저인 램자이어 교수에 대한 인신공격에 전념해왔다. 그러던 한국 언론이 미국의 일부 한국·일본사 연구자들의 견해를 전달하면서, 메시지에 대한 비판을 일부 내놓았다. 첫 번째는 램자이어 교수가 '조선인 모집업자의 책임이 일본국가보다 더 크다고 주장하였다'는 것이다. 논문의 해당 부분은 다음과 같다.

> 조선이나 일본의 정부가 여인들에게 매춘을 하도록 강요한 것은 아니다. 일본군이 사기를 벌이는 모집업자와 함께 일한 것도 아니다. 모집업자가 군대의 위안소에 초점을 맞춘 것도 아니다. 대신에, 문제는 수십 년간 젊은 여자들을 속여 매춘업소에서 일하게 해왔던 국내의 조선인 모집업자에 관련된다.

물론 직접적인 책임은 조선인 모집업자에게 있다. 일본군은 취업사기나 인신매매에 의한 위안부 모집이 군의 위신을 떨어트린다는 이유로 경계했고, 총독부는 그러한 모집업자를 단속했다. 하지만 일본 정부와 군은 위안소의 설치와 운영에 관여하였다. 이것이 일본의 잘못일까? 잘못이다. 모든 인간은 잘못을 저지른다. 이일 때는 역사적 비교가 유익하다.

청교도의 전통이 강한 미국이 "전장의 성性"에 대해 취한 이중적인 태도는 유명하다. 1941년 이후 "병사의 매춘부와의 접촉은 어떠한 지역에서도 금지"한다는 원칙을 끝까지 유지하였다. 그런데 현지 매춘부들과의 접촉으로 인해 성병이 문제가 되자 군의총감은 콘돔 15만 상자와 소독약 31만 상자를 공수와 선편을 통해 전선으로 보냈다. 1942년 가을의 일이다.

제2차 세계대전 이후 최대의 전쟁이었던 베트남전쟁에서 미국은 훨씬 현실주의적인 태도를 취했다. 예를 들어, 라이케의 미군 캠프 속에는 2동棟의 "레크레이션 센터"가 있었고, 그 속에서 60명의 베트남 여성들이 60개의 개인실에서 침식하며 일했다. 매출액은 업주와 여성이 6:4로 분할하였고, 군의관이 그녀들을 매주 검진하고 안전한 여성은 팻말로 표시해 주었다. "디즈니랜드"라고 불린 이곳은 여단장이 감독하였고, 팬타곤까지 묵인했다. 어디에서 많이 본 모습이다. 바로 일본군 위안소다. 제2차 세계대전 중 독일도 일본군 위안소와 흡사한 위안소를 설치했고, 1942년 현재 500여 개에 달했다.

3. 위안부와 업주의 계약은 존재했다

미국 연구자들은 램자이어 교수에 대해, 두 번째로 "조선인 군위안부와 위안소 업자 사이에서 계약은 없었다"고 비판한다. "강제연행"이었으므로 계약은 없었다는 주장에 대해서는 "강제연행"의 증거가 없다는 사실,

그리고 "10대 초반의 소녀가 계약을 알 수 없다"는 주장에 대해서는 위안부는 보통 20대, 평균적으로 20대 중반이었다는 사실을 지적하는 것으로도 충분해 보인다. 좀 더 역사적인 사실에 부합하는 문제에 초점을 맞춰보자.

조선인 알선업자가 좋은 일자리를 소개한다며(취업사기) 위안부로 일하게 된다는 것을 알리지 않은 채 여성이나 그 부모를 꾀어 여성을 데려가거나 팔아넘기는 일이 있었다. 이 경우에는 위안부 고용계약이 불필요하고, 전차금이 지급되지 않거나 위안부의 경우보다는 소액이었을 것이다. 그러나 여기에는 위험이 따랐다. 우선, 조선에서 취업사기를 포함한 유괴는 전쟁 이전부터 경찰의 단속대상이었다. 당시 조선에는 수천 명의 직업적 알선업자가 활개를 치고 다녔기 때문이다.

또 여성을 데리고 조선에서 출발하여 해외 군주둔지의 위안소까지 도착하는 데는 여러 서류가 필요했다. 우선 중국이나 동남아시아 등지로 가려는 모든 여행자는 여행의 목적 등을 기입하여 경찰서장이 발급하는 '신원증명서'가 있어야 했다. 특히 위안부의 경우, 절차는 더욱 까다로웠다. 여성과 위안소 업자가 함께 작성하는 신청서라고 할 수 있는 '임시작부영업허가원臨時酌婦營業許可願', 사진 2매, 호주戶主와 여성 본인이 날인한 승낙서, 이상 관계자의 인감증명서, 여성의 호적등본 등이 필요했다. 취업사기나 유괴로 여성을 데려올 때, 이런 서류를 갖추는 것은 거의 불가능했을 것이다. (2021년 2월 28일자로 이승만TV에 업로드된 주익종 박사의 방송 '일본에선 자발적 계약이있지만, 조선에선

강제연행이라고?' 참고)

유괴된 여성이 현지에 도착한 후에도 문제가 될 수 있었다. 위안소를 이용하고 관리를 담당하는 부대는 군위안부 본인들이 장차 무슨 일을 하게 될지 인지하고 위안소에 왔는지를 확인했다. 또한 이상과 같은 서류를 군부대에서 확인하는 절차가 있었을 것이다. 실제로 속아서 온 여성을 돌려보낸 사례도 발견된다. 따라서 유괴에 의한 군위안부 조달은 딸이 무엇을 하게 될는지를 이미 알고 있는 부모에 의한 사실상의 인신매매를 통하는 경우보다는 훨씬 적었을 것이다.

당시 신문을 보면, 부모가 딸을 파는 일이 비일비재했고, 사회문제의 하나였음을 알 수 있다. 1920년대 중반, 일본에서 같은 상황이 펼쳐졌다. 딸이 매춘부나 위안부가 될 것을 알면서 부모가 모집업자와 거래를 하는 경우, 모집업자가 위안소 경영자를 대신하여 부모에게 주는 돈은, 부모 입장에서는 딸을 판 대가지만, 모집업자나 업주에게는 전차금이 된다. 이영훈 전 서울대 교수의 『반일 종족주의』(미래사, 2019년)에 따르면, 모집업자와 부모의 이러한 거래는 인신매매라는 불법과 호주제戶主制 하의 정당한 권리행사와 직업알선이라는 합법 사이에서 경계에 위치하였다. 그 결과 한편에서는 이미 전쟁 이전부터 인신매매가 횡행하고 때로는 사회적 문제가 되었지만, 다른 한편에서는 그러한 혐의에 대해 조사를 받은 사람들이 대부분 무죄로 처분되는 상황이 벌어졌다.

당시 상황을 고려하면, 모집업자와 거래하는 부모는 딸이 어디로 가서 무슨 일을 하게 될지 알고 있었다고 보아야 한다. 비록 전차금을 받는다는 명시적 계약이 아니었다고 할지라도, 부모가 알았다면, 이는 램자이어 교수가 말하는 계약에 다름 아니다. 미국의 비판가들은 이러한 사실들을 모르고 있다. 옛 위안부 중에 한 사람인 김군자 씨가 "업자보다 나를 판 부모가 훨씬 더 밉다"고 말했다는 사실도 이러한 정황에서 이해할 수 있다.

위안부와 업자 사이에서 계약이 이루어지는 가장 대표적인 경우는 조선이나 외지에서 전쟁 이전부터 이미 매춘부로 일하고 있는 여성을 모집할 때였을 것이다. 이는 한국과 일본의 연구자들이 가장 소홀히 다루었지만, 가장 개연성이 높다고 생각한다. 우선, 1940년 경 조선반도 (오늘날 한반도) 내에는 총독부가 파악한 매춘부가 약 1만 명을 헤아렸다. 또한 아시아태평양 전쟁의 전장과 대체로 겹치는 중국, 만주 등 조선인 진출지역의 조선인 매춘부가 8천여 명에 달했다. 이들은 정부기관이 파악한 숫자일 뿐이다. 이러한 매춘부를 위안부로 전업시키는 데 필요한 것은 현재의 일자리에 비교할 때 "고위험, 고수입"이라는 점을 알리는 것이리라.

모집업자의 입장에서 볼 때, 기존 매춘부의 경우, 유괴나 인신매매에 따르는 위험이 없었다. 매춘부의 처지에서는 군위안부가 된다고 해서 사회적 평가가 추가적으로 손상되는 것도 아니고 오히려 군인을 위안한다는 자부심을 갖는 경우도 많았다. 또한, 일본군 상부나 병사들이 위안부의 출신을 따질 처지도 아니었고 실제도 따지지도 않았다. 이상을 고려할 때, 알선업자가 접근하는 첫 번째 대상은 조선 내외의 매춘부였다고 생각한다.

한국에서 가장 좌익적이고 반일적인 한겨레신문의 사장을 역임한 송건호宋建鎬는 위안부 문제가 정치화되기 전인 1984년에 그가 낸 책, 『일제지배하의 한국현대사日帝支配下の韓國現代史』(카제토오샤風濤社)에서 다음과 같이 말했다. 그는 1927년생으로서 식민지기를 경험한 사람이다.

> 일본 당국은 1937년말의 남경南京 공략 후, 서주徐州작전이 개시될 무렵, 조선 내의 어용 알선업자들에게 지시하여 빈핍貧乏으로 매춘생활을 하고 있던 조선 여성을 다수 중국대륙으로 데리고 가서 '위안소', '간이위안소', '육군오락소' 등의 명칭을 가진 일본군 시설에 배치하고, 일본군 병사의 노리갯감으로 삼았다.

또 버마 랑군에 소재하는 둘째 부인의 남동생(처남)이 소유한 위안소에서 손님 안내와 회계 등을 담당하는 쵸우바帳場로 일하고 그 생활을 일기로 남긴(『일본군 위안소 관리인의 일기』(이숲 출판사, 2013년)) 박 씨의 부인은 대구에서 여관을 운영하였다. 당시 여관업은 매춘업을 겸하는 경우가 많았다. 박 씨와 그의 처남이 군위안부를 모집할 때, 그들은 농촌에 가서 여성을 유인하거나 비정한 부모를 찾아 딸을 매입하기 보다는 이미 부인과 관계가 있는 매춘부와 먼저 교섭하지 않았을까?

앞에서 언급했듯이, 옛 위안부들은 처음에는 취업사기나 인신매매에 의해 위안부가 되었다고 말했다. 처음부터 매춘에 종사했다는 증언은 없다. 매춘에 종사한 사람이 이를 밝히는 것은 한국에서는 "사회적 죽음social death"을 자초한다. 일본에서 실명으로 자신이 군위안부였음을 밝히고 나선 사람이 없는 것도 비슷한 까닭이다. 물론 한국에서 커밍아웃한 사람들은 처음부터 성매매 산업에 종사하지 않았던 사람들로부터 집중적으로 배출되었을 가능성도 있다.

이상과 같은 상황을 잘 묘사한 증언이 있다. 자료는 1945년 초, 미군 포로가 된 3명의 조선인 일본해군 군속에 대한 심문기록이다('3명의 조선인 '일본 제국 해군' 군속에 대한 합동 보고서 목록 제78호 Composite Report on Three Korean Navy 'Imperial Japanese Navy' Civilians List No. 78', 1945년 3월 25일, '조선인들에 대한 특별 질문에 대한 답변 Re Special Questions on Koreans').

여기서 나온 질문은 "일본군을 위해 매춘부로 일할 조선 여성을 모집하는 일에 대해 조선인들은 보통 알고 있는가? 이러한 일에 대한 평범한 조선인들의 태도는 어떠한가? 당신들은 이러한 일로 인해 발생한 소란이나 마찰에 대해 알고 있는가?"였다. 답변은 다음과 같다.

"우리들이 태평양에서 본 모든 매춘부들은 자원자volunteers 이거나 그들의 부모에 의해 매춘부로 팔린 사람들이다. 이것은 조선적 사고방식이지만, 일본인이 만약 여성을 직접적으로 징발direct conscription했다면, 조선의 늙은이나 젊은이는 격분하여 들고일어났을 것이다. 남성들은 분노하여 무슨 일을 당할지라도 일본인을 살해하고 나섰을 것이다."

이 답변은 첫째, "강제연행"은 없었고, 있을 수도 없다는 점과 아울러, 둘째, 부모의 인신매매나 매춘부의 전직轉職 또는 일반인의 취업이 군위안부가 되는 일반적인 경로였음을 말하고 있다.

군위안부 모집 방법에서 부모의 인신매매나 매춘부의 전직이 중심이라고 하면, 역시 군위안부 자신 또는 그녀를 대신한 부모와 업자가 경제적 계약을 맺었다고 보아야 한다. 위안부는 성노예가 아니라 '성노동자 sex worker'였다. 그들이 성노동을 위해 알선업자나 업주와 계약을 맺는 것은 우리가 일상적으로 볼 수 있는 노동자와 경영자의 노동계약에 불과했다.

4. 그래도 계약은 있었다

한편, 램자이어 교수의 논문에 대해서 특히 "계약서" 자체가 증거로 제시되지 않았다고 비판하는 이들이 많다. 그러나 법학 교과서에 따르면 "계약"의 본질은 "의사표시의 합치"이며 "계약서"는 단지 그 "증거"에 불과하다. 다음 상황을 보자. 한국정신대연구소가 발간한 『중국으로 끌려간 조선인 군위안부들 2』(한울출판사, 2003년)에서 인용한다.

> **배준철(질문자):** "그러면 그 집도 돈을 얼마 받고 간 거에요?"
> 500원 받구 2년 기한하고 갔어요. 500원은 어머니 아버지한테 드리고……이렇게 하구선 있으면 집이 아무것도 아니다. 나는 또 다른 데로 가야 또 돈을 받아서 어머니 아버지를 드려야지(하고

생각했어). 나는 이젠 촌에 안 있갔오.

증언자는 이미 음식점에서 일했던 매춘부로 일한 경력이 있다. 그녀는 오빠로부터 결혼하라는 말을 듣고도 오히려 다시 돈을 벌 생각을 하고 있는 것이다. 그래서 사람을 찾아 나선다.

그래가지구 박가라는 사람한테, 내가 또 박천을 찾아 올라갔지……그래 어떤 여관에 갔는데 "어디서 색시 사러 왔는데, 여기 어디메 있소?"하니까는 "저기 저 여관인데, 저기 저 중국에서 색시 사러 왔답니다. 가보" 그래 가니까…남자가 하나 앉았단 말이에요. "색시 사러 왔어요?" "예. 처녀가 어찌, 조그마한 게 어찌?" "나도 중국에 가서 돈 좀 벌려고 가갔어요."
질문자: "그런데 할머니가 그때 중국에 가면 뭐 하는 건지 아셨어요?"
알았어요. 알구 갔지요
질문자: "일본 군인들을 많이 상대해야 된다는 것도 알구요?"
알구요

그녀는 "색시"를 사는 자가 무슨 일을 위해 여자를 모으는지 잘 알고 있었던 것이다. 다음으로 이제는 계약 조건에 대한 본격적인 협상에 나선다.

질문자: "그런 얘기를 어디선가 다 들으셨어요?"

소문이 다 있지요... 내가 찾아 댕기면서 길을 찾았죠. 그래 사 가갔는가 하니까 사겠다구. 그래 얼마 받겠냐고 묻습니다. 그래 "우리 어머니 아버지 곤란하니까, 3년 기한을 두고 얼마 주겠소?" 하니 "2,000원을 주겠다" 그런단 말야. 그래서 "2,000원을 주면 1년에 1,000원도 못 돼요. 1,000원씩만 주슈." "아 그래라. 3천원을 받아가지구 집에 가서 어머니 아버지 동의받아 가지구 오라."

앞서 말했듯이 위안부로 취업하기 위해서는 친권자의 승인이 필요했다. 아버지는 처음에는 반대했지만, 결국 딸의 간청을 이기지 못하고 승낙한다. 물론 아버지도 딸이 무슨 일을 하게 될지 잘 알고 있었다.

질문자: "아, 도장을 받아가셨어요?"

예. 그럼. "어머니든지 아버지든지 한 분을 데리고 오면 돈을 주고, 할머니 할아버지도 도장을 받아라." 그때는 심했어요.

질문자: "그때는 몇 살이오?"

열 여섯 살 났을 거요. 술집에서도 한 2년 있었으니까는. 할머니 할아버지까지 도장을 받아 오랩니다. 할머니 할아버지까지 도장을 찍어주겠나. 그래서 우리 아버지가 내 말이라면 또 믿습니다... 내가 사정을 했지요. "아바이 나, 누가 색시 사러 왔는데 얼마얼마 주겠다는데, 내가 먼 데로 돈 벌러 가겠소"...아버지 잘 사는 걸 보구

죽어야지. 우리 아버지 돈 쓰고 그저 잡숫고 싶은 거 잡숫구...."아버지 나 소개해주소."

이 경우, 전차금은 부모가 있어야 지급했다. 그 대신 부모와 조부모의 동의와 날인이 필요했다. 이것이 계약이 아니고 무엇이겠는가. 계약 조건으로는 딸을 다른 곳에 다시 팔지 말라는 요구를 붙인다.

"정 그렇다면 내가 소개해주지." 그래 어머니 아버지 이름 다 쓰고 도장 찍고, "근데 할머니 할아버지 도장 다 찍으랍니다. 어카갔나? 아버지." "그럼 내가 쓰지." 아버지가 써가지구 할머니 도장 할아버지 도장 찍어서 그 다음에 다 동의를 받았수다... 우리 아버지 하는 말이 "당신한테 내 딸을 팔았으니까는 다른 데 못 넘긴다." 그렇게 약속을 했단 말요......"그건 자네 맘이지"......" 그러면 그렇게 하십시오. 갑시다."

아버지는 자신이 쓰겠다고 말했고, 실제로 쓰고 날인했다. 아마도 계약서를 쓰고 그에 날인했을 것이다. 그렇게 그녀는 다시 매춘부로 일하게 되었지만, 그녀가 처음에 간 곳은 손님이 그다지 없었다. 그래서 중국 봉천으로 가게 된다.

한 20~30명 돼요. 다 조선여자들이에요. 나 사온 주인 아들보구

"난 여기 있다간 빚 못 다 갚겠소. 다른 데로 넘겨주우." "아버지가 말하기를 못넘기기루 계약을 썼는데." "내가 본인이 승낙을 했는데, 일 있습니까?" "그럼, 봉천으로 다시 나가자. 나가서 소개소 들러서 누가 뽑아 가면 나는 그 돈을 받아가지고 오구." "그럼, 그 이자를 받을래요?" "아, 난 이자 안 받는다. 그저 너 가서 잘되어서 집이나 가라."

"못넘기기루 계약을 썼다"고 말한다. 전매轉買하지 않기로 계약서에 기입했다는 것이다. 계약서가 있었음에 틀림없다. 매춘부가 되었을 때의 전매과정도 여기에서 살펴볼 수 있다. 전차금에 대한 채권은 그대로 새로운 매입자에게 옮겨진다. 그 돈에 대해서는 이자를 받는 경우도 있고 면제해주는 경우도 있었던 모양이다. 봉천의 매춘숙 또는 위안소는 민간인과 일본군이 함께 이용하는 곳이었다.

질문자: "할머니, 그런데 그 집에는 주로 어떤 손님이 와요?"
군대도 오구, 개인도 오구, 여러 사람이 다 오지요.

그녀는 봉천에서도 돈을 벌지 못했다. 이번에는 직접 군대를 따라가기로 작정하고 안후이성의 벙뿌蚌埠로 다시 옮겨 간다. 그곳 위안소 주인도 조선인이었다.

그래서 난 여기 못있겠다구 그랬지. 군대들 가는 데 따라가서

촌에 가서 돈 벌어야지 안되겠다고. 그래서 봉천에서 또 뽑혀서 빰뿌蚌埠로 왔지요.

질문자: 그럴 때 할머니한테 지워진 빚 3,000원이 빰뿌 그쪽 주인한테 그대로 넘어간 거군요?

예

질문자: 빰뿌 주인도 조선 사람이구요?

예. 다 조선사람이에요

그녀는 중국의 어느 곳에서, 봉천, 그 뒤에는 다시 뻥뿌蚌埠로 옮겼다. 처음 간 곳은 일반 매춘숙으로 보이는데, 상세하지 않다. 봉천에서 일한 곳은 군인과 일반인이 함께 이용하는 곳이었고, 뻥뿌에서 일한 곳은 일본군 전용 위안소로 보인다.

처음 간 곳이 일반 매춘숙이었다면, 그녀의 경로는 일반 매춘부였다가 일본군 위안부가 되는 과정은 매우 단순하고 특별한 장애가 없었음을 뜻한다. 그저 새로운 위안소 업자에게 "넘어가는" 것으로 충분했던 것이다. 매춘숙의 주인 사이에 매춘부의 전매가 이루어지듯이 매춘숙의 주인이 군위안소에 그녀를 전매하면 그것으로 충분했다.

어쨌든, 여기에서 제시한 사례의 경우, 증언에 나선 옛 위안부는 위안부가 되기 위해 계약서를 작성하였다. 물론 그저 구두계약으로 처리하는 경우도 있었을 수 있다. 분명한 것은 이 사례에서는 분명히 "계약"이었다는 점이다. 그녀가 조선에서 계약을 맺을 때 이미 중국으로 가서 일본 군인을 상대한다는 것을 뚜렷이 알고 있었기 때문이다.

또한 협상을 통해 결정된 전차금 금액, 계약기간이 분명하고, 전매轉買에 대한 조건도 있었다. 호주戶主 등의 동의와 날인이 있었다. 위안부와 그 부모는 일본군인을 상대한다는 등, 장차 무슨 일을 하게 될지를 잘 알고 있었다. 전매가 이루어질 경우, 위안부는 전차금이 새 업자에게 넘어간다는 사실까지도 잘 알고 있었다.

자, 이래도 계약이 없었다고 할 수 있는가?

행위자들이 있고 그들이 일정한 패턴에 따라 행동했다면, 그것은 계약 당사자가 계약에 따라 행동한 것이며, 이는 계약의 존재를 말한다. 이를 부정하려면, 전차금의 수수收受, 계약기간의 존재, 위안부와 위안소간의 매출금 분할 등과 같이 램자이어가 계약의 실체로서 말하는 것들이 존재하지 않았음을 증명하여야 한다. 그러나 지금까지 램자이어 논문에 대해 제기된 어떠한 비판도, 비록 부분적이라고 할지라도, 그에 성공하지 못하였다.

이런 점에서 볼 때, 필자는 램자이어 교수의 논문이 한국을 비롯하여 세계의 학계가 위안부 문제에 대해 새로이 본격적으로 토론할 수 있는 좋은 계기가 된다고 확신한다.

[이우연 · 낙성대경제연구소 연구위원]

찾아보기 (본문)

ㄱ

가라유키상 - 147
가지무라 타이치로 - 140
가토 관방장관, 가토 고이치 - 27, 31, 32, 38, 201
가토 료조 - 215, 216
가토 마사오 - 86, 87
가네하라 노부카츠 - 250
겐다이코리아연구소, 겐다이코리아 - 33, 42, 70, 87, 89, 112, 203
고노 담화, 고노 요헤이 관방장관 - 9, 114, 120, 121~129, 143, 151, 154, 155, 157, 158, 159, 160, 187, 190, 195, 201, 202, 215, 218, 219, 223, 261, 280, 287, 296, 297, 298, 299, 302, 303, 304, 305, 306
고든 쿠쿨루 - 203
고바야시 요시노리 - 127, 139, 142, 143, 153, 154
고이즈미 준이치로 - 159
고준석 - 94
관동군 특수연습, 관특연 - 83-89

구로다 가쓰히로 - 238
국가기본문제연구소 - 293, 295
국가총동원법 - 28
국민근로보국대 - 28
국민근로보국협력령 - 28
국민행동본부 - 292, 295
군국주의 - 216, 218, 293
군성노예 - 178, 183, 184, 185, 271
김경석 - 90
김대중 대통령, 김대중 - 171, 208
김삼석 - 288, 289
김은주 - 288, 289
김영삼 대통령, 김영삼 - 116
김용수 - 51
김일면 - 182
김정일 - 12, 191, 218, 266, 284, 289
김학순 - 26, 27, 32, 33, 43, 44, 45, 46, 47, 76, 90, 91, 92, 102, 103, 104, 110, 111, 260, 267, 268

ㄴ

나카가와 쇼이치 – 10, 127, 154
나카가와 하치히로 – 136
나카야마 교코 – 308
난징사건 – 208
남매간첩단 사건 – 288
남신우 – 227, 228
내선일체 – 66
내각조사실 – 91
낸시 펠로시 – 221
노다 수상 – 29, 278~282
노무현 대통령, 노무현 – 69, 208, 228, 251, 253, 254
노태우 대통령, 노태우 – 31, 267
니시노 루미코 – 140
니시오 간지 – 127, 139

ㄷ

다나카 아키라 – 33
다나카 코타로 – 105, 158
다니엘 이노우에 – 221, 225
다카기 겐이치, 다카기 변호사 – 42, 48, 49, 50, 57, 58, 61, 76, 90, 103, 110, 136, 137, 138, 149, 172, 245
다카시마 노부요시 – 140
데니스 핼핀 – 207, 208
데이비드 스펙터 – 140
도쿄재판사관, 도쿄재판 – 201, 213
도츠카 에츠로 – 174, 175, 176, 179, 267, 268, 269~276, 287
독도, 다케시마–독도, 다케시마 – 278, 292, 293, 294
동아일보 – 51, 54~56

ㅁ

마루노우치 – 170
마이크 혼다, 혼다 결의안 – 10, 191, 194, 195, 196, 198, 209, 215, 217
마쓰모토 테루아키 – 206, 211, 227
마쓰이 야요리 – 172, 173
맥두걸 보고서, 게이 맥두걸 – 273
모리카와 마치코 – 111
무라야마 내각 – 129
무라카미 사다오 – 89
무토 마사토시 – 311
문옥주 – 98~102, 110, 111, 145

미야자와 정권, 미야자와 수상, 미야자와 총리,
미야자와 기이치 – 18, 27, 31, 32, 51, 53,
65, 114, 230, 267
미 의회 조사국 – 195, 198, 207
민단 – 163

ㅂ

「분게이슌주」 – 33~35, 40, 41, 50, 65, 67,
89, 91, 102, 126, 155, 157
북조선자유연합 – 227
박정희 정권, 박정희 대통령, 박정희 – 62, 63,
64, 284
북조선에 의한 일본인 납치, 일본인에 대한
납치 문제, 납북자 문제 – 18, 161, 188, 201,
202, 203, 206, 207, 210, 211, 212, 213,
218, 292, 296
반일동상진실규명공대위 – 314
박근혜 정권 – 307
부시 대통령 – 222, 224, 225
바우넷재팬 – 172
박원순 – 270
북조선에 의한 납치피해자 가족 연락회, 가족회
– 206, 211, 227

북조선에 납치된 일본인을 구출하기 위한 전
국협의회, 구출회 – 206, 211, 227

ㅅ

사쿠라이 요시코 – 155, 157, 293
사토 오카츠미 – 94
사토 오카츠에 – 33
산케이신문, 산케이 – 9, 10, 31, 160, 188,
189, 194, 209, 299, 308
새로운 역사교과서를 만드는 모임, 만드는 모임
– 9, 127, 139, 154, 163, 229
샌프란시스코 강화조약 – 209, 252, 264, 272
서정갑 – 292
「세이론」 – 186
섹트 – 170
스마랑 사건, 인도네시아 자바섬 – 127, 128,
190, 220, 261, 305
센다 가코, 센다 – 25, 83~89
소련군 – 95, 96
손혁재 – 251
속죄금 – 130
「쇼쿤!」 – 82, 112
송두회 – 57, 58, 59, 60, 61

수잔 솔티 – 227, 228

스가 요시히데 – 312

시마다 요이치 – 112, 188, 203, 205, 206, 207, 210, 211, 227

시마다 토시히코 – 88, 89

시모무라 하쿠분 – 226, 227, 228

『신 고마니즘 선언』 – 143, 153

ㅇ

아베 정권, 아베 신조, 아베 수상, 아베 총리, 아베 – 10, 11, 29, 48, 113, 127, 154, 200, 201, 202, 213, 214, 215, 216, 220, 221, 222, 223, 224, 225, 226, 228, 230, 296, 299, 302, 307, 308, 309, 310, 311, 313

아라이 사와코 – 58

아사히신문, 아사히 – 6, 7, 25~30, 36, 38, 41, 43~50, 83, 99, 101, 102, 105, 133, 151, 152, 153, 161, 201, 202, 226, 230, 238, 299

아시아여성기금 – 129~131, 142, 172, 187, 214, 215, 263, 287, 312

「아사히저널」 – 58

아오야나기 아츠코, 아오야나기 – 57, 58. 59, 60, 61, 245

'아침까지 생방송 텔레비전!' – 136~141, 153

안병직 – 105~113, 129, 131, 147, 286

양순임 – 41~44, 90, 238~240, 245, 246, 247, 250

야스쿠니 – 201, 202

『어둠에 도전한다!』 – 94

에토 세이이치 – 127

여성국제전범법정 – 172, 173, 288

여자근로정신대, 여자정신대, 근로정신대, 정신대 – 23, 28, 29, 45, 51, 52, 53, 70, 71, 77, 97, 106, 114, 179, 180, 193, 229, 230, 238

여자정신근로령 – 28, 29

역사수정주의 – 216, 226

오자와 료코, 오자와 – 136, 138

오재희 – 114~117, 129

오카와 토시오 – 200

오코노 기사마오 – 31

와다 하루키 – 142

요미우리신문, 요미우리 – 161, 299

요시다 세이지, 요시다 증언, 요시다 – 19~30, 32, 66, 72, 76, 77~83, 89, 91, 92, 137, 138, 139, 140, 141, 142, 147, 163, 164,

179, 180, 182, 193, 195, 196, 281, 282, 283, 292

요시미 요시아키, 요시미 교수 – 27, 30, 36, 45, 52, 82, 139, 142, 143, 144, 146, 147, 149, 150, 151, 153, 181, 183, 201, 229, 230, 231, 260, 268, 273, 274, 281

요시와라 – 65, 231, 275

요코타 메구미 – 188, 206, 207

요코타 사키에 – 188

우에무라 다카시, 우에무라 – 41~50, 59, 238, 245

육지밀일대기, 육지밀 – 27, 36, 37

「월간조선」 – 116, 293

우스키 케이코 – 32, 61

우에스기 치토시 – 82

우에스기 사토시 – 140

워싱턴포스트 – 213

『위안부와 전쟁터의 성』 – 76, 82, 89, 271, 347

위안부상, 위안부 동상 – 11, 69, 278, 312, 314

유엔 인권위원회(인권이사회) – 174, 175, 176, 179, 186, 218, 265, 269, 270, 271, 275, 310

윤건차 – 140

윤미향 – 288

윤정옥 – 280, 287

이명박 대통령, 이명박 – 11, 278, 279, 282, 293, 294

이명영 – 94

이시하라 노부오 – 120, 155, 157, 219

이승만 정권, 이승만 대통령, 이승만 – 96, 97, 253, 284, 285

이시카와 이츠코 – 141

이와나미쇼텐 – 142

이용수 – 111, 112

이케다 마사에 – 52, 53

이타쿠라 요시아키 – 82

이토 다카시 – 109

이해찬 총리, 이해찬 – 251, 252, 254, 257

일본군 성노예제 해결을 위한 정의기억연대, 정의연 – 307

일본군 전쟁 포로 심문 보고서 제 49호 : 조선인 위안부들 – 181

일본민족 성악설 – 13

일본의 앞날과 역사교육을 생각하는 젊은 의원의 모임, 역사교육을 생각하는 모임 – 10, 127, 154, 201

일본통치시대 - 7, 66, 243, 244, 253
일심회 간첩사건 - 289
일제하 일본군 위안부에 대한 생활안정 지원법
- 244, 262
「일한관계의 심연」 - 19, 70, 133

ㅈ

「전쟁과 성」 - 175
정옥순 - 184, 185, 193
정진성 - 132, 148
제민일보 - 81
제주신문 - 78, 82, 137, 140, 141, 182
제1차 교과서 문제, 교과서 문제 - 18, 162
조갑제 - 293
「조선시보」 - 142, 144, 189
조선일보 132, 279~282
조선 일본군 위안부 및 강제연행 피해자보상
대책위원회, 조대위 - 287, 288
조세영 - 250
조지 힉스 - 140, 181, 182
조총련 - 142, 188
존 베이너 - 221
중국 공신당 - 12, 171, 218, 220, 266

『증언집 I 강제로 끌려간 조선인 군위안부들』,
『증언집 I』 - 102, 103, 106, 107 137, 286

ㅊ

천황 - 172, 278, 279, 294, 295
천안함 폭침 사건 - 284
청구권백서, 청구권자금백서 - 33, 62, 70, 243, 257
최기영 - 288
츠지 모토키요미 - 136

ㅋ

코야마 다카오 - 154~158
쿠마라스와미 보고서, 라디카 쿠마라스와미,
쿠마라스와미 - 176~187, 192, 193, 196, 271, 273, 274
쿠라하시 마사나오 - 147~150

ㅌ

타니노 사쿠타로 - 120
태평양전쟁희생자유족회, 태평양전쟁유족회,

유족회 – 41~44, 59, 61, 63, 90, 238~240, 245, 247, 250
테라코시 타케시 – 207
토오이츠닛포 – 115 293
톰 랜토스 – 221, 226

ㅍ

프랑크푸르트 학파 – 170

ㅎ

하라 젠시로, 하라 – 83~89, 98
하시모토 류타로 – 155, 159~161
하타 이쿠히코, 하타 – 76~83, 89, 112, 140, 157, 181, 262, 271
한겨레신문 – 46, 47
한국정신대문제대책협의회, 정신대문제대책협의회, 정대협 – 25, 102, 106, 130, 131, 254, 257, 260, 266, 285, 286, 287, 288, 289, 307
한일기본조약, 1965년의 조약, 1965년의 협정, 청구권 협정, 한일청구권협정 1965년의 한일국교, 국교정상화 – 42, 62, 64, 68, 69, 241, 242, 243, 251, 252, 253, 254, 255, 256, 257, 259, 272
한일위안부합의, 위안부 문제 한일합의 – 307, 312
해리 리드 – 221
허영선 – 78~82
헌법재판소 – 69, 250, 255, 257, 266, 267, 273, 279
헨리 하이드 – 188, 206, 207, 208, 210
「호세키」 – 32, 40, 47
홍형 – 293
화해치유재단 – 307
황국신민 – 66
후지오카 노부카츠 – 127, 139, 201
후쿠시마 미즈호 – 105
후루모리 요시히사 – 226
히가시 요시노부 – 127
히라바야시 히사에 – 40
히라바야시 히로시 – 155~157

ㅡ

2·26사건 – 94

9.11 테러 – 209

NHK – 173

『The Comfort Women, Sex Slaves of the Japanese Imperial Forces』, 『종군위안부 성의 노예』 – 140, 181

한국 정부와 언론이 말하지 않는 위안부 문제의 진실
가난의 굴레에 희생자인가 강제로 연행된 성노예인가

2021년 4월 9일 초판 1쇄 찍음
2021년 4월 15일 초판 1쇄 펴냄

지은이 니시오카 쓰토무
옮긴이 이우연
엮은이 황의원

디자인 미디어워치(미디어실크)
펴낸이 황의원
펴낸 곳 미디어워치(미디어실크)

ISBN 979-11-959158-8-0
979-11-959158-4-2 (세트)

주 소 서울특별시 마포구 마포대로 4길 36, 2층
전 화 02-720-8828
팩 스 02-720-8838
이메일 mediasilkhj@gmail.com
홈페이지 www.mediawatch.kr

값 20,000원